DEPOIS DA VIDA

EDITORA AFILIADA

Dados Internacionais de Catalogação na Publicação (CIP)
(Câmara Brasileira do Livro, SP, Brasil)

Miller, Sukie.
  Depois da vida: desvendando os mistérios da jornada/
Sukie Miller com Suzanne Lipsett ; [tradução de Elleny Corina
Heller]. – São Paulo: Summus, 1997.

  Título original: After death.
  ISBN 978-85-323-0618-0

  1. Vida futura 2. Vida futura - Estudos comparados
I. Lipsett, Suzanne. II. Título.

97-2098   CDD-291.23

Índice para catálogo sistemático:

1. Morte: Religião comparada   291.33

SUKIE MILLER
com
Suzanne Lipsett

DEPOIS DA VIDA

DESVENDANDO A JORNADA PÓS-MORTE

summus
editorial

Tradução: **Elleny Corina Heller**
Revisão: **Ruth Rejtman**
Supervisão: **Edmundo Barbosa**
Capa: **Nelson Mielnik/Acqua Estúdio Gráfico**

Summus Editorial
Departamento editorial:
Rua Itapicuru, 613 – 7º andar
05006-000 – São Paulo – SP
Fone: (11) 3872-3322
Fax: (11) 3872-7476
http://www.summus.com.br
e-mail: summus@summus.com.br

Atendimento ao consumidor:
Summus Editorial
Fone: (11) 3865-9890

Vendas por atacado:
Fone: (11) 3873-8638
Fax: (11) 3873-7085
e-mail: vendas@summus.com.br

Impresso no Brasil

IN MEMORIAM

Dedico este livro aos meus seguintes familiares, amigos, colegas e clientes:

Joseph Unobskey (1883-1922)
Sara Rhea Unobskey (1880-1935)
William M. Unobskey (1903-1963)
Durval Barbosa (1931-1968)
Nicholas Gagarin (1945-1970)
Jason Lefer (1965-1980)
Joseph Unobskey (1932-1981)
Courtney Callender (1937-1984)
Dick Price (1930-1985)
Clement Bethel (1938-1988)
Arthur Lee Goldner (1956-1988)
Harry Sloan (1943-1988)
Susan Farrow (1945-1991)
Brendan O'Reagan (1945-1992)
Janet Lederman (1930-1992)
Lois Sivin (1952-1993)
Eunice Bethel Humblestone (1935-1994)
Camila Barbosa (17 de setembro de 1994)
Suzanne Lipsett (1943-1996)

e a minha mãe,
Evelyn Unobskey Cutler (1913-1994)

AGRADECIMENTOS

Esta obra teria exigido outro empenho não fosse a contribuição inestimável e impossível de ser avaliada de meu colega brasileiro Edmundo Barbosa.

Há muito venho me dedicando a pesquisas relativas ao pós-morte, seja por meio de entrevistas com especialistas, seja por anos de leituras sobre o assunto. Jamais diminuiu o fascínio que exerce sobre mim "o que acontece depois", mas o trabalho que encetei sequer chegou perto de alcançar níveis que me parecessem satisfatórios ou fornecessem respostas às minhas indagações mais profundas. Das entrevistas e das leituras que realizei pude fazer uso da terminologia, do contexto e de alguns pontos de vista — mas não foi senão após haver conhecido Edmundo Barbosa, psicólogo que trabalha com doentes terminais, que a experiência do pós-morte, como tal, de fato se transformou em algo vivo para mim (observação que, acredito, parecerá ao leitor menos estranha quando chegar ao final desta obra).

O ambiente em que Edmundo desenvolve seu trabalho — o Brasil, onde a barreira que divide o mundo dos vivos do mundo dos mortos é mais tênue do que a que se observa nos Estados Unidos, — torna mais intenso seu conhecimento nesse campo. A morte e o morrer destacam-se no seu cenário profissional, convertendo-se para ele numa rotina perscrutar esse território desconhecido. Quando nos conhecemos, descobri que de todas as pessoas com as quais até então me havia comunicado por meio das entrevistas, ou através dos autores que lera, Edmundo Barbosa foi o que mais intuitivamente entendeu o que eu buscava: não apenas uma especulação de ordem intelectual sobre a natureza da morte e o que acontece para além dela; não apenas as projeções de índole religiosa e o conforto terapêutico — mas, a par disso, as imagens e conceitos reais e cotidianos do pós-morte que se entrelaçam nos planos vivos da realidade própria às culturas de todo o mundo.

Pouco depois de travarmos conhecimento, Edmundo passou a me acompanhar durante as visitas que eu então fazia a pessoas que pareciam conhecer as respostas às minhas indagações. Embora neste livro ele dê a impressão de ter sido um companheiro de viagem ao reino do pós-morte, aproveito esta oportunidade, surgida logo ao início da jornada que encetamos, para agradecer-lhe de todo coração a contribuição única que ele fez tanto em relação a meu projeto como às minhas idéias. No decorrer do trabalho que realizamos, fiquei muito amiga dele, de sua esposa, Iza, e seu filho, Caio, que se tornou meu afilhado. Mas aqui, meus agradecimentos se concentram na experiência profissional, onde repousam muitas das raízes desta obra: as longas conversas sobre o que havíamos observado, as demoradas interpretações sobre o que ouvíramos e os inesquecíveis momentos de *insight* nos quais, subitamente, um de nós compreendia uma mensagem mais complexa e podia, assim, elucidar o entendimento até ali alcançado pelo outro. Essas trocas mútuas adicionaram-se aos dados de que já dispúnhamos (e, portanto, a este trabalho) um nível de riqueza tal, que leitura ou conversa alguma jamais poderiam vir a acrescentar.

O Institute for the Study of the Afterdeath designou numerosas pessoas, de todo o mundo, para se dedicarem à coleta de dados. Esses pesquisadores residiam nos países indicados para estudo e tinham acesso ao grupo ou aos grupos que detinham as informações que desejávamos. O papel que desempenharam e as ligações que estabeleceram descreveremos com maiores detalhes no Apêndice B; mas quero expressar-lhes meus agradecimentos e explicar ao leitor que, embora essas pessoas sejam ocasionalmente citadas no texto, esta obra não se mostra à altura de refletir a constância de sua presença e de seu trabalho, que tornaram possível a regularidade das trocas de informações aqui apresentadas. Os pesquisadores seniores desempenharam o papel de verdadeiras pontes — como acompanhantes, tradutores, explicadores, intérpretes — e este livro não poderia ter sido escrito sem a valiosa contribuição de seu entusiasmo, talento, dedicação, trabalho duro e as mais variadas formas de gentileza.

O propósito de me aprofundar em relação à pergunta: "O que acontece conosco depois da morte?" me veio à mente, pela primeira vez, em 1987. Para mim não restavam dúvidas de que perseguir essa busca era o passo lógico que me cabia dar tanto no que dizia respeito ao meu papel como psicoterapeuta, como ao de ser humano. Mas eu me questionava se os resultados de uma pesquisa de tal ordem teriam importância para alguém, além de mim mesma. Será que possuiriam também algum significado, mesmo que potencial, para a cultura considerada de um ponto de vista mais amplo?

Havia apenas uma pessoa na qual eu depositava confiança suficiente para responder a essa minha indagação, uma figura cultural de comprovada confiabilidade e homem de incrível criatividade, grande alcance de saber e disciplina mental: meu amigo de longa data Michael Murphy, fundador e presidente do Esalen Institute. Telefonei-lhe e expliquei a idéia que me surgira. "Sim! Sim!", respondeu-me ele, de imediato, com sua sempre presente exaltação, que tanto nos anima. "É a fronteira que vem a seguir! Vá em frente!" Essas palavras me serviram não apenas como elemento catalisador do projeto, como também despontavam em minha mente em todas as ocasiões em que não conseguia dormir porque o chão era duro demais, quando via frustrados todos os preparos cuidadosamente organizados de uma viagem, quando os recursos alcançados se exauriam e amigos e colegas trocavam olhares enviesados. Como sempre, Michael, obrigada.

Obrigada a Brendan O'Reagan, do Institute for the Noetic Sciences, que pavimentou o caminho por onde eu mais tarde daria meus passos; que me apresentou a Edmundo Barbosa e, com toda paciência, deu ouvidos às minhas esperanças e temores. Sua grande generosidade permitiu-lhe colocar à minha disposição todo o seu enciclopédico conhecimento de artigos, livros e pessoas. Argumentava. Fornecia provas. Aprovava e desaprovava. Sinto muito sua falta.

Este livro não poderia ter sido elaborado sem o apoio de várias pessoas e algumas instituições, cujo valor lhe foi decisivo. Quero agradecer à diretoria e à equipe do Fetzer Institute, que propiciaram fundos para o trabalho inicial e crucial deste projeto, bem como ao Flow Fund que, por meio de seu singular mandato, fizeram de mim uma pessoa melhor. Os agradecimentos se estendem também à Human Potential Foundation.

Ken Ring "pescou" a coisa desde o início, e este fato contribuiu para a fundamental diferença. A amizade, presença e apoio que me foram conferidos por Charlotte Taylor em muito contribuíram para minha paz de espírito e para a escrita deste livro. Irene Stampler se fez presente, ajudando-me em minha jornada, quando eu mais necessitava disso. Ute Stebich despertou em mim a paixão pelas viagens e a alegria da busca, seja ela em função da arte ou da informação; ela e Gerhardt Stebich, juntos, auxiliaram-me de maneira imensurável tirando-me do enfurnamento e levando-me para além dos limites da cidade, conduzindo-me ao reino encantado dos invernos. Stephanie Stebich ofereceu-me seu estímulo. Toda essa família conferiu-me grande apoio emocional assim como financeiro.

Meus agradecimentos aos que se seguem, pelo constante interesse que demonstraram e pelo suporte financeiro que me ofereceram: Jack Himmelstein e Lauren Friedman, Bob Blau, Hilde Weisert, Helen Beck, Sally Whitcup, Lucy Waletsky, Lou Dunn Diekemper, Sandra Wright, Natalie Garfield, Ruth Fuller, Abraham Givnor; e a meus familiares: Martha e Dr. Fred Goldner, Sidney e Nancy Unobskey, Ned e Sandy Ross. Minha gratidão "aos velhos tempos" e ao melhor dos clubes de *gourmets* do mundo: Jufies, Gary e Trish Friedman, Carole e Alan Becker, Lenore e Mel Lefer e Bob e Marilyn Kriegel.

Várias pessoas me deram demonstração de toda a grande gentileza de que dispõem lendo todas as seções em que dividi meu manuscrito; não tenho dúvidas de que os comentários que fizeram em muito contribuíram para o aprimoramento desta obra. Minha mais profunda gratidão a John Levy, Bob Blau, Yvonne Rand, William Sterling, Stephen Mitchell, Marilyn e Bob Kriegel, Jack Himmelstein, Lauren Friedman, Cappy Cappaselo, Sheila Warnock, Eileen Rodgers Brady, Lenore Lefer, Carole Becker, Lee e Marty Moscof, Ute e Stephanie Stebich, Judy Skutch Whitson, Martha Goldner e Abraham Givnor.

Meu obrigado a Dick e Anne Grossman, que amorosamente me apoiaram desde o início, lendo meus primeiros escritos e repetindo alguns dos mais úteis e carinhosos conselhos que eu poderia receber ("Mantenha-se nessa linha, não saia") e a Stuart Miller, que treinou, adulou, fez cara feia e me premiou com estrelas douradas em minha luta para encontrar a palavra certa que atendesse às minhas exigências. Finalmente, um gesto de gratidão aos Ink Blots (vocês sabem que são vocês) e a Tony Minichoello, por haver construído a casa e o escritório de meus sonhos.

Joana Slavin, secretária, contadora e companheira de todas as horas manteve, em linhas gerais, minha vida como um todo, durante os últimos trinta anos: quero aproveitar esta oportunidade para agradecer-lhe por sua lealdade e pelos vários talentos de que é dotada.

Minha gratidão a Tricia Nazabel, assistente por excelência, que tornou tudo tão mais fácil; a Marcy Hyman, artista gráfico e diretor do BORIAL; a Don Flint, grande investigador e pessoa básica; a Bob Roman, psicólogo social e estatístico, pelo trabalho que teve de domar as Grades da Pesquisa. E a Joshua e Matthew Lefer, por domarem meu computador.

Meus maiores agradecimentos a minha agente, Barbara Lowenstein, por sua clareza, pelo entusiasmo e apoio que me demonstrou; a Mary Ann Naples, pelo trabalho de edição do manuscrito feito com respeito, tirocínio e delicadeza; e a Laurie Chittenden, verdadeiro assistente. Susan Heiken, da Word Techniques, que de maneira paciente e acurada me ofereceu primeiramente uma cópia final; em seguida, mais uma cópia final; e, finalmente, ainda uma terceira. Susanne Lipsett, elegante e gentilmente, fez com que tudo isso pudesse finalmente vir à luz sob a forma de um livro. O trabalho conjunto que realizamos foi uma alegria. Ela tinha razão: foi como se juntas tivéssemos participado de um acampamento de verão.

Este livro trata de uma jornada a outros países, outras pessoas, outros reinos; trata também daquilo que muitas vezes me pareceram outros universos. Robin Van Loben Sels ensinou-me sobre o tema do caminhar. Foi ela, de fato, minha "companheira de jornada interior", recuperando o que era velho e encontrando espaço para o novo. Sem sua presença em minha vida não creio que o conceito de pós-morte, muito menos o de sua evolução, poderiam ter tido lugar. A ela estarei, para sempre, em débito.

Sara "Sukie" Unobskey Miller

SUMÁRIO

PARTE I
ABERTURA À POSSIBILIDADE
DA EXISTÊNCIA DE ALGO MAIS ALÉM

PARTE II
EMBRENHAR-SE PELOS CAMINHOS
DO ALGO MAIS ALÉM:
Os Quatro Estágios da Jornada no Pós-Morte

APÊNDICES

PREFÁCIO À EDIÇÃO BRASILEIRA

Participei intensamente de todas as fases que antecederam a conclusão deste livro. O ponto de partida foi a inevitável constatação da imensa dor e o abalo que uma morte causa em nossa vida. Essa constatação acentuava-se ainda mais, tanto do lado da dra. Sukie Miller quanto do meu próprio, pois ambos trabalhávamos com pacientes acometidos por doenças crônicas e pacientes em estado terminal.

Fazíamos um trabalho psicoterapêutico similar em hemisférios opostos do planeta, sem nos conhecermos. Até que um caríssimo amigo em comum nos colocou em contato, atendendo aos anseios iniciais de investigar o pós-morte, que a esta altura instigava a autora deste livro.

Sabíamos que um dos fatores que mais atormentava as pessoas em relação à morte era o desconhecido, a sensação escura daquilo que inevitavelmente virá, mas de que não se sabe a respeito. Desde o nosso primeiro encontro, iniciou-se uma incrível jornada em busca de algum conhecimento implícito ou explícito, material ou espiritual, individual ou cultural sobre aquilo que fosse conhecido, ensinado e/ou experienciado a respeito do que acontece após o encerramento da vida.

Então partimos na nossa jornada para investigar a morte e o pós-morte. Foram alguns anos de buscas e experiências e, ao longo desse período, obviamente, nossas vidas seguiram os seus cursos. Quando este livro já estava em suas etapas finais, um dia, conversando Sukie e eu, começamos a nos aperceber de todo o percurso desta jornada e da enorme influência que teve em nossas vidas, e o quanto haviam sido transformadas nossas perspectivas e crenças, todas as mudanças e reajustes que haviam ocorrido, e a somatória de tudo isto tinha nos agraciado com uma existência mais plena e verdadeira.

Iniciamos uma busca olhando para o incomensurável vazio com que a morte aparentemente nos ameaça. Ao longo deste trajeto fomos encontrando coisas, experienciando outras e vivendo todas as pequenas mortes em vida que ocorrem naturalmente ao longo de qualquer existência. Ao final desta procura, constatamos uma espetacular transmutação nas nossas próprias vidas. Ou seja, saímos para investigar o pós-morte e encontramos, para nossas existências individuais, mais vida.

Edmundo Barbosa
Diretor do Revida
Centro de Apoio ao Paciente de Câncer
e do Instituto Iniciativa Gaia,
movimento pela expansão da consciência
e do conhecimento humano.

INTRODUÇÃO

"Os homens temem a morte tanto quanto as crianças temem o escuro", escrevia o filósofo Frances Bacon, em 1625. A morte e o terror sempre andaram de mãos dadas — o que constitui uma boa razão para as pessoas darem continuidade à sua vida cotidiana sem lançar um olhar de contemplação para o fim inevitável. Em 1676, poucos anos depois de Bacon nos legar sua frase, o poeta John Dryden ofereceu-nos uma explicação lírica quanto à nossa fuga em relação a essa questão: "A morte, em si, não é nada", escreveu ele, "mas o que nos causa medo é o fato de virmos a ser não se sabe o quê, em um lugar que nos é desconhecido".

Por séculos, a morte atraiu a atenção tanto de filósofos como de poetas; dentre nós, os menos reflexivos e letrados sempre lhe voltaram as costas, de maneira a não deixar dúvidas. Por que analisar um mistério que tão pouco nos tem a dar? Por que perder tempo fazendo indagações que não oferecem respostas? Assim se procedeu durante anos e anos: os que se dedicaram às letras, à religião e às questões espirituais contemplaram a morte — e seu significado — como uma realidade maior; mas os que se preocuparam com ocupar um lugar no dia-a-dia demonstraram grande resistência quanto ao fato de voltarem seu olhar, seu imaginário e seus questionamentos a essa questão. Perto demais a temida escuridão; enervante demais o pensamento de que não seriam apenas nossos corpos, mas nossas próprias personalidades, nosso eu, os que deveriam desaparecer no nada, quando do instante decisivo. Melhor deixar para sempre do lado de fora a escuridão, mantendo para isso bem trancada a porta que nos separa da morte.

Mas algo aconteceu, no início da década de 1970, começo do fim da era da negação. Em 1969 a psiquiatra Elisabeth Kubler-Ross levantou a questão: "O que acontece conosco *no momento* de nossa morte? Partindo de uma série de entrevistas detalhadas, que realizou com pacientes terminais, essa médica foi em busca de uma resposta a essa questão; publicou suas conclusões na obra *On Death and Dying* — primeiro livro escrito com o objetivo de fazer com que tanto leigos quanto profissionais pudessem refletir, de maneira lúcida, sobre o processo da morte. O trabalho de Kubler-Ross mostrou-se frutífero, e quase sem precedentes: ele nos permite verificar que o processo da morte apresenta um padrão; e este converteu-se num dos grandes princípios organizadores da compreensão mais profunda que a partir de então se pode alcançar em relação ao tema. Ainda mais significativa que a nova visão que nos possibilitou, essa psiquiatra nos deu ainda uma contribuição ainda maior: abriu-nos a porta, acendeu a luz e deixou que o ar fresco da manhã irrompesse sobre todos os aspectos de uma realidade todavia inexplorada. Ao fazê-lo — e ao colocar por escrito as suas conclusões — deu origem ao que viria a tornar-se uma profícua literatura sobre a morte e o morrer.

Um segundo pioneiro nesse campo escuro e inexplorado deu o passo seguinte ao descrever os umbrais das vivências relativas ao *pós*-morte. O dr. Raymond Moody documentou o relato de experiências de quase-morte vividas por indivíduos cuja soma representa quinze por cento da população americana — indivíduos que de fato morreram e, pelos mais variados motivos, retornaram à vida. Enquanto Kubler-Ross ateve-se à descrição do processo que leva à morte, Moody centrou-se no que os indivíduos vivenciam no instante em que, na realidade, cruzam essa fronteira. Tal como a primeira, este último pesquisador nos ofereceu uma maneira de ver, entender e falar sobre experiências que, até então, haviam sido confinadas ao domínio das palavras sem eco e daquilo que não se pode definir. Por serem dotados de clareza de visão; por terem registrado o que viram e ouviram; e por terem partido, em seguida, em busca das similitudes que pudessem existir entre esses relatos, capazes de conduzi-los a uma visão de conjunto, esses dois pesquisadores criaram uma linguagem que permitiu que nos apercebêssemos do que, até então, não nos era possível observar. Enquanto Elisabeth Kubler-Ross indagava: "O que acontece conosco *no momento* de nossa morte?", Raymond Moody se perguntava: "O que acontece conosco *quando* morremos?".

O ano de 1994 nos presenteou com numerosas variantes do jogo de esconde-esconde com a morte. "Escrevi este livro para com ele desmitificar o processo da morte", escreveu Sherwin B. Nuland em sua obra *How We Die.*[1] "Somente por meio de uma franca discussão sobre os verdadeiros detalhes que se encerram nesse processo, poderemos lidar com aqueles de seus aspectos que mais nos atemorizam." A questão colocada por Nuland foi: "O que acontece *fisicamente* conosco quando morremos? Somente conhecendo a verdade e nos preparando para ela poderemos escapar ao medo que guardamos em relação ao reino incógnito da morte, medo que nos leva a uma visão de decepção e desilusão quanto a nós mesmos".

Depois da Vida é um livro que busca estabelecer um traço de união entre a cada vez mais numerosa e crescente literatura que tenta enxergar mais de perto a questão da morte e do pós-morte — e o que estes dois fatores significam para nossas vidas. Ao fazer isso, o livro percorre sua trajetória, apontando a próxima dúvida a ser levantada, depois daquelas já feitas por Kubler-Ross e Nuland: "O que acontece conosco *depois* que morremos?".

Durante toda a vida tenho me agarrado a esta questão: "O que acontece depois?". Meu pai, cirurgião geral, dedicou-se ao tratamento de numerosos pacientes portadores de câncer no início da década de 1950: antes, portanto, do advento dos tratamentos por radiação e quimioterapia. Toda noite, à mesa do jantar, embora eu não fosse mais do que uma menina, permitia que discutíssemos seus casos. "A sra. Cohn está se reestabelecendo bem da cirurgia que sofreu", ele me relatava; e eu, vibrando de emoção pela confiança que papai demonstrava em mim, balançava a cabeça, tentando parecer entendida. Ou então ele me dizia que "o sr. Cantor se foi". "Mas para onde?", perguntava eu. "Ele vive agora em um outro lugar", respondia meu pai. Numa dessas noites informou-me que o sr. Nelson, um paciente sobre o qual já havíamos falado anteriormente, também havia partido para um outro lugar. Entendi — ou achei que havia entendido.

"Em um outro lugar": expressão ligada a algo estranho e, paradoxalmente, conhecido. Quase tudo que aparecia em minha vida encontravase situado em algum outro lugar. As crianças que morriam de fome na Europa estavam em um outro lugar. Em outro lugar havia guerra. Minha melhor amiga, Madeline Keschen, que passou para o terceiro ano, foi para outro lugar. Minha imaginação não carecia de amplitude para me permitir conceber que os que morriam também se dirigiam a um outro lugar. Tanto quanto me era possível perceber, o fato de as pessoas irem para outro lugar não parecia implicar que houvesse qualquer forma de interrupção de suas existências. Os irmãos de meu pai, que nos visitavam freqüentemente, com certeza mantinham a rica plenitude de sua vida no estado do Maine; nossos hóspedes costumeiros retornavam à nossa casa, de tempos em tempos; e as crianças da Europa que morriam de fome na verdade puderam crescer enquanto a guerra prosseguia.

Tendo sido criada muito próxima à fronteira que separa o plano da vida daquele do pós-morte, nunca me levaram a tapar os olhos, olhar para longe ou fugir às questões relativas ao que acontece conosco depois de nossa morte ou para onde vamos quando aqui já não mais nos encontramos. Entre as muitas coisas que meu pai me ofertou — e guardo comigo por toda a vida — não havia apenas as respostas àquelas questões ou quadros que retratassem esses destinos sombrios; mas, sim, uma inesgotável curiosidade e um sentimento de segurança a respeito do fenômeno que ele denominava como "um outro lugar".

Décadas após as discussões que meu pai mantinha comigo à mesa do jantar, já como psicoterapeuta no domínio de uma prática profissional intensamente agendada e de um interesse permanentemente voltado às indagações e questões que moldam nossa realidade psicológica, tive oportunidade de mais uma vez levar em consideração aquele "algum outro lugar" — desta vez sob uma perspectiva profissional. Tal como muitos psicoterapeutas contemporâneos, descobri que minha clientela era constituída, em grande parte, por pacientes crônicos e terminais que buscavam conforto, sentido e meios de abrandar a ansiedade causada pelas enfermidades de que sofriam. Foi então que percebi que as pessoas que estão à beira da morte, no mais das vezes não lançavam um olhar, não perguntavam, não refletiam sobre o assunto, não se punham a imaginar o que aconteceria com elas após sua morte. Eu via essas indagações, por toda parte ao meu redor — e elas ainda assim eram mantidas, em sua maioria, em silêncio.

Então comecei a indagar-me o que outras culturas, aquelas nas quais as pessoas se sentem mais à vontade em relação à idéia da morte, e mais livres para levantar esses questionamentos, teriam a nos ensinar sobre a importância de se contemplar de forma consciente o plano do pós-morte. Sabia que quase todas as culturas, no decorrer da história, têm desenvolvido um conceito relativo ao pós-morte dentro de seus sistemas de crenças. Realizando um ampla leitura sobre esse assunto, observei a ocorrência de cenários descritos em detalhes e, até mesmo, de mapas ricamente desenhados de paisagens situadas para além da vida tal como a conhecemos. Passei então a pensar qual, dentre os aspectos da psique humana, seria o responsável — e passível de reagir — em relação a esse dado. Em seguida, passei a ocupar-me quanto à existência ou não de traços comuns e temas universais, relacionados a esse ponto, que poderiam perpassar todas as culturas.

Como forma de dar início às minhas investigações quanto a esses problemas — e instigada pela morte de vários amigos próximos, parentes e muitos de meus clientes — comecei a antever um instituto de pesquisa que se dedicasse à coleta de rituais, mitos, documentos, tradições orais, formas de arte e "mapas do pós-morte" provenientes das culturas do mundo todo. A idéia, gradualmente, foi ganhando corpo. Adquiri a formidável habilidade de dar garantias por escrito e de levantar fundos; assim, quase por acaso, uma organização — o Institute for the Study of the Afterdeath — tornou-se uma realidade, não obstante suas pequenas dimensões. Trabalhosamente, fiz com que se reunisse ali um grupo de prestigiados pesquisadores, provenientes de todas as partes do mundo, comprometidos com a idéia de se restaurarem as diversas versões existentes quanto aos domínios do pós-morte; trabalhando em conjunto, no decorrer de oito anos, coligimos dados detalhados de regiões da Ásia, Índia, Indonésia, Brasil, Estados Unidos e África Ocidental. As pessoas que vivem em contato próximo com seus mortos demonstram possuir uma concepção de mundo em que a fronteira existente entre a vida e a morte se mostra altamente permeável — e na qual, muitas vezes, essa fronteira simplesmente não existe.

A meta desse Instituto é a de coletar imagens e atitudes geradas, crenças e possibilidades disseminadas no mundo inteiro, capazes de ampliar os limites da visão que guardamos do universo e de aproximar de nosso pragmático ponto de vista ocidental, aquele outro, baseado nos fatos do pós-morte e que outras pessoas vêm vivenciando há séculos. Longe de intentar obrigar os ocidentais a adotarem para si as crenças das demais culturas estudadas, é minha intenção tão-somente trazer à ilustração outras perspectivas relacionadas ao mistério humano que a todos nos afeta. Não se trata, aqui, de fazer proselitismo; mas, sim, de apreciar os vários pontos de vista que existem correlacionados a esse campo e espalhados em várias partes do mundo.

No transcorrer de nosso trabalho de campo, meus colegas e eu tivemos a oportunidade de coletar, senão um rio, pelo menos um mar de material que versa sobre o que ocorre conosco em seguida ao momento em que deixamos a vida física. As muitas perguntas que endereçamos a nossos informantes receberam respostas detalhadas, e a diversidade das culturas nas quais nossos entrevistados se encontram inseridos nos rendeu uma surpreendente amplitude de informações.

De que forma comparamos, contrastamos e, mais importante ainda, estabelecemos um vetor de significado às múltiplas descrições que nos foram feitas do "outro lugar", colhidas por nossos pesquisadores seniores? Como evitamos o risco de reportarmos os dados de forma simplesmente enciclopédica, tendente mais a classificá-los como em um catálogo do que a fazer com que se tornassem uma forma de inspiração e de renovada compreensão? Seguindo a linha-mestra estabelecida por Elisabeth Kubler-Ross e Raymond Moody procurei encontrar um padrão ou padrões, no meio do material de coleta recebido: questionários completos de pesquisa (que obedeciam a vários códigos de cores) reproduções de obras de arte, longas gravações de fitas, poemas, fotografias, artigos em xerox etc. Apesar da rica variedade de diferenças que se nos apresentavam em termos de imagens e de conceitos — variedade essa que, de início, parecia ser a característica que mais se distinguia em todo esse material — na verdade logo se fizeram notar os contornos de um padrão.

Observando os sistemas de pós-morte de que dispúnhamos, descobri que muitos dentre eles — a maior parte mesmo — não se referiam a paragens estáticas mas, antes, a jornadas ativas, nas quais os espíritos dos mortos se movimentavam através de detalhadas geografias. Porém, apesar da excitação que me dominava quando refletia sobre essas viagens, o fato era que, a despeito da diversidade de suas origens culturais, essas jornadas ativas sempre se mostravam constituídas, em maior ou menor grau, por quatro bem definidos aspectos ou estágios:

Estágio I: do *espaço de espera*, onde o viajante — o que deixou esta vida — passa pela transformação de um ser físico em um ser espiritual, podendo então realizar sua viagem.

Estágio II: da *fase de julgamento*, onde a vida passada do viajante é escrutinizada, avaliada e, em decorrência disso, ele ou ela vêem determinado seu destino.

Estágio III: do *reino das possibilidades*, onde o viajante desfruta dos resultados do julgamento ou se submete a eles; ou ainda, nos sistemas onde esse julgamento tem peso relativamente pouco significativo, simplesmente passa a existir nas paragens do pós-morte.

Estágio IV: do *retorno* ou renascimento, quando o viajante retorna a esta vida sob a crisálida de um novo corpo e de uma nova identidade; ou alcança a alternativa de escapar à Roda da Vida e se juntar ao todo universal.

Esse sistema, baseado em quatro estágios, não constitui um padrão rígido ao qual todo e qualquer sistema de pós-morte deva estar submetido. Em alguns desses sistemas, por exemplo, não se observa a existência de nenhum tipo de julgamento; em outros, o julgamento é tudo. Em alguns, a reencarnação é considerada como algo contrário à razão; em outros, como fator inevitável.

Começo também a divisar algo mais nebuloso ainda, algo que tem menos a ver com os sistemas de pós-morte, em si, do que com a maneira pela qual as pessoas têm acesso a ele. Os indivíduos não precisavam sequer pensar para começar a descrever essas paragens: alguma faculdade — uma forma específica que possuíam de apreendê-las — os ligava a esses cenários e a esses conceitos. O trabalho realizado pelo eminente filósofo e erudito islâmico Henry Corbin e outros, que se inspiraram em sua obra, ajudou-me a focalizar-me nessa capacidade que a psique humana detém, tão difícil de se definir como de se descrever. Essa função, começo a compreendê-la, nos oferece um meio para entendermos o pós-morte sem que devamos deter-nos em considerações sobre o conteúdo específico que este nos venha a trazer. A essa função psíquica dei o nome de imaginação vital.

SOBRE ESTE LIVRO

Este livro trata da questão: "O que acontece conosco *depois* que morremos?" por meio da remontagem da jornada universal do pós-morte, concebida em quatro estágios. No Capítulo 1, por meio de exemplos vivos, demonstra-se a importância desse questionamento e se oferece a motivação para que se busquem em outras culturas as respostas a ele. No Capítulo 2 fala-se sobre a força da imaginação vital: primeiramente, de maneira altamente pessoal; em seguida, à sua conclusão, de forma mais teórica. Cada um dos quatro capítulos seguintes é dedicado a um dos estágios da jornada do pós-morte, tal como esta se mostra a partir dos dados da pesquisa efetuada e das descrições que nos são oferecidas pelas culturas de todo o mundo. No Capítulo 7, dedicado à conclusão da obra, o enfoque é dado à esperança — qualidade psicológica danosamente negligenciada pela comunidade científica e vitalmente necessária para que as pessoas possam mover-se por entre as fases e desafios que tanto a vida como a morte nos apresentam.

Ao final do livro são apresentados vários apêndices. O Apêndice A foi elaborado para que o leitor pudesse melhor definir e avaliar seu próprio sistema de crenças relativas ao pós-morte. No Apêndice B são apontados e descritos os grupos que tiveram suas visões do pós-morte estudadas; são apresentados os pesquisadores seniores do Instituto encarregados da coleta dos dados oferecidos por esses grupos e aqueles que se mostram como resultado de nosso questionário padrão, composto de 180 itens. O Apêndice C descreve em linhas breves o Institute for the Study of the Afterdeath e o Apêndice D apresenta uma lista selecionada das leituras que se recomendam sobre esse tema.

Eis, portanto, uma descrição esquemática desta obra. As visões do pós-morte, porém — seu imaginário, sua atmosfera, o que insinuam em relação a algo que se situa para além de nós — não permitem que elas sejam classificadas de maneira nítida, em capítulos cuidadosamente delimitados e em separado. Foi isto o que me levou a trazer aos capítulos a referência à beleza de obras de arte, poemas e breves citações literárias, estes últimos colocados em colunas de texto em separado. A par disso, iniciei cada um dos capítulos destinados aos quatro estágios com uma alegoria; o objetivo foi o de apresentar, por meio dessas imagens, uma versão simples do estágio de pós-morte em foco. Dessa maneira tento oferecer não apenas a mera descrição desse momento como também os produtos da imaginação vital oriundos de diversas culturas. Livro que é também um tipo de museu da imagem, *Depois da Vida* é um convite à reflexão sobre as respostas, vindas de todas as partes do planeta, que tratam deste assunto: "O que acontece conosco depois que morremos?".

PARTE I

ABERTURA À POSSIBILIDADE DA EXISTÊNCIA DE ALGO MAIS ALÉM

1

A FRONTEIRA QUE
NOS ESPERA A SEGUIR

*A vida é uma grande surpresa. Não vejo por que
a morte não possa nos surpreender ainda mais.*

Wladimir Nabokov, *Pale Fire.*

Para onde irei quando morrer?
Que serei eu quando lá chegar?
Voltarei ao mundo dos vivos?
Desaparecerei para sempre?

Em meados da década de 80, assisti ao falecimento de dois amigos e de uma de minhas clientes. Não se conheciam e eram tão diferentes entre si quanto o poderiam ser três pessoas diversas. Ainda assim, de certa forma suas experiências — e as que a mim couberam, à beira de seu leito de morte — compuseram um todo. Meu amigo Henry morreu em paz, encarando o inevitável de olhos abertos e permitindo a seus amigos o mesmo contato íntimo com a morte que ele mesmo teve oportunidade de experimentar. Meu amigo James morreu em agonia, temeroso e desnorteado, isolando-se da maior parte daqueles que se preocupavam com sua pessoa e agarrando-se ao dinheiro, que mantinha entre os dedos crispados sobre o peito, como se este fosse o único meio de que dispunha para escapar ao terrível desconhecido. Minha cliente Joanne necessitou justamente daquelas idéias com as quais eu me vinha ocupando cada vez mais à época de sua morte.

Estive presente a essas mortes, elas alteraram meu ser e, por muito tempo, tenho me demorado em contemplar as lições e os *insights*, as alegrias e as tristezas, os temores e mistérios que emergiram em mim quando me encontrava ao pé desses leitos. Por muitas vezes, nos anos que se seguiriam, tanto em minha vida profissional (na função de psicoterapeuta dedicada ao trabalho com pessoas em fase terminal) quanto em minha vida pessoal, tive a oportunidade de me sentir grata por essas experiências. Hoje me encontro envolvida com o trabalho de descrever as crenças, imagens e funções do pós-morte, tal como estas se apresentam nas culturas de todo o mundo. Essas três pessoas me levaram mais próximo desse limiar.

TRÊS MANEIRAS DE ENCARAR A REALIDADE

HENRY

À idade de quarenta e cinco anos Henry manteve-se em silêncio por todo um dia quando recebeu a notícia de que o câncer que o acometia, recentemente descoberto, não possuía tratamento: tratava-se de um silêncio de integração, que lhe possibilitou fazer com que aquela realidade se aprofundasse em seu ser. Por mais de quinze dias se guardou em sua tristeza, mantendo-se afastado tanto de familiares como de amigos; nesse período consultou médicos e curadores de todo o tipo. Todos confirmaram o diagnóstico fatal. Teve, talvez por instinto, a certeza de que lutar contra aquela realidade seria o mesmo que adicionar sofrimento e dor ao fato inevitável de que sua existência chegara ao fim; mas, para ajudá-lo a aceitar essa realidade, havia um outro fator: o de que Henry acreditava em que a existência tinha mais a oferecer do que aquilo que os olhos podiam ver.

Durante seu período de recolhimento, Henry deixou gravada a seguinte mensagem em sua secretária eletrônica: "Não me telefone a não ser que, realmente, deseje falar comigo. Não me telefone para me falar de seja qual for o tipo de cura que você conheça: já a tentei. Não me telefone para falar sobre qualquer tratamento que você tem certeza que funciona: já os pesquisei. Não me telefone se estiver, seja como for, me confundindo com seu pai, irmão, mãe, amigo ou seja lá quem for de suas relações que tenha morrido; e não me telefone para chorar e me dizer o quanto sentirá minha falta. Me telefone se você estiver do meu lado; se não puder estar, está bem mesmo assim. E a você envio meu amor".

Telefonei-lhe imediatamente em seu número particular. "Ah, Hank", disse-lhe eu, chamando-o pelo apelido, "sinto tanto."

"Você não ouviu minha mensagem?", perguntou-me, irritado. Henry nunca se mostrara assim antes, mas eu esperava por essa atitude.

"Ouvi sua mensagem mas quando outro amigo morreu e eu soube da notícia ..."

Henry cortou-me a palavra:

"Não, Sukie. Me telefone quando você puder falar comigo, não sobre outra pessoa."

"Escute! Isso pode ajudá-lo!", aleguei.

"Sukie, eu estou morrendo. Tenho seis meses de vida. Pare", respondeu-me.

Parei. Mas se não podia ajudá-lo estando fisicamente a seu lado, se ele não queria ser "consolado" e se eu não tinha nenhuma informação para oferecer-lhe nesse caso, realmente, nada havia que eu tivesse a lhe dizer. Comecei a chorar. Henry desligou o telefone. Tratava-se de *sua* partida, de *sua* morte, de *seu* modo de entender a jornada humana.

Só que não pude parar de telefonar-lhe. A idéia de perder o contato com esse homem era simplesmente intolerável — eu não permitiria que isso acontecesse. Telefonei-lhe diariamente a partir de então. De manhã, punha o café na xícara, acendia o melhor cigarro do dia, tirava o telefone do gancho sempre me assegurando antes de que o vaso de flores fora colocado bem diante do meu campo de visão, para me acalmar, e discava. Henry sempre acordava cedo ou talvez nem dormisse (eu nunca tinha certeza de qual dessas hipóteses estaria valendo na data) e a cada telefonema cada um de nós ficava sentado na beira do sofá, na expectativa: cuidadosos, cautelosos.

"E aí, como vai?", perguntava assim que ele atendia. Eu usava um tom leve, casual, como se se tratasse de um telefonema costumeiro.

"Melhor", respondia ele, com um sorriso na voz. "Estava justamente pensando que se tivesse sabido, quando tinha vinte anos, que morreria agora, toda aquela angústia que suportei naquela época — lembra? — teria sido uma crise de meia-idade!"

Comecei a rir. Era engraçado! Realmente engraçado, sagaz. O que ele disse não deixava de ser verdade, de uma maneira meio louca, espirituosa, doce. De maneira alguma Henry fugia ao fato de que estava morrendo. A realidade estava ali, mas envolvida em um senso de humor que lhe proporcionava alívio e, ao mesmo tempo, compreensão. Não se tratava de um homem dotado de um sistema rígido de crenças, herdado de seus pais. Henry havia criado sua própria filosofia sobre o universo, o sentido e o curso de sua evolução. Abraçara um tipo de filosofia comum a muitos dos que vivem na atual década de 90: somatória de cristianismo, budismo e espiritualismo da Nova Era. Meu amigo acreditava que o universo obedecia a um plano evolutivo, dentro do qual a realidade progredia sem cessar em direção a um plano mais elevado de consciência.

Por muito tempo manteve firme sua crença nessa contínua evolução, e no íntimo acreditava fazer parte dela. Como ele mesmo me contou mais tarde, quando seu médico e os outros a quem consultara lhe disseram que, lamentavelmente, nada mais havia que pudesse ser feito em relação a seu caso, o que sentiu, além do choque e da tristeza, foi a compreensão de que já não mais poderia evoluir em seu corpo físico e que chegara o momento de caminhar para outro nível de consciência. Analisou o que se apresentava à sua frente e concluiu que, de alguma forma, havia feito uma escolha (ou assim se comprometido) no sentido de prosseguir — e que sua morte, como indivíduo, era dotada de um sentido. Refletia, então, sobre idéias e hipóteses sobre as quais vinha pensando já há bastante tempo; mas naquele momento sua reflexão se fazia muito mais intensa do que os devaneios mentais e as meditações que o haviam levado ao contato com essas mesmas idéias. Diante da morte, seu raciocínio se viu revificado por um novo sentido de urgência, um novo anseio. Indagava, voltava seu olhar, antevia que se encontrava prestes a cruzar as fronteiras do desconhecido, e procurava por fórmulas alternativas de atingir algo que sempre lhe parecera impensável: o total e permanente desaparecimento de Henry.

Meu amigo também acreditava na hierarquia dos seres, e que inúmeras manifestações conscienciais mais sábias e mais altamente evoluídas do que as nossas, aguardava por ele após sua morte. Sentira a presença dessas manifestações e, para entrar em contato com elas, entregara-se a meditações intensas; assim, acreditava que seria bem recebido no seio de uma comunidade — não claramente discernível, nem mesmo facilmente imaginável, mas, mesmo assim, um conjunto de presenças benfazejas, capazes de amenizar a solidão que lhe vinha pelo fato de deixar para trás todos os que amava. A idéia de estar caminhando para um encontro com esse grupo de formas benfazejas de consciência era-lhe tão profundamente confortadora, que aos poucos conseguiu se despedir dos seus entes queridos.

Os membros de sua família e todos os seus amigos ficaram surpresos com a serenidade com a qual Henry encarou sua morte. Poucos dentre nós compartilhávamos de suas crenças, e muitos se puseram a imaginar como fora possível que tais idéias surgissem na mente de um pragmático homem de negócios nova-iorquino. Mas não havia nenhum equívoco quanto à curiosidade que ele sentia em relação ao que lhe sobreviria.

No momento de sua morte, sua família lá estava, pronta a presenciar o indiscutível poder que as visões lhe haviam trazido, e oferecer a Henry seu conforto e assistência. Chegada a sua hora, Henry abriu os olhos e disse, com dificuldade: "Ah, eu ainda estou aqui?". Quando responderam que sim, comentou em voz fraca: "É tão lindo o lugar para onde estou indo!".

JAMES

James, que contava quarenta e cinco anos à época de seu falecimento, foi criado sob a crença da Igreja Batista do Sul, com muitas danças, e referências constantes à vida depois da morte, ao paraíso que contava com a presença de anjos, à Terra Prometida e a uma vida melhor no porvir. Mas nada de sua criação religiosa permaneceu em seu ser ou pôde penetrar em seu espírito. Valorizava muito as conquistas intelectuais e considerava fantasias infantis os assuntos ligados ao espírito. Tendia a enfatizar as explicações racionais e demonstrava um desinteresse cheio de negligência ou uma tirada de humor a qualquer aspecto da realidade que não fosse passível de ser completamente explicado. Adulto, era em essência um homem muito culto, que dominava seis idiomas, versado, bem viajado, bem respeitado — foi agente comissionado cultural de um centro urbano muito desenvolvido e sempre se manteve em contato com as várias culturas que formam uma grande cidade.

No entanto, quando a morte se tornou inevitável, descobriu — para surpresa de todos os que se preocupavam com ele — que não possuía nenhum instrumento, nenhum conforto, nenhum pensamento que o libertasse daquela dor. Longe de imaginar o que o esperava e em que aspecto da realidade iria penetrar, James, abalado, se fechou em si. No que dizia respeito à morte, não dispunha de nenhum acesso a alguma coisa que lhe oferecesse qualquer sentido e, certamente, a nenhum conforto ou a algo que pudesse renovar sua esperança. A idéia de seu inevitável passamento encheu de terror seu coração.

Seus sofrimentos não tinham fim e, sobre os ombros dos que o cercavam, ele colocou um enorme peso. Não dispondo de nenhuma fonte interior de conforto que lhe permitisse aceitar, ainda que por um só momento, essa fase inevitável de sua vida, James necessitava de que seus amigos e familiares lhe prodigalizassem uma ilimitada dose de carinho e atenção. Embora quiséssemos conversar — apenas conversar — James necessitava de nossa presença para enxotar os fantasmas que o atormentavam diante do desconhecido e que se agigantavam sob os inconfundíveis traços terrenos que sempre assumem. Seu fantasma mais amedrontador eram os temores que sentia em relação ao imposto de renda, às ambiguidades que eventualmente poderiam se insinuar em seu testamento ou ao seguro que poderia não oferecer proventos suficientes. Em seus últimos dias e horas, James demonstrava uma tal obsessão por esses detalhes legais que estes chegavam a excluir todo o resto — e levavam à exaustão e frustração todos aqueles que esperavam apenas estar a seu lado e dar-lhe seu adeus.

De todos os ensinamentos e de toda sua vasta experiência com as culturas do mundo, James não guardara nenhum referencial no que tangia à morte, a não ser os preceitos legais que cercam a vida física. Foi incapaz de pensar, voltado para si mesmo, ou mesmo de imaginar uma realidade mais abrangente — que fosse mais do que o nada a se seguir à morte; assim, em seus últimos dias não encontrou acolhida em nenhuma forma de conforto, de significado ou de esperança. Diante da morte, tudo o que ele conhecia era o medo.

Foi meu melhor amigo durante vinte anos e eu sabia que ele não tinha nenhuma esperança de poder sobreviver ao tipo raro de câncer que o acometera. Não que eu acreditasse que esta ou aquela dietazinha ou conceito de trabalho corporal fosse capaz, absolutamente, de prolongar sua vida. Eu apenas desejava — todos desejávamos — que meu amigo mais cheio de vitalidade, mais dotado de sensibilidade, de fascínio, pudesse se manter engajado à sua vida e não à sua doença — se ao menos tivesse tentado.

Depois de um certo tempo James passou a fixar seu olhar no vazio, simplesmente, sem falar nada: mas precisava que alguém permanecesse sentado a seu lado. Já não podia ficar sozinho mas recusava cuidados, com exceção do período da noite. Em um dia de sol, tive uma chance. Embora estivéssemos no mês de julho, seu corpo estava frio. As janelas estavam fechadas e o odor de urina pesava no ar.

"Para onde você acha que vai, se chegar a morrer?", perguntei por fim, permitindo-me um tanto de falsidade com o uso daquele "se".

"Atravessar a cidade, se conseguir pegar um táxi", detonou ele — e fechou os olhos para dormir.

Meus olhos cravaram-se no travesseiro adicional, pousado sobre uma cadeira. Peguei-o rapidamente em minhas mãos. Já se haviam transcorrido três longos anos. Meu desejo foi o de sufocá-lo com aquele travesseiro, de que tudo aquilo terminasse. Não senti orgulho dos sentimentos que me assomaram; ao contrário, eles me inspiraram medo (é a morte dele, não a minha; é a morte dele, não a minha, cantei, rapidamente, para mim mesma) mas sua desesperança já cobrara seu tributo.

Cabia-me abrir espaço por entre aquele ar quente de julho, que se abatia sobre nós: eu já não podia respirar.

O que mais nos doía, em relação à morte de James, não foi apenas o fato ter morrido, mas a *forma* como morreu. Sua perda, para mim, constituiu uma tristeza cruciante, algo trágico para todos os que haviam conhecido aquele homem inteligente, brilhante e sedutor. Mas, no período que antecedeu sua morte, ele empobreceu o amor que lhe devotávamos. Eu não conseguia suportar aquela ausência de esperança. Não era tão tola a ponto de pedir a seus médicos um pouco de esperança. Sequer acreditaria neles. Nunca alimentei nenhuma esperança de que aquele câncer, diagnosticado tão fora de hora, não fosse derrubá-lo algum dia. Sabia bem disso. Mas queria que *ele* tivesse esperança... em algo mais.

Apenas em tom de registro: desde que Henry morreu, vítima de um câncer, sua lembrança sempre se manteve inalteradamente viva. Passados dez anos de sua morte, não há ainda almoço ou jantar em que um amigo não comente: "Ah, o Henry adoraria comer isto". Como foi um grande apreciador da cozinha chinesa, muitas dessas pessoas ainda riem-se ao imaginá-lo no Paraíso, em um restaurante dessa especialidade. De fato, em seu testamento Henry deixou mil dólares para nós, seus amigos, determinando que nos reuníssemos para um imenso banquete chinês: completo, com narizes de Groucho Marx, um de seus acessórios favoritos. Todos nos recordamos dele com grande amor e alegria — e sua falta se faz sentir entre nós de um modo muito suave.

Belas histórias. Pessoas diferentes, cadências diferentes. Mas, em tudo isso, posso distinguir alguma coisa mais do que simples variantes de estilos pessoais. Vejo nessas histórias um argumento de caráter inédito que me permite lançar, finalmente, a pergunta relativa ao que acontece conosco depois de nossa morte. Até nessas histórias, que são tiradas apenas dos limites de minha vida pessoal, posso observar a presença de argumentos persuasivos que se alçam acima do cinismo e nos permitem a possibilidade de encarar a morte mais como um limiar do que uma porta fechada com estrondo — e que o universo é um espaço maior do que aquilo que o olhar é capaz de divisar. Vejo argumentos para que nos perguntemos a nós mesmos e encorajemos nossos filhos para que levantem indagação semelhante: "O que há lá, mais além? Para onde se vai depois? O que aconteceu com o vovô e o que vai acontecer comigo?". Quando não nos anima a curiosidade sobre o que é possível existir depois da morte, é porque estamos nos mantendo cegos em relação ao que muitos acreditam ser o estágio seguinte de nossa jornada. "Tão longe quanto alcança meu discernimento", escreve Jung no capítulo de suas memórias em que se ocupa em se aprofundar na análise de seus próprios sonhos de vida e naqueles concernentes ao que existe para além da morte, "o único propósito da existência humana é acender uma luz na escuridão do mero ser."[1] Vivemos em meio a sombras, e com mais freqüência nelas se esconde a morte; mas contamos com a oportunidade de indagar, de pensar, de considerar — e de iluminar nosso próprio caminho, por entre os sempre presentes mistérios da realidade.

Pense, nem que seja por um instante (ou mesmo por mais tempo, como o fiz quando pela primeira vez me confrontei com o que se segue): Que significado teria para você o fato de acreditar, como o fazem os fon, da República do Benin, na África, que tudo e todos que existem no mundo estão divididos em agrupamentos aos quais se vêem unidos pela circunstância de que todos os seus componentes estão predestinados a morrer simultaneamente? E o fato de que, em virtude de todos esses membros de um mesmo grupo precisarem morrer em um só e único instante, todos deverão igualmente voltar à vida ao mesmo tempo? Analise essa idéia não como um dogma religioso mas dentro de um espaço momentâneo no qual permita que sua descrença seja mantida em suspenso, tal como aconteceria se estivesse lendo um romance, assistindo a uma peça de teatro ou refletindo sobre um poema.

Considere as implicações envolvidas no conceito desenvolvido pelo povo fon. De acordo com sua crença, se eu morresse agora, toda uma completa fraternidade de pessoas e criaturas: pássaros, raposas, leões, peixes, homens, mulheres, crianças, avós, regatos, nuvens, insetos, flores e árvores — sem deixar de estar em consonância com seu próprio tempo de vida — morreriam comigo. E, por havermos morrido em conjunto, dessa mesma forma renasceríamos. Embora possamos ser estranhos uns aos outros, desconhecidos entre nós, formamos um grupo coeso, e esse mesmo grupo nos propicia a segurança do pertencer.

Para os fon, uma só idéia é capaz de vincular seres entre si, coisas e pessoas que, embora sencientes, não têm consciência da existência uns dos outros. Essa idéia cria uma comunidade onde, antes, nada havia senão indivíduos que não tinham relação alguma entre si. É verdade que já ouvimos falar muito sobre a ligação que há entre tudo o que existe no universo, especialmente por volta da última década; mas, tal como o faria um parágrafo ou verso lindamente acabados, cheios de detalhes, cores e que apresentassem grande riqueza descritiva, essa idéia dos fon infunde especificidade a esse conceito relativamente abstrato; e, por intermédio dessa especificidade, cada um de nós se torna capaz de imaginar um espaço. Essa visão franqueia-nos o potencial de prazer que existe na descoberta de que todos, juntos, fazemos parte de uma rede maravilhosamente entrelaçada na qual, em pé de igualdade, encontram-se escaravelhos, gatos e pessoas: uma inesperada fraternidade que há de morrer quando morrermos e que renasceu no mesmo instante em que viemos à vida.

Quando visualizamos essa interconexão e os detalhes que ela contém, pode ocorrer algo. Não apenas nossa imaginação será capaz de se encher de imagens como, quase sem que o possamos notar (talvez mesmo sem que o notemos), a idéia da morte pode se *normalizar*, pode vir a mostrar-se como simples parte de um ciclo — do qual participamos juntamente com os elementos díspares que, como nossos pares, compõem um grupo. Poderíamos, quem sabe, nos acostumar a ver a morte dentro de um agitado complexo de realidades; se assim o fizéssemos, o mundo poderia tornar-se mais precioso, mais confortável, maior, mais interessante — e, mesmo, muito mais vivo e promissor do que aquele que conhecemos e que se encontra tão-somente do lado de cá da porta que James fechava com tanto estrondo.

JOANNE

O trabalho que desenvolvi junto a Joanne me fez contatar o poder que reside no simples fato de nos abrirmos aos conceitos do pós-morte. Mãe solteira, quarenta e cinco anos, essa paciente de câncer teve seu mal tratado com sucesso por oito anos; a partir daí, seu estado começou a apresentar um agudo declínio e qualquer alusão à sua morte a fazia entrar em uma tempestade de choro histérico. Joanne não havia feito testamento; não tinha nada a deixar para seus filhos; não tinha discutido com seus amigos o que esperava e desejava que fizessem em relação ao bem-estar das crianças, o que planejara para que o trabalho que vinha desenvolvendo não perdesse sua continuidade ou de que maneira gostaria que preparassem o funeral. Erguia seu choro e seus soluços como uma parede capaz de separá-la da morte — e que a distanciava de toda conversação que pudesse ser entabulada sobre esse assunto.

Como ninguém ousasse falar sobre o tema da morte com Joanne, sua família, finalmente, decidiu-se por apelar para o atendimento de uma consultora: eu. Perguntei sem rodeios a essa paciente: "O que você acha que pode acontecer-lhe depois da morte?" Permiti que chorasse até esvaziar-se; por fim, ela pareceu entender e aceitar o fato de que se tratava apenas de uma conversa.

"Como assim? Quer dizer, depois do funeral?", perguntou. "O que eles vão fazer comigo depois de meu funeral?"

"Não, estou me referindo a outra coisa. Pessoas que pertencem a várias culturas acreditam que depois da morte o indivíduo passa por etapas muito bem definidas. Muita gente, em nossa própria cultura, pensa de modo semelhante. Sabem, esperam ou intuem que alguma coisa vai acontecer com eles. Você faz alguma idéia do que seria? Tem algum conceito, meio vago ou mais específico? Algo que seus pais lhe tenham ensinado quando você era ainda menininha?"

"Nada", disse Joanne, taciturna, voltando o rosto para a parede. "Quando a gente vai, vai: acabou. A gente fica entregue a si mesma. Ninguém pode ficar ao lado de ninguém para enfrentar isso."

"É a solidão que a incomoda?", perguntei.

"É *claro* que é a solidão", respondeu-me, com inesperado vigor. "O que poderia ser mais solitário do que se estar sem a família?" Joanne, como já me haviam dito, sempre fora uma mulher ocupada, gregária, que valorizara os relacionamentos pessoais acima de tudo.

Algumas sessões mais tarde Joanne me falou, em tom pensativo: "Sabe, eu bem que gostaria de rever meu pai. Gostaria de vê-lo como costumava ser, não do jeito como sempre o vejo em minha mente, quando morreu". Eu sabia, de sessões anteriores, que seu pai morrera durante um violento ataque epiléptico, o qual Joanne, então com dez anos, presenciara. Era essa a imagem de seu pai que nunca a abandonara.

Tendo finalmente encontrado uma brecha para penetrar, respondi: "O encontro de nossos entes queridos, depois de nossa morte, é uma noção que está presente entre todos os povos, de todos lugares do mundo. Muitas pessoas daqui mesmo, deste nosso país, que passaram por experiências de quase-morte relatam que se encontraram com os seus. E grupos culturais de todo o mundo guardam descrições de encontros com ancestrais, os quais ocorrem em um plano que está além da morte. Todos eles afirmam que esses encontros são possíveis, Joanne", disse eu, esperando que ela compartilhasse comigo da possibilidade de, talvez, ver seu pai novamente. "Você gostaria de ler sobre isso?", perguntei.

Sem nenhuma hesitação, respondeu-me: "Gostaria".

Durante toda a sua vida, Joanne havia sido uma leitora voraz, embora tivesse abandonado os livros quando os médicos lhe afirmaram que nada mais tinham a fazer no caso dela. Então recomeçou a ler aos montes a respeito do tema do encontro. Em breve ela mesma passou a dar início às conversas que iríamos manter sobre sua preparação para a morte e, com acanhamento, me confessou um segredo: estava esperando por isso — bem, não pela morte em si, mas, certamente, esperava ver seu pai mais uma vez. Aliviada com a possibilidade do reencontro, travou conhecimento com a morte, e esta familiaridade em breve possibilitou-lhe ocupar-se de seus negócios por terminar: fez seu testamento, conversou largamente com seus amigos e com seus filhos acerca de suas vidas depois que ela morresse, e deixou implícito — senão prometido — que os veria a todos novamente.

O VALOR E A FORÇA DAS HISTÓRIAS

Extensas pesquisas literárias revelaram a existência de uma escassez de trabalhos no sentido de provar que os estudiosos que se abrem às idéias e imagens relativas ao pós-morte de fato se beneficiam com isso. Uma maior quantidade dessas pesquisas empíricas seria bem-vinda e, dadas as mudanças que vêm ocorrendo no ambiente científico, em que os velhos preconceitos estão dando lugar a uma nova abertura às possibilidades que se apresentam, espero que este trabalho não esteja tão distante assim de nós. Seguindo essa linha de pensamento, Dalai Lama, líder espiritual do budismo tibetano, ofereceu uma substancial recompensa a qualquer pessoa que possa provar que o pós-morte *não* existe — criativa variação daquela visão mais usual, mais cínica, que arca com as conseqüências de instigar o proponente a produzir suas próprias provas.

Neste livro emprego o que se conhece como abordagem da história natural, análoga ao método utilizado pelos que se dedicam às ciências básicas e se utilizam de espécimes como subsídios às teorias que venham a levantar. No caso das pesquisas sobre o pós-morte, esses espécimes não foram pedras ou animais, mas crenças e experiências humanas. A coleta dessas "amostras" — como fizeram aqueles que a empregaram antes de nós — possibilitou-nos estabelecer uma base sobre a qual pudéssemos erigir nosso posterior estudo sobre o novo campo. É minha intenção, por meio desta obra, apresentar amostras relativas tanto às diversas maneiras pelas quais outras culturas vêem a experiência do pós-morte como as que eu mesma tive oportunidade de observar, através das sessões que tenho desenvolvido com meus clientes — os quais, diante de mim, encetaram suas lutas diante das expectativas que a iminência da morte lhes trazia. Descreverei casos, assim como princípios e narrativas relativas ao tema, que oferecem significado psicológico aos pacientes, e são extremamente benéficas ao processo de cura em geral.

Esses princípios e narrativas aqui são apresentados não como provas da força que a sabedoria de todo o mundo encerra mas, antes, como ilustração dos meios pelos quais as imagens e conceitos do pós-morte podem fazer com que se rompam hábitos rígidos de ser, e se abram portas às novas possibilidades. Se nos aproximarmos dessas perspectivas não como cientistas, mas como buscadores que tentam contemplar primeiro essa nova luz, então aquela idéia estranha, aqueles mistérios e quebra-cabeças que tão teimosamente têm permanecido no mundo das sombras, talvez comecem a adquirir maior definição. Como prova de que isto ocorre, concluo este capítulo com uma história de cunho pessoal que, despida de estardalhaço, pode dramatizar a abordagem que acabo de mencionar.

Nos anos 80 viajei com meu colega Edmundo Barbosa a Sulawesi, na Indonésia. Também psicólogo, Edmundo trabalha com pacientes de câncer, além de dedicar-se ao estudo de rituais brasileiros. Viajou seguidamente comigo e muito me ensinou sobre o preparo que devemos ter para lidar com as variadas manifestações de pensamento que existem. Nossa viagem à Indonésia tinha como finalidade coligir dados sobre o pós-morte.

Em Sulawesi, quando uma criança morre, não é sepultada na terra, mas no tronco entalhado de uma árvore muito bonita, cercada por uma bancada em forma de anel. Num dia de temperatura amena, Edmundo e eu nos sentamos sob uma árvore muito grande e dirigimos nosso olhar para o alto do tronco, onde podiam ser vistos nichozinhos entalhados, dentro dos quais se acomodavam os pequenos caixões. Quanto mais crescia a árvore, nos disseram, mais perto do céu e de Deus chegavam as crianças.

Sentamos em silêncio na bancada, sob os ramos daquela magnífica árvore, e fui tomada de um intenso respeito. Senti que testemunhava algo de tamanha beleza, de tão grande compaixão, que permaneci em profundo silêncio. Comecei a pensar nas crianças que haviam morrido, na dor que essas mortes haviam causado e na gravidade dessas perdas. Para mim, o ato de aqueles serezinhos serem sepultados em uma árvore para assim nunca deixarem de ser levados em direção ao céu era um ato de amor. Passei muito tempo olhando primeiro para a árvore e, em seguida, para o céu, para a árvore e para o céu.

Pensei nessa árvore não apenas como um suporte físico para as crianças mas, também, como algo que as perpetuasse. Suas folhas, raízes, as estações que mudavam e afetavam tanto a árvore como a renovação que nela se operava — tudo isso se imbuía no espírito das crianças que ali se achavam, com os corpos sepultados em seu tronco. Vieram à minha mente as bandeirolas de preces do Tibete — peças de tecido feitas a mão, nas quais se inscrevem preces e que depois são penduradas, por fios, em quase todas as casas. Os tibetanos penduram essas bandeirolas em seus lares para que, desta forma, o vento espalhe as preces ou as saudações que nelas são inscritas pelo mundo afora. A árvore, pensei, fazia o mesmo com as crianças: fazia com que seus espíritos fossem espalhados pelo ar que nos cercava e sabe Deus até aonde mais.

Toda essa experiência me faz lembrar de um poema de autoria do poeta chinês Li Po, que mais tarde passei a admirar:

> *A ave já desapareceu no céu*
> *escoa-se, agora, a última nuvem*
>
> *Contemplamos juntos, a montanha e eu,*
> *até que apenas um de nós permaneça.* [2]

Em Sulawesi, quando os adultos morrem, sempre que sua família tenha meios de obter um búfalo recém-nascido necessário à realização do sacrifício de praxe, entalha-se uma efígie do morto denominada *tau-tau*. Consiste em um boneco de madeira de cerca de 50 centímetros de altura, que tem a palma da mão direita voltada obliquamente, para assim poder receber as bênçãos que lhe vêm do alto; a palma da mão esquerda, voltada para cima, transmite as bênçãos para a comunidade. O *tau-tau*, entre uma multidão de outros da mesma espécie, é colocado em cavernas, nichos entalhados ou nas montanhas, na parte acima ou nos entornos da comunidade. Seus olhos se apresentam voltados para baixo, demonstrando assim que estão sempre voltados para seu povo; acima e ao lado dessas efígies são cavadas as sepulturas, ou reentrâncias escavadas nas laterais das montanhas, onde são enterrados os mortos.

Para mim, a certeza do consolo que o *tau-tau* oferece é inquestionável. Da mesma forma como a árvore das crianças atraiu nossa atenção para a beleza e ligação que esse povo mantém com a natureza, as efígies dos adultos mortos abrem à comunidade os prazeres sutis e complexos da arte. Será que se os devastadores sentimentos de perda e de abandono poderiam ser amenizados por meio mais confortante do que aquele proporcionado pelos esforços de um artista no sentido de fazer representar um corpo e um espírito tal como estes o eram em vida, dando-nos seu conforto e, agora, velando pela comunidade como outras tantas pontes a unir os vivos e os mortos?

Quando vi pela primeira vez os *tau-tau* dos Sulawesi desejei que meu amigo James houvesse permitido que seu apartamento fosse preenchido até estourar com imagens do pós-morte. Guardo muitas peças de esqueletos artísticos do México, dentre as quais se pode encontrar o de um homem nu, sentado em uma banheira. O esqueleto fuma um cigarro e se mostra preocupado, tal como estava James. Dentre as belas peças de minha coleção de esculturas mexicanas relativas ao Dia de Finados, encontram-se também figuras que representam mulheres altas, elegantemente vestidas, como James gostava que as mulheres se apresentassem — carregando bolsas apropriadas e olhando recatadamente para quem as visse, chapéus finamente pousados na cabeça, convidativas. Só que são esqueletos. Figuras que nos são familiares, mas figuras mortas.

Tivesse James encarado a morte, ainda que somente um pouquinho, como fato normal — tivesse ele convivido cotidianamente com ela, sob uma forma de arte qualquer — é possível que sua imagem, hoje, ainda se mantivesse viva entre seus amigos, mostrando na face um sorriso de relaxamento e aceitação — em vez da expressão de profunda ansiedade que ele apresentou em suas últimas semanas de vida. A simples convivência com essas formas de arte e essas imagens poderia ter contribuído para que ele se permitisse abrir à possibilidade do fato de o mistério da existência ser capaz de abarcar mais do que lhe seria possível sentir pelo paladar ou pelo tato, deitado em seu leito de morte, preso às garras do terror.

2

CRUZANDO FRONTEIRAS INTERIORES E EXTERIORES

Todos podemos educar e equilibrar nossa imaginação, a fim de poder entrar em contato com os seres espirituais e receber seus ensinamentos.

Paracelso

Através de meu trabalho, a arte, as informações e a literatura que lhe dão suporte preencheram minha vida. Mas, afinal, pesquisas e ilações não podem substituir a experiência. Em vários momentos, no decorrer da coleta que desenvolvi, subitamente me surpreendi ansiando por viajar e apreender por mim mesma o que viam aqueles indivíduos de lugares distantes, a cujo estudo eu me dedicava. Um dia, quando me encontrava trabalhando no apartamento em que residia em Nova York, em meio a pilhas de livros sobre a morte e o pós-morte, telefonei para meu colega Edmundo. Esse telefonema me conduziria, finalmente, a um mistério que eu ainda guardava dentro de mim mesma: a imaginação vital, o caminho psíquico para aspectos não vistos da realidade, dentre os quais o pós-morte seria talvez o que mais força exerceria.

"Olhe, as leituras que venho fazendo de novo começam a me cansar", disse-lhe. "Não posso captar esta matéria só com o que está escrito em uma página de livro. Tenho de passar pela experiência. Quero ir ao Brasil. Já está na hora de uma viagem."

"Viagem não: jornada", corrigiu-me ele, tornando a frisar uma distinção que já me havia apontado várias vezes. Em seguida, esse meu confiável guia e explorador dos limiares da magia e da realidade, meio falou, meio suspirou: "Bom, Sukie", declarou ele na chamada internacional, pronunciando em seguida uma única palavra: "Candomblé".

Eu não havia feito todas aquelas leituras e tomado todas aquelas notas em vão. Sabia a que se referia meu amigo. Além disso, por várias vezes tivéramos oportunidade de discutir esse assunto, como a meta mais importante da pesquisa relativa ao Brasil. Trata-se de uma forma de religião afro-brasileira, originária da África Ocidental, que encontrou jeito de se esconder por entre as ricas dobras que permeiam as roupagens do catolicismo brasileiro. Bem guardada por entre as saias e entrefolhos da Igreja Católica viveu — é isso mesmo o que quero dizer, *viveu*, animada de uma vitalidade secreta, irreprimível — uma panóplia de santos e deuses dos quais o papa e seus bispos jamais ouviram falar.

Mesmo para o brasileiro mais devoto o mundo espiritual do candomblé não é um espaço fácil de entrar. Uma iniciação que dura sete anos precede o momento em que, com a cabeça raspada, o iniciado se entrega ao chamado de seu Orixá — deus específico, personalizado — e realiza sua dança num estado alterado de consciência; durante a dança o Orixá, montado sobre essa pessoa, cavalga-a e dirige-a. A esse estado dá-se o nome de incorporação.

Um ano antes, no Brasil, Edmundo me havia conduzido a um ritual de candomblé que durava a noite toda. Nessa ocasião, o incessante ritmo do tambor fez com que me sentisse transportada — ultrapassando meu ceticismo ocidental e meu natural temor de uma enxaqueca — a um estado no qual todos os aspectos da vida adquiriram um brilho, uma leveza, mostrando-se carregados por uma espécie de eletricidade. Xangô, deus do trovão e do fogo, ao qual a noite era dedicada, de fato veio à cena e a ninguém foi dado escapar ao excitamento provocado por sua chegada.

Mas eu nunca havia entrado no âmago do candomblé, onde vivem os mortos: os Eguns. Tanto por meio da pesquisa que realizei, como por intermédio da trilha (situada a meio caminho entre o simples comentário e a erudição) pela qual Edmundo vinha me guiando já há vários anos, desde que nos conhecêramos, eu sabia que em todo mês de setembro, em uma pequena ilha costeira do Nordeste brasileiro, os Eguns se mostravam vivos através de um ritual de 48 horas de Retorno dos Mortos. Quando ele pronunciou a palavra "candomblé" ao telefone, soube que se referia ao fato de que já era tempo de nos dirigirmos ao cerne da questão. Há anos, com todo afinco, vínhamos seguindo os fios que cruzavam as fronteiras que delimitavam — por vezes faziam até com que se entremesclassem — os mundos dos vivos e dos mortos. Pareceu-nos então que havia chegado a hora de saltarmos de um desses mundos para o outro, de encontrarmos os Eguns em seu retorno anual.

A jornada mostrou-se infernal. Tudo deu errado. Assim que aterrissei no Rio de Janeiro o presidente Bush decretou o início da Tempestade no Deserto e o mundo todo focalizou sua atenção no negro deserto do Kuwait e no medo do terrorismo. Como resultado da intensificação das medidas de segurança, perdeu-se minha bagagem. Perdidos também foram nossos contatos com o candomblé — tão longamente cultivados, tão carinhosamente protegidos: todos tinham sofrido inesperados acidentes e se encontravam impossibilitados de nos acompanhar. As coisas deram errado também quanto ao hotel. Tanto Edmundo como eu fomos acometidos por um problema estomacal; choveu sem parar dia após dia, hora após hora; e tudo conspirava contra a possibilidade de encontrarmos e, mais do que isso, alcançarmos a ilha costeira onde os mortos retomariam seu convívio com os vivos.

"Mas você não desconhece, Sukie", disse-me meu urbano colega, "que a gente não entra no pós-morte assim, sem mais nem menos. A própria jornada, em si, é parte da fronteira que separa esses dois mundos. Paciência, paciência!... Nós chegaremos lá. Ou, então, não chegaremos."

Tipicamente brasileiro, ele, em sua ambigüidade: assegura, mas não assegura nada.

Todos os nossos planos falharam, mas, por meio de uma série de coincidências extraordinárias, conseguimos transporte para a ilha. Lá chegando procuramos pelo chefe que nos haviam indicado. Disseram-nos que era imprescindível encontrá-lo e a ele nos apresentarmos, uma vez que ele não sabia que nós, estrangeiros e estranhos, estávamos nos dirigindo para lá. Eu me senti apreensiva, mas o chefe, um homem imenso, nos recebeu de braços abertos dizendo: "Estávamos esperando por vocês. Estão sendo aguardados no terreiro".

"O terreno sagrado", sussurrou-me Edmundo, traduzindo o termo; e seu rosto me mostrou que ele também estava pensando, como eu, que talvez a inesperada expansividade que o chefe demonstrara em relação a nós resultasse do fato de que ele pudesse ter-nos confundido com outras pessoas.

O chefe nos levou a uma cabana que não tinha assoalho, nem paredes internas, nem mobília, nem banheiro — mas que era, certamente, um lugar de honra, situado a apenas alguns metros do templo em si. "Não saiam daí", avisou. "Os Eguns estão por todo lado e também os Aparacas — fantasmas avantajados, que vivem no limbo e expressam seu sofrimento por meio de gritos estridentes. Tenham cuidado! Cuidado! Só andem em companhia de um iniciado. Voltaremos e pegaremos vocês quando chegar a hora."

Chegada a hora do crespúsculo, em nossa pequena casa, comecei a pensar se fora sensato termos ido até lá. Estávamos confinados àquele solo sagrado, sem banheiro e sem amigos. Censurei-me a mim mesma.

Era fato costumeiro que eu, nessas viagens, ficasse tão envolvida pelas estratégias necessárias para atingir um determinado lugar que pouco atentava para o fato de que, talvez, tivesse sido melhor ter ficado em minha casa. Naquela noite, ainda indisposta e sem nem mesmo o conforto de algumas paredes que me pudessem proporcionar um pouco de privacidade, não tive de pensar muito. Os avisos que havíamos recebido — e que eu ouvira já dando largas passadas, fazendo-me acompanhar por minha fanfarronice novaiorquina: "Não divida sua água com ninguém! Eles vão querer sua água!" e "Evite todo tipo de sacrifício que tenha sangue! Eles vão querer que *você* faça um sacrifício de sangue" — subitamente voltaram-me à lembrança, para me assombrar. Não me abandonava o lado totalmente lúgubre do que fazíamos: seguir os marcos traçados pelas imagens sombrias dos mortos. Eu estava com náuseas, cansada, longe de casa, no alto de uma montanha sobre uma ilha — e em um solo sagrado sem nenhuma saída que pudesse sequer ser vislumbrada.

Mas não houve tempo para preocupação. O sol se pôs, as estrelas começaram a brilhar e os iniciados vieram buscar-nos para nos levar ao templo: quente, cheio de gente e cheirando a urina, onde se alinhavam dois banheiros cheios de limo, um para homens, outro para mulheres (o ritual duraria 48 horas) — e onde o tambor, cujas batidas jamais poderiam sofrer uma interrupção, já começara a soar. As crianças de colo, quando começavam a se agitar, eram passadas de mão em mão, por cima das cabeças dos adultos — o que não significou que tivessem deixado de explodir em choro quando chegavam às minhas (o que aconteceu várias vezes, uma vez que eu estava no lado do aposento reservado às mulheres) para minha total consternação. Os tambores mudaram de ritmo quando dois jovens foram iniciados e cobertos por sangue e penas das galinhas vivas com as quais o chefe, momentos antes, compusera um gestual de aspersão por todo o aposento.

Esmagada pela absoluta falta de qualquer coisa que me fosse familiar, dentro do templo — Edmundo se encontrava no lado do aposento reservado aos homens e escondido de meus olhos por um pilar — focalizei minha atenção sobre as crianças. Para maior segurança as mais novas delas eram mantidas no espaço destinado às mulheres; as mais velhas, porém, se juntavam, sozinhas, sem nenhuma supervisão dos pais, bem em frente ao local onde os rituais tinham lugar. Pareciam estar desfrutando muito desse momento, mas eu me preocupava: o que as crianças estão fazendo aqui, no Retorno dos Mortos?

O tambor martelava em minha cabeça. O cheiro de sangue se misturara ao odor da urina e do suor. O calor dos corpos, cada vez aumentando mais, me fez sentir falta de nosso abrigo sem assoalho.

Repentinamente, as portas duplas que tinham até então permaneci-do fechadas, na parte de trás do templo, se abriram e algo magnífico correu para o interior do templo. Um turbilhão rodopiante, sem cabeça, vestindo um manto (que tinha todas as cores do de José, um manto, me disseram, que queimaria quem quer que o tocasse) revoou pelo espaço cantando, retumbando, em meio aos iniciados vestidos de branco, mene-ando o corpo e fazendo piruetas até a frente do templo.

Era Egun, um Ancestral, um Morto. Era glorioso!

Ali fiquei em pé, a boca aberta e com lágrimas escorrendo espon-taneamente por meu rosto, olhando as crianças que, de imediato, se ha-viam posto de pé e começado a cantar e a marcar com palmas o ritmo do que parecia ser uma canção de boas-vindas. Um arrepio de tensão se fez notar entre o Egun e a multidão que se encontrava à entrada, quando os iniciados começaram a caçar o espírito com varas especiais, batendo-as ritmicamente no chão e enchendo assim o templo com um bonito pan-demônio que conseguia abafar o som do tambor. Caçado de uma forma que, de certa maneira, me fez lembrar os Keystones Kops,* o Egun de-sapareceu, foi-se, correndo, pela noite afora — mas nem bem se fora e outro já girava para o interior do templo. Durante toda a noite as mais belas e magníficas criaturas — bailarinos mágicos, cheios de colorido, graciosos, sem cabeça — rodopiaram pelo aposento e fizeram surgir rit-mos das palmas das mãos e das batidas das varetas manejadas pelas pes-soas. Minha atitude reticente, meu nervosismo, a resistência que tive em relação aos odores e sons, tudo se esvaiu quando apareceu o primeiro Egun. Transportada ao espaço do pós-morte, naquela noite vivi um mo-mento de maravilhamento e de excitação como nunca mais pude experi-mentar em lugar algum.

Durante anos havia trabalhado, lido, viajado, feito entrevistas e relacionado dados. Na noite do Retorno dos Mortos, as barreiras con-fiáveis que, em minha mente, separavam o real do irreal, o fato da ficção, a percepção da alucinação se desintegraram sob o bombardeio de sons, visões, odores, cores e ritmos. Subitamente, por intermédio da força de minha própria imaginação vital (força da qual compartilhei com os estranhos daquela ilha mas que nunca, em tal grau de consciência, experimentara em minha vida em Nova York) eu me misturara com os vivos e com os mortos. Equilibrando-me entre o assombro e o júbilo, bati palmas e ri com os outros, me deliciando com eles pelo retorno daqueles mortos magníficos, cheios de cores, formidáveis, incrivel-mente vitais e cheios de energia.

(*) Personagens de uma série inglesa de comédia, que representavam policiais amalucados, da década de 1920. (N. do T.)

Ao amanhecer, com a luz penetrando pelas fendas das portas e janelas do templo, até então firmemente fechadas, a multidão se moveu vagarosamente para fora. O sol começava a levantar e a lua, a se pôr. Ambos ainda se mostravam no céu e o ar era suave e frio. Alguém nos disse para esperar: algo especial estava para acontecer.

Que mais coisas maravilhosas poderiam ter lugar ali?, pensei comigo mesma; e, então eu vi. Juntos na campina que se estendia abaixo de nós, lá estavam todos os Eguns. Contei dezesseis, mas eles não paravam de dançar e rodopiar, de maneira que realmente não tenho certeza quanto ao seu número. Agora notava que em seus mantos que giravam, havia pequenos espelhos bordados, que capturavam a luz e faziam com que seus reflexos retornassem para nós. Os iniciados cercavam os Eguns a determinados intervalos, alertas, batendo suas varetas para assim darem reforço à linha que separa os vivos dos mortos. Então, um Egun se foi! Era o mais novo dentre todos, disse-me alguém, e ainda muito brincalhão. (Todos os Eguns pertencem ao sexo masculino — quando as mulheres morrem, retornam à natureza como o fazem a maioria dos homens. Apenas alguns dentre estes prosseguem até se trasformarem em ancestrais.) Tal como um filhote, o novo Egun correu e saltou em meio à multidão, fazendo soar os pequenos guizos de seu manto, obviamente muito satisfeito consigo mesmo. Esse Egun corria com rapidez, mas o mesmo faziam os iniciados que, por fim, conseguiram encurralá-lo antes que alcançasse a multidão e o acompanharam de volta colina abaixo até a campina onde estavam os outros. Todos os Eguns dançaram e caminharam até atrás do templo, onde desapareceram da vista. O sol, então, já estava alto no céu e a lua desaparecera.

O ritual continuou no dia seguinte. Uma cabra, que havíamos visto à entrada do terreiro, fora recebida no pós-morte, cozida e era agora distribuída entre as pessoas, em um grande almoço servido como piquenique. Essa era a ocasião de se conversar, repousar e refletir enquanto se fazia a digestão, até que os iniciados chegaram novamente; aí, entramos no templo para mais uma reunião noturna.

Depois de passarmos quarenta e oito horas na ilha, Edmundo e eu, ainda deslumbrados pela experiência, retornamos ao continente e eu voei de volta para casa. Tentamos durante anos, sem sucesso, retornar. Mas a todos os lugares aonde fui, carreguei comigo a lembrança daqueles dois dias extraordinários.

Passados cinco anos, depois de muito viajar, em particular pelo Oriente, colhendo informações e imagens relativas ao pós-morte, voltei de uma viagem com uma virose avassaladora. Sentia-me miseravelmente doente. Cheguei a Nova York com 40 graus de febre e toda a conhecida sucessão de sintomas que concluí serem os de uma forte gripe. Mas a confortável noite em minha própria cama que, como uma obsessão, não saíra de minha imaginação durante todo o longo tempo de vôo que durou meu retorno, não foi o que eu esperava — ao menos, não inteiramente. Voltei para descobrir que minha mãe estava mortalmente enferma, devendo ser hospitalizada. Sendo filha de médico estava a par de tudo o que devia fazer e o fiz, sem por isso deixar de tremer sob os calafrios da febre que me atingia. Mas, assim que minha mãe, com oitenta e um anos, deu entrada no hospital, sofreu um ataque cardíaco e seu futuro imediato passou a mostrar-se bastante problemático.

Minha gripe prevaleceu e assim também a tuberculose, reativada, de minha mãe — de maneira que a vigília ao lado de seu leito, que eu tanto desejara manter, não ocorreu. Eu estava com uma moléstia de caráter infeccioso e fui dispensada. Tinha de voltar para minha casa e para minha cama. Podia, finalmente, desmoronar.

Enchi a banheira e entrei no banho. Depois, tiritando, andei aos tropeços até minha cama. Mergulhei sob as cobertas, obedecendo em cada detalhe ao que imaginara fazer enquanto estava no avião. Um sono, um sono lindo, aos poucos me dominou e eu me deixei arrastar.

Acordei com a batida de um tambor. Puxei meu corpo até endireitar-me na cama e me pus a ouvir.

Tambor. Aquele danado daquele garoto do apartamento ao lado, concluí — e me levantei para bater na parede que dividia nossas residências. Quando meu punho estava quase encostando na parede, ouvi com mais cuidado. O tambor estava em minha sala e, mais ainda, eu *conhecia* aquele som. Era o som que ouvira na ilha, na noite do Retorno dos Mortos. Não vinha do apartamento vizinho. Estava ali, em minha sala de visitas.

Confusa como não poderia deixar de estar alguém que tivesse tido seu apartamento invadido, forcei-me a sair da cama e caminhar na direção do som dos tambores.

Na sala de estar estavam todos, todas as pessoas, vivos e mortos, que haviam enchido aquela sala, naquela ilha distante, e, agora, dançavam e me davam as boas-vindas, em minha própria casa. Todos haviam vindo visitar-me, todos sorriam para mim — como se sempre nos tivéssemos encontrado dessa forma e como se cada membro da comunidade estivesse muito feliz por me ver. Ninguém falava, todos sorriam e os tambores soavam.

Luís estava lá, o homem que nos havia recebido em nossa estada e nos havia falado sobre os Aparacas, fantasmas que gritavam estridentemente seu sofrimento e que acompanhavam a chegada dos Eguns. Vestia as roupagens brancas dos iniciados e a varinha que trazia na mão estava pronta para repelir os fantasmas que produziam os sons sinistros e para manter fisicamente a barreira que separa os vivos dos mortos.

Lá se encontrava Christina, em minha cozinha, fazendo a comida dos que estavam presentes à reunião, como o fizera na ilha, e um aroma magnífico, de algo que não sei o que é, chegava até minhas narinas enquanto eu ali me mantinha em pé, atônita.

Outra face conhecida sorriu para mim, de uma poltrona; outra, ainda, me olhava, próxima à minha estante. A cerveja corria, liberada (eu não guardo cerveja em minha casa) e, do banheiro, podia ouvir o barulho da descarga; as crianças brincavam de pega-pega ao redor da mesa do café. Por todos os lugares encontrava pessoas de quem me lembrava. "Tudo vai dar certo", disse Luciano, que havia visitado Edmundo e eu em nossa casa sem paredes e se demorara a conversar conosco por um bom tempo. Naquela ocasião dissera-nos que, no dia de seu batismo, um Egun aparecera e saíra correndo com ele nos braços, para consternação dos que se haviam reunido na igreja para testemunhar a cerimônia. Mais tarde, um pesquisador sênior explicou-nos que Luciano havia sido um bebê muito enfermo e que o Egun o havia levado para curá-lo.

Sérgio ofereceu-me o primeiro alimento preparado em minha cozinha, mas a multidão, a fumaça, o doce aroma que enchia minha sala de estar acabaram sendo demais para mim — e eu, repentinamente, corri para fora dali. Uma figura intensa, colorida, sem cabeça e murmurante me seguiu — um Egun! Tomei cuidado para que suas roupagens não me tocassem. Parei e o reverenciei profundamente, dominada pela gratidão que sua visita me inspirava.

"Sukie, você está tendo alucinações", disse eu, a filha do cirurgião, psicoterapeuta e cética novaiorquina, ao curvar-me diante dessa entidade, mais do que mágica e estrangeira. "Volte para a cama, tome uma aspirina e durma."

No meio de toda essa comoção, Edmundo me telefonou — eram seis horas da manhã no Brasil. Sua esposa sofrera um aborto.

Em seguida me telefonaram do hospital. Minha mãe tivera um segundo ataque cardíaco. Ainda proibida de estar ao lado de seu leito no hospital, retornei tristemente para minha cama.

O som dos tambores ainda persistia e notei que, apesar de todos os empecilhos para isso e sem nenhum motivo, estava calma — e o sentimento de estar sendo honrada e confortada pela presença de criaturas exóticas, que haviam vindo do outro lado da vida para me visitar, em minha sala de visitas, nunca me abandonaria.

Ao deitar-me em minha cama e deixar-me levar pelo som dos tambores, certas perguntas flutuavam em minha mente:

- Será que minha mãe, que estava quase à morte, estava também a ponto de desaparecer? A resposta me veio de forma tão concreta quanto o eram as figuras coloridas espalhadas por entre a multidão, do outro lado da parede. Quando muito, pensei, ela simplesmente "passaria para o outro lado" e, talvez, não de maneira assim tão permanente.
- Se eu tivesse que dar, de repente, uma inesperada volta em direção ao pior e começasse a cortejar a morte — essas idéias ocorrem a uma filha de médico quando sua temperatura sobe ao pique — isso seria uma tragédia? Aqui, também, minha atitude em relação à morte se mostrou amenizada e temperada pela rica mistura da interação, dos vivos que se entremeavam aos mortos, os quais, bem naquele instante, habitavam em minha sala de estar enquanto minha febre, queimando-as, fazia com que se desvanecessem as bem ordenadas fronteiras que separavam a vida da morte.

O que teria acontecido em meu apartamento naquela noite? Será que estive sonhando? Fantasiando? Tendo alucinações? Existe uma resposta: eu estava imaginando. Mas não da maneira como costumamos entender e utilizar esse termo, para nos referir a uma busca um tanto infantil e vagamente inútil, que se assemelha ao sonhar acordado. Mais ainda, as condições extremadas em que me encontrava naquela noite — de exaustão, febre alta, uma ansiedade incessante em relação à minha mãe — tudo se somou para fazer surgir o clássico disparo de minha imaginação vital, minha capacidade psíquica não de meramente visualizar — mas, sim, de vivenciar um outro plano de realidade.

A pesquisa que tenho desenvolvido fez com que eu me acostumasse com a idéia de que uma grande parcela da humanidade pode ter acesso a outros reinos: os relatos trazidos pelos xamãs, quando retornam, as descrições que se observam incrustadas nas culturas, os mapas mentais, relativos à geografia do pós-morte e os relatos dos que lá habitam — tudo isso se mostra integrado, sem nenhuma causa de espanto, na vida diária desses povos. Para muitos indivíduos que vivem em nosso mundo, os reinos do pós-morte têm uma realidade tão indiscutível quanto a da cidade de São Francisco para os novaiorquinos, quanto a da África para os brasileiros. Trata-se de viver dentro da totalidade da realidade; não apenas nas partes que dela se podem ver.

Muitos ocidentais escreveram sobre esses planos, e um conjunto crescente de literatura não apenas afirma a existência de outros aspectos da realidade como também está voltada a um estudo detalhado da rara, mas poderosa, capacidade que permite aos humanos apreender esses aspectos. "A viagem que leva à descoberta não está em se procurar novos cenários mas em se adquirir um novo olhar", escreve Marcel Proust, enfatizando o enfoque na "maneira" de alcançarmos novos reinos exóticos e não os reinos em si.

No centro dessas investigações encontra-se o trabalho realizado pelo místico islâmico-francês e erudito Henry Corbin. Esse pensador é o autor da hoje clássica distinção entre o reino do imaginário e o que ele denomina como plano do *imaginal*. Este último,* o imaginal, é um mundo real, que apreendemos não por intermédio somente de nossos costumeiros cinco sentidos mas, sim, por intermédio de nossa imaginação — quando altamente sensibilizada e transformada — a qual funcionaria, em si e por si, como um órgão perceptivo.[1] Em outras palavras, não se trata de fantasia nem de alucinação: trata-se da percepção de um dos aspectos de uma realidade maior, que comumente não se vê.

Foram muitos os que corresponderam às idéias levantadas por Corbin, ampliaram-nas e relacionaram-nas ao próprio trabalho inovador que desenvolveram. Muitos sugerem que essa capacidade de apreender o recôndito é idêntica aos poderes de que são dotados os xamãs das culturas tribais — após um treino intenso — e que os capacitam para cruzar as fronteiras que delimitam a experiência comum. Alguns desses inovadores — especialmente Kenneth Ring — também relacionam esse cruzar de fronteiras que nos separam dos demais aspectos da existência às experiências relatadas pelos indivíduos que passam pela experiência da quase-morte.[2] Isto é, a percepção de um grande foco de luz, o túnel e o reencontro com os que amamos, para esses escritores, é o mesmo tipo de experiência pela qual passam os xamãs que transcendem o comum e penetram no invisível — embora o conteúdo com que ambos os grupos se defrontam não seja, necessária e exatamente, o mesmo.

As ciências exatas demonstraram igual interesse pelo universo imaginal, ao menos entre seus representantes mais radicais. O físico Michael Talbot faz referência ao trabalho de Corbin em seu livro *The Holographic Universe*[3] ao qual denomina de "terra de nenhures", e o físico Fred Alan Wolf também se utiliza do conceito de imaginal em sua obra *The Dreaming Universe*.[4]

---

*Poderia ser Egun, à medida que você, leitor, o assimila mentalmente, em resposta à descrição que faço deles.

Outros laços igualmente presentes na literatura ocidental, encontram identificação entre a experiência visionária e essa extraordinária capacidade de percepção. Samuel Taylor Coleridge e William Blake são dois poetas que contribuíram para o cânon ocidental literário ao darem expressão detalhada de imagens de outros mundos, mundos que a realidade, tal como a percebemos ordinariamente, esconde de nós. Em contextos de ordem tanto espiritual como de aventura, certas drogas psicodélicas sugerem idêntica ruptura: Terence McKenna, sobre quem faço referência mais adiante nesta obra, descreve episódios psíquico-farmacológicos tais quais descobertas relativas ao pós-morte.

Todas essas diversas descrições falam de caminhos traçados na — ou sobre, ou além, ou através da — realidade comum. Mais significativo do que tudo, porém, não é onde existe o plano do extraordinário mas *o fato* de que ele existe: ele é real, tem forma e dimensão e, acima de tudo, é habitado.

Aqueles que encontrei no plano imaginal, na noite em que minha mãe estava à morte, eram os Eguns. Tanto minha capacidade de vê-los como sua própria presença eram aspectos da imaginação vital.

Para muitos grupos tribais, do mundo inteiro, os reinos secretos são tão reais e basicamente alcançáveis quanto qualquer destino oferecido por uma companhia aérea. Podem se mostrar invisíveis, mas, mesmo assim, são partes do todo que lhes são conhecidas e isso, entre eles, é tido como certo. Esse fato nos vem confirmar que não é necessário sermos um xamã, alguém que tenha tido a experiência da quase-morte ou um indivíduo particularmente dotado, para que se possa ter acesso à experiência da imaginação vital. Quero declarar que a capacidade de acesso ao extraordinário estende-se de maneira universal a todos os seres humanos. É tanto uma ferramenta como uma meta. Nós a retiramos, ao mesmo tempo, *de* nós mesmos e *para* alcançar outros planos. Mais indefinível e difícil dentre todos, esse conceito desconhece fronteiras. Não é isto nem aquilo, é ambos: é o conteúdo e o continente; o avião e seu destino; o martelo, o prego e a casa. Os efeitos que produz, tanto em nós como ao nosso redor, têm incrível poder.

Assim, o que ocorreu naquela noite em minha sala de estar?

Não tenho nenhuma dúvida: minha imaginação vital foi disparada e eu ultrapassei os laços comuns da percepção. A maioria dos relatos relacionados a essas ultrapassagens as descrevem como resultantes de condições extremadas, que lhes servem de estímulo. Para os xamãs e místicos (e para os que se dedicam à busca de experiências extra-sensoriais) essas condições, em geral, são aquelas que lhes são proporcionadas pelos rituais — os quais são justamente concebidos para propiciar percepções extraordinárias. Para outros tipos de pessoas que buscam, esse disparo pode acontecer por drogas psicodélicas. Para os que, involuntariamente, ultrapassam essas fronteiras, esse tipo de percepção lhes é propiciado pelas experiências de quase-morte ou outros traumas. Para mim, naquela noite, a mistura de combustão que fez induzir minha imaginação vital foi uma somatória de exaustão, enfermidade e ansiedade. Mas houve algo mais, que também contribuiu para esse estado de acessibilidade: eu acalentava o anseio de saber, um desejo ardente de vivenciar o desconhecido, o ambíguo, o secreto. Esses anseios aguçaram minha capacidade de chegar próximo do limite.

As experiências, fruto da imaginação vital não são, necessariamente, tão impressionantes e extremadas quanto o foi o evento das visitas que recebi naquela noite. Existem momentos de ruptura igualmente sutis e penetrantes, que nos são trazidos pela dança, e tão naturais quanto o vento. Seus efeitos são incomensuráveis; mas afastá-los, sem apreciar sua essência, é perder o contato com o aspecto do extraordinário que eles emprestam à vida cotidiana.

RUTH

Ruth era uma viúva que contava já sessenta e oito anos quando começamos nosso trabalho. Veio a mim quando lhe foi diagnosticada anemia linfócita crônica. Tal como os demais casos de câncer, esse tipo de anemia progride vagarosamente e os médicos que a assistiam lhe disseram que, à sua idade, ela provavelmente viesse a falecer em decorrência de uma outra causa qualquer. Mas essa doença não é algo com que se possa conviver com facilidade: sua pele se tornou muito fina e sangrava facilmente; com o decorrer do tempo Ruth perdeu a vitalidade e tinha de se submeter a um tratamento que implicava consumo de vários tipos de drogas, muito tóxicas. Naquela época seu estado passara a exigir freqüentes transfusões de sangue.

Ruth nunca havia estado doente antes, de maneira que seu estado, além de lhe provocar sofrimentos emocionais, deixava-a bastante atemorizada. Vinha de uma família que culpava as pessoas por seus males, e acreditava que toda as doenças decorriam da falta de cuidados do doente para consigo mesmo. Ruth sempre se orgulhara da constante atenção que dedicara a si própria. Era seu ninho de segurança. Para ela, a enfermidade quase sinalizava uma fraqueza moral, o que aumentava seu sofrimento.

Ruth sempre aparentara ser mais jovem do que realmente era, o que representava motivo de grande orgulho para ela. Agora, sob as investidas violentas da doença, parecia mais velha do que as amigas de sua idade. Pela primeira vez ocorreu-lhe que poderia envelhecer. Tomada de um temor avassalador e profundo, veio à terapia.

Essa paciente fez o possível para dar continuidade à sua vida tal como esta sempre fora antes de receber o diagnóstico. Com o correr dos anos as transfusões tornaram-se mais freqüentes; sua pele sangrava com tanta facilidade que a roupa, geralmente, manchava-se de sangue se uma prega roçasse nela. Ainda assim, ela insistia em tocar a vida da forma usual — indo ao teatro ou ao balé, visitando suas amigas, fazendo compras, cozinhando e se entretendo como sempre o fizera durante toda a sua vida adulta. Lutava a todo custo para ser "normal", para ter controle sobre sua aparência e sobre sua vida. Tudo o mais, para ela, era algo impensável. Quanto mais lutava para manter seu nível de normalidade, mais e mais rígida se tornava em relação aos meios de que devia lançar mão para isso.

Nossas sessões eram, basicamente, de apoio. Mais parecíamos amigas trocando idéias do que cliente e psicoterapeuta buscando oportunidades de *insights* mais profundos, experiências ou revelações. Ruth não examinava sua vida em profundidade; nem lhe era fácil confiar nos demais. Como por acaso, depois de ouvir por horas o que ela me contava sobre sua vida diária, eu me transformara na amiga que Ruth nunca tivera, na pessoa em quem ela podia confiar — e caímos numa rotina que não permitia desvios. Suas consultas se davam semanalmente, entre o horário do cabeleireiro e o de seu jantar com as "meninas"; eu a escutava com toda a atenção enquanto ela passava de um assunto para outro, todos sempre relacionados ao plano superficial de sua existência.

Um dia, porém, depois de se manter nessa rotina por anos, Ruth telefonou pedindo-me por uma sessão extra — algo que nunca fizera antes. Fiquei bastante curiosa: o que levaria Ruth a marcar uma segunda sessão na semana? Logo vim a saber que se tratava de uma experiência ligada à imaginação vital.

Ruth havia ido ao correio para postar algumas cartas e lá, enquanto aguardava sua vez, "tudo mudou". Assim me descreveu o sucedido: "Fui tomada por uma forte sensação: de repente, todas as pessoas, para mim, pareciam haver perdido seus rostos e as roupas que as diferenciavam e se tornaram todas iguais, como se fossem bolhas. Eu estava um pouco fraca, pois ainda não me havia alimentado. Tinha tomado apenas um remédio novo, que devia ser ingerido com o estômago vazio; me senti tão estranha que deixei meu lugar na fila e me apoiei contra uma parede. De lá tinha a visão de toda a imensa sala do correio — é uma das maiores que há — mas as coisas não voltaram ao normal, como eu esperava, pelo fato de haver procurado descansar ali. Em vez disso, as pessoas — ou, melhor dizendo, as bolhas — se mostravam, todas, de uma certa forma ligadas entre si. Seus movimentos eram interligados, como se fossem os de um balé, mas era um balé ritmado."

"O que é um balé ritmado?", perguntei, fascinada.

Como se se tratasse do mais simples dos fatos, disse-me que quando uma daquelas pessoas — ou bolhas — fazia um movimento sobre o piso, outra pessoa, do outro lado do salão, realizava outro movimento, em perfeita reciprocidade ao anterior.

"Firmando o olhar", continuou, "percebi que não ocorriam movimentos ao acaso, não ocorria nenhum movimento que deixasse de ter sua correspondência em outro. Tudo, no salão do correio, estava aglutinado, em movimento, interligado como se se movesse segundo uma música que eu não podia ouvir. Quando um sujeito saía da fila, outra pessoa qualquer que ali se encontrava entrava em uma delas; quando um indivíduo saía do posto, outro nele entrava; quando um funcionário ignorava indelicadamente um cliente, outro se inclinava atenciosamente em direção a alguém do público. Por toda a parte se ouvia o som das máquinas que faziam o registro do selo. Sempre que isto acontecia, todos, mesmo durante o mais breve dos segundos — e eu podia *ver* essa fração de segundo — faziam uma pausa em seus movimentos e depois prosseguiam em sua lida. Pensei que talvez eu tivesse enlouquecido e que nunca mais sairia dali. Então, uma pessoa — uma bolha — que se encostava à parede oposta à que eu ocupava, acenou para mim e eu senti que não havia nada de errado comigo. O que aconteceu, Sukie? Será que está tudo bem comigo?"

Eu ouvira, me surpreendera e me deixara fascinar. De todos os meus pacientes, Ruth era aquela que eu menos pensaria que tivesse a probabilidade de demonstrar uma descontinuidade em sua linha de consciência, contida e controlada. Depois de discutirmos um pouco mais sobre o assunto, Ruth lembrou-se novamente de que havia tomado um novo medicamento; imediatamente atribuiu a esse fato o surgimento daquele acontecimento.

Ela mesma perguntou e afirmou: "Foi o remédio, não foi? Esse remédio me drogou". Um conceito que se ajustava a seu senso de normalidade. Todo mundo sabe que os remédios podem fazer com que a pessoa fique aturdida, ou até mesmo louca.

"Sim", respondi, "acho que foi o remédio mas não da maneira pela qual você pensa que foi. O remédio poderá ter facilitado, mas não foi a causa do que ocorreu. Acho que ele possibilitou essa experiência pela qual você passou."

Michael Murphy, que escreveu o livro *The Transformation of the Body*, fala sobre a "imaginação dotada de mãos, que pode abrir cortinas".[5] Fazendo uso desta imagem, expliquei a Ruth o que era a imaginação vital.

"Então foi real? O que experimentei foi uma coisa real?"

"Você passou pela experiência, não passou?", respondi.

"É," disse ela, pensativa. "É certo que passei. Até voltei lá no dia seguinte, mas o posto do correio estava como sempre: cheirando mal, sujo, cheio de desocupados e de gente rude, como de costume. Não conseguia acreditar que um dia antes lá havia ocorrido aquele balé estranho."

"No dia anterior", disse eu, "a imaginação vital havia aberto as cortinas para você. No dia seguinte, tudo havia voltado ao normal. Seu corpo absorvera o novo remédio como parte de sua rotina diária, e estava como de costume. Eu diria mais: diria que seu corpo estava mais como é de costume do que normal", tentei. "Hoje em dia, é realmente muito difícil definir o que é normal."

"Hmm", fez ela, pensativa; mas o tempo da consulta terminara.

Nos anos seguintes Ruth se tornou menos "normal". Não se referiu mais à experiência pela qual passara, mas não a esqueceu; mas, tal como outras pessoas que vivenciam experiências que se originam e passam pela imaginação vital, nunca mais foi a mesma. Passou a se interessar primeiramente pelos espetáculos que eram apresentados fora do circuito da Broadway e, em seguida, por aqueles desvinculados até mesmo destes últimos, e também por desempenhos artísticos. Passou a cultivar como amigos pessoas criativas, como os definia — artistas e *designers* — tornando-se menos rígida e sentindo-se menos atemorizada. Morreu, finalmente, em um estado de expectativa, segundo me disse, com relação ao limite até onde sua imaginação a poderia conduzir daquela vez.

Há mais do que puro enriquecimento em tudo aquilo que a imaginação vital nos propicia. Parece que tudo — ensinamentos, informações, respostas — é possível, embora não assegurado, àqueles que, mesmo que apenas por alguns instantes, cruzam suas fronteiras.

NORMAN

Norman, médico que veio a ser meu cliente, fez-me o seguinte relato em uma sessão de reposição que tivemos na ocasião de seu retorno de Nova York, num dia de Natal: ele se havia mudado para a Califórnia para exercer um cargo na Stanford School of Medicine; ficara impressionado com a imensidão e o viço do verde que se apresentava por milhas de campos abertos, localizados entre a faculdade e o oceano. Não tendo tido tempo, até então, para estabelecer uma amizade e assim ter com quem passar seu tempo livre, em um sábado se dirigiu às monta- nhas com seu carro, estacionou ao lado da estrada de duas mãos, cheia de curvas e, simplesmente, caminhou sozinho em direção à floresta. Ao contar essa história, sorria e balançava a cabeça. Concordávamos quanto ao fato de que apenas um novaiorquino faria uma coisa dessas. Mas, até por sê-lo, caminhou durante horas tendo como agasalho apenas uma jaqueta de tecido leve. De repente, notou que o dia estava terminando, e começava a sentir frio. Voltou então seus passos em direção ao local onde deixara o carro mas, depois de caminhar por algum tempo, notou que o terreno em que estava lhe era totalmente desconhecido... ele não reconhecia mais o caminho que o levaria de volta à estrada.

Voltando-se novamente, começou a caminhar pela floresta em outro sentido, esperando encontrar algo que pudesse ter visto antes e não querendo admitir que se perdera. Quanto mais o tempo passava, mais amedrontado ele ficava. Não havia dito a ninguém aonde ia, pois ainda não conhecera ninguém a quem pudesse dizê-lo. Estava perdido, sem dúvida alguma. Escurecia e começava a se sentir cansado. Em um último esforço começou a andar montanha acima, lutando para chegar ao topo da densa crista da floresta e gritando de quando em quando — mas não lhe chegava nenhum som, a não ser o das batidas de seu coração. De repente, chegou ao cume e viu-se sobre a orla de um vale cercado de densas florestas, que tinha o formato de uma tigela. Para além da linha do horizonte desse vale, o sol se punha. Ficou ali, em pé, por algum tempo, suando, exausto e aterrorizado, amaldiçoando a si mesmo por sua estupidez.

Foi então que aconteceu.

"Subitamente, já não estava mais sozinho. Adquiri uma intensa consciência das milhares e milhares de árvores que me cercavam. Suas formas foram gradualmente se dissolvendo, até que eu pude ver o que chamo de sua 'força vital'. Já não eram mais apenas árvores: ondulavam, vibravam, produziam um som como se estivessem sussurrando. Eram árvores, ainda, sim, mas eram algo mais também.

"Uma sensação de paz me alcançou e eu decidi sentar-me sob uma daquelas criaturas assombrosas. Juntos, contemplamos a descida do sol na fímbria do horizonte. O que eu sentia me deixava atônito e, por ser médico, procurei ver se havia algum galo em minha cabeça — quem sabe sofrera uma queda e não me recordava disso; ou se havia sangue em meu cabelo — talvez eu tivesse sofrido uma concussão. Mas não não havia nem galo, nem sangue e até meu pulso estava normal.

"Depois de alguns instantes o vento começou a soprar e todos nos inclinamos naturalmente a ele. Era como se fosse assim: o que mais se pode fazer para um vento que sopra? Essa inclinação me mostrou que havia uma espécie de direção natural, a perpassar através de todos nós — e eu comecei a caminhar deliberadamente nessa direção. Sem nenhum motivo que pudesse vir a existir sobre a Terra, fui tomado por um sentimento intenso de certeza de que, daquela vez, me dirigia na direção correta e continuei a andar — sem sentir nenhum medo, apesar da escuridão. Finalmente pus os pés fora da floresta, na estrada. Quando olhei atrás de mim vi as árvores tal como sempre haviam estado, grandes, cheias de folhas, verdes e emocionalmente distantes."

"Muito interessante," disse eu. O silêncio nos rodeava e nos deixamos tocar por uma réstia de pó iluminada.

"E meu carro estava estacionado cerca de três metros à minha direita", acrescentou ele, depois de pensar um pouco.

Norman sabia que não havia imaginado mas, sim, vivenciado algo. Como tantos outros, que me trouxeram relatos semelhantes, por um breve lapso de tempo ele sentiu que se encontrava em "outro lugar", fora do tempo e do espaço tal como até então os conhecera. Norman colocou esse fato da seguinte maneira: "Foi como se eu tivesse tido acesso a uma forma de vida secreta a me cercar."

∾   ∾   ∾

Quando a imaginação vital nos permite vivenciar o pós-morte, nós a compartilhamos com outros que, igualmente, a experimentaram. Esse acesso, e os planos por ele abertos, podem nos oferecer um sentimento de conforto em relação à morte. A experiência da imaginação vital levou a inúmeras pessoas, de todas as partes do mundo, a confirmação de que a energia pode seguir existindo além das fronteiras da vida e da morte. Isto contradiz o temor de que tudo deva simplesmente desaparecer quando a vida, tal como a conhecemos, termina. Nas culturas nas quais a imaginação vital opera de modo mais livre, a morte não é, necessariamente, uma fonte de terror. As pessoas não a temem e, na maioria das vezes, morrem de maneiras mais interativas, compassivas e recuperadoras do que as mortes que se processam dentro do atual modelo clássico do Ocidente: em meio a um pesadelo tecnológico, que ocorre em um quarto de hospital.

No México, durante a celebração anual conhecida como Dia de Finados, os vivos fazem piqueniques e até festas nos cemitérios, em companhia de seus amigos e membros de suas famílias, já mortos. A continuidade da vida, que se dá após a morte, é retratada com humor e extravagância por pequenas figuras de argila em forma de esqueleto que se vêem por todos os lugares. Alguns esqueletos portam óculos, outros, cabelos, alguns são roliços, outros, magros — e estão ocupando-se de tarefas corriqueiras tais como cozinhar, tomar banho, maquiar-se ou praticar esportes. Figuras que, para nós, poderiam parecer grotescas ou adequadas somente às festas do Dia das Bruxas, fazem parte permanente da decoração das casas.

Algo semelhante ocorre em muitas residências de indianos. É comum haver pinturas e esculturas que representam Kali, a deusa cuja exclusiva e íntima relação com a morte se faz refletir em sua face horrífica, seus seios caídos e no seu colar, feito de crânios humanos ensanguentados. Obra de arte de tal natureza não teria lugar em uma residência americana da atualidade. Ainda assim, a oportunidade de a pessoa se confrontar com tais imagens — presentes que a imaginação vital nos faz — permite-lhe estabelecer maior familiaridade com o que, de outra forma, lhe seria desconhecido. Nesse tipo de exposição ocorre tanto um elemento de conforto como um potencial de força. Não é portanto de surpreender que, para muitos indianos, a deusa Kali seja uma das deusas mais benquistas.

A imaginação vital nos traz ainda outros exemplos de referenciais da morte e do pós-morte. São exemplos abundantes. Um de meus favoritos vem do nordeste do Japão. É quase unânime a crença de que, em duas determinadas datas do ano, as crianças mortas atravessam um vale onde estão espalhadas pedras brancas; à medida que as crianças passam por essas pedras, estas se transformam em cascas de ovo. Os pais das crianças, então, se reúnem no lado da saída desse vale e consultam médiuns cegos que, naquela passagem final, teriam servido de guias a elas (como não deixam de ser crianças, estejam elas vivas ou mortas, querem se demorar ali, brincando por entre as pedras, em vez de caminharem para o que as espera mais além). Os pais ali deixam ofertas de sapatos, ursinhos, suéteres e outros objetos, para que seus filhos se sintam confortáveis e não tenham frio. Anos atrás, quando pela primeira vez li sobre isso, pensei que esses objetos fossem simbólicos; no entanto, desde a visita dos Eguns, sei que se trata de presentes verdadeiros.

Para que o leitor possa entender e beneficiar-se com as imagens e as idéias que lhe são apresentadas neste livro, não se exige que tenha passado pela vivência de uma realidade invisível por intermédio de sua imaginação vital. Tais experiências são raras e a grande maioria das pessoas vive toda a sua existência sem jamais ter passado por nenhuma delas. Muitos, senão a maior parte daqueles que fazem seus piqueniques nos túmulos de seus entes queridos, no México, não saíram em visita aos que hoje vivem do lado de lá. Nem toda família indiana que possui em seu lar um quadro representando a deusa Kali a terá, de fato, encontrado. Na verdade, embora muitas pessoas tenham-se exposto a tais experiências — por meio de rituais ou de drogas — essas rupturas não são de caráter, necessariamente, voluntário; e os que passaram por ela de maneira inesperada, como ocorreu com Ruth, Norman e comigo mesma, se vêem aturdidos tanto pela sua ocorrência como pelo significado que possam apresentar.

Estamos em débito para com os que foram alcançados por essas extraordinárias experiências, que escreveram sobre elas e as tornaram conhecidas — no mais das vezes, amplamente conhecidas. O grande corpo de imagens, histórias especiais e ligadas à mitologia, é o arcabouço da imaginação vital. A poesia visionária de Blake, Dante, Coleridge chega ao cerne desses mistérios. Os exploradores místicos e os psicofarmacólogos, igualmente, registraram e descreveram suas experiências. Todo esse conjunto de literatura está disponível a todos, e isto significa que todos podemos aprender com esses reinos secretos e receber os benefícios de sua abertura (antes impossível) à imaginação vital. Podemos tomar a experiência que essas pessoas nos confiam como provas da existência de um "algo mais", de "um outro espaço" e nos deixar reconfortar pelos outros reinos, cuja visão esses relatos propiciam.

É realmente possível nos utilizarmos das informações que nos são trazidas pela imaginação vital? Podemos conferir alguma real importância a mitos, imagens e doutrinas?

VERN

Nos seus setenta e dois anos, Vern era um músico de *jazz* que havia alcançado grande patamar de sucesso. Definia a si próprio como um homem de ação e "totalmente pronto para morrer, quando chegasse sua hora". Mas Vern entrara em terapia porque, durante anos, fora atormentado por recorrentes pesadelos onde monstros "gritavam diante de mim por minha morte" enquanto o empurravam em direção a um túmulo já demarcado com uma pedra, onde via seu nome gravado.

Durante o dia Vern aparentava não se incomodar nem com sua morte nem com o controle que poderia ter sobre sua vida. Mas seu ego, que sonhava, não se mostrava tão despreocupado assim com relação à proximidade do envelhecimento e da passagem final. Seus sonhos o atormentavam desde a idade de sessenta e seis anos — e os terrores noturnos e a privação do sono deles resultantes estavam arruinando sua qualidade de vida.

De início, Vern pouco falou dos sonhos que o haviam levado a meu consultório; aludiu a eles apenas em termos do quão cansado se sentia, do quão difícil se lhe havia tornado desempenhar uma tarefa — qualquer uma — porque se sentia tão extenuado, da imensa necessidade que lhe vinha de dar uma cochilada à tarde e assim por diante. Quando, afinal, mencionou os sonhos em si perguntei-lhe o que pensava que lhe aconteceria após sua morte.

"Depois? Depois? Não faço a menor idéia", respondeu, querendo dizer que eu estava me mostrando meio ingênua. "É com o *agora* que eu me preocupo", explicou. "Eu só quero é dormir um pouco."

Eu já lhe havia separado algo: a foto de uma imensa escultura do deus tibetano Yamantaka. Nessa sua imagem clássica, Yamantaka posta-se, vitorioso, sobre um animal; este, por sua vez, está montado sobre um ser humano. Esse deus exibe uma feiúra descomunal e tem a cabeça de uma besta.

"Como você se sentiria se trocasse esta imagem pela do seu monstro?" perguntei, esperançosa.

"Ele é pior do que o de meu pesadelo." retrucou ele.

"Esta figura representa a sabedoria. Yama é o deus dos mortos e Yamantaka é o conquistador do medo da morte. Ele não representa a morte, em si, mas o medo que se tem dela. Os tibetanos acreditam que, se a pessoa meditar sobre a figura do Yamantaka — estudando-o, acostumando-se a ele, tornando-se mesmo familiar a esse deus — pode sobrepujar ou transcender o medo da morte e, assim, encontrar sua paz de espírito."

Vern se manteve em silêncio por um longo espaço de tempo — uma mudança, evidentemente, notável.

Então, em um tom de voz sereno, que substituiu seu costumeiro tom brincalhão, disse: "Sabe, menti para você. Estou na verdade com um medo terrível de morrer."

"Ah, não me diga", disse eu, agora brincando com ele uma vez que sabia que Vern poderia levar as coisas demasiado a sério. "Pensa que você é o único?"

Seguiu-se outro longo espaço de tempo em silêncio, no qual pensei que Vern estava considerando o profundo isolamento a que seus temores o teriam conduzido; tive sorte:

"Quer dizer que os outros também têm medo da morte?", perguntou meu cliente, mais extrovertido, embora fosse um homem solitário. "Não é algo meio incomum, isso?"

"Não, de maneira alguma."

"E você acha que o medo que eu tenho da morte está se mostrando nos meus sonhos?"

"Acho que existe uma possibilidade de isso estar acontecendo, sim". remarquei, tentando dar um cunho de racionalidade ao que eu sabia que, para Vern, era uma discussão um tanto bizarra.

"Significa que você quer que eu preste atenção a essa coisa estranha tibetana", concluiu ele, com razão.

"Por que não tentar?" respondi. "Acho que se trata de um distinção muito útil essa que se fez entre a morte e o medo que se tem dela. E esta é uma representação do deus que dominou esse medo. Leve a gravura para casa, dedique algum tempo a ela, veja o que acontece", recomendei; e Vern balançou a cabeça, meteu a gravura no bolso e, abruptamente, deslanchou em um divertido monólogo sobre o trânsito de Nova York.

Contemplar o deus Yamantaka, o deus do medo da morte, realmente ajudou-o. Certificou-se do fato de que toda uma cultura reconhecia o poder que a morte detinha e que, na verdade, essa cultura possuía uma receita de como lidar com esse poder. Expor a Vern uma imagem que lhe vinha de uma cultura antiga, que se desenvolvera na outra metade do planeta, permitiu-lhe sentir não apenas que ele não era o único a temer a morte, mas que esse medo podia até ligá-lo a outras pessoas — muitas mais. Afinal, entendeu ele, o medo da morte não era tão incomum assim. Embora nunca chegasse a entrar na rotina de contemplar o Yamantaka diariamente, em muito se beneficiou por saber que, para os tibetanos, o medo da morte era algo que podia ser combatido. Seus pesadelos se tornaram menos freqüentes e menos poderosos. Por fim, conseguia dormir por noites inteiras durante a maioria das semanas.

Por meio da ilusão vital de indivíduos de todo o mundo, todos nós podemos ter acesso aos reinos que se encontram além das fronteiras. Nos capítulos que se seguem são apresentadas descrições de jornadas ao pós-morte e seus quatro e distintos estágios decisivos. Trata-se de uma jornada que muitos, em todo o mundo, encetaram, na qual estabeleceram uma comunicação, viram, reportaram e atuaram de acordo com ela — e transmitiram-na a nós.

O aldeão de Igbo, quando marca uma nigeriana que se encontra à beira da morte de maneira que esta possa vir a ser identificada em seu retorno como criança recém-nascida; o indiano, quando lava o corpo de sua mãe no Ganges; a mulher mexicana que compõe a cesta do piquenique que será realizado sobre uma sepultura no dia de Finados; e a mulher que, no leito de um hospital de Nova York, é informada de que já não existe tratamento para seu caso — todas essas pessoas, todos nós, temos acesso à imaginação vital e podemos nos beneficiar dela. É ela que nos oferece um elemento comum a todos nós, que nos permite ver o que existe além da simples percepção de nossos sentidos: a possibilidade de que meu pai possa vir a explicar o que significa "um outro lugar".

PARTE II

EMBRENHAR-SE PELOS CAMINHOS DO ALGO MAIS ALÉM:

*OS QUATRO ESTÁGIOS
DA JORNADA NO PÓS-MORTE*

3

ESTÁGIO I:
DA ESPERA

UM LUGAR DE ESPERA... NO IMAGINÁRIO

Ela, na verdade, não sentiu quando o peso lhe foi tirado; apenas, sem que o esperasse, viu-se livre dele, daquela terrível carga que lhe representava seu corpo enfermo e destruído pela dor e que, há tanto tempo, se lhe havia tornado um fardo. O que sente, agora, é uma crescente leveza: ela é leveza; e, somando-se a isso, há uma mistura de alegria, alívio e um renovado interesse por tudo que a cerca.

Ah. Foi sua morte. Naturalmente. Passou para o lado de lá. Fazendo força para que sua atenção se voltasse no tempo, para os momentos que haviam acabado de passar, pôde ouvir, vindas de muito longe, as vozes de seu marido e de sua filha, sussurrando, chorando em silêncio. De algum modo muito estranho, embora agora se encontre do lado de lá, pôde até sentir a pressão do abraço de adeus que os braços deles lhe ofereciam.

Não se sente cansada, mas, sim, lânguida. Apesar de se sentir tremendamente curiosa sobre onde se encontra, sente que terá tempo suficiente para conhecer o ambiente que a rodeia. A luz que a envolve é suave e opaca, uma deliciosa mudança em relação àquela luz branca que se refletia pelas paredes de seu quarto de hospital, e que, por várias semanas, a havia obrigado a manter os olhos fechados ou a semicerrá-los, na presença das pessoas a quem amava.

Cercam-na vozes, presenças. Se estivesse disposta a manter-se alerta poderia vê-las. Mas está segura deste fato: haverá tempo para tanto.

"Agora, descanse", sussurram-lhe as presenças. "Você fez uma longa viagem. Pense só em descansar." Não tem certeza sobre se ouve essas palavras ou se, na verdade, elas apenas chegam ao interior de sua mente.

Em tudo isto parece-lhe haver um toque de alguma coisa que já lhe é de há muito conhecida: parece conhecer até mesmo aquela luz perolada e suave.

É então que entende: seja lá onde estiver, a sensação que tem agora é semelhante àquela que sentia quando se embrulhava no acolchoado para se agasalhar sobre o sofá, ao final de um dia cansativo. Era sempre assim que se regalava, que oferecia a si mesma um prêmio especial nos finais de tarde; em sua última estada no hospital fora tão forte seu anseio por estar em sua sala de estar que, por vezes, chegara até mesmo a chorar por causa disso. Será que poderia estar mesmo morta, sendo que agora estaria enrodilhada em seu macio sofá de veludo, com o acolchoado bem aconchegado até o queixo? Sente que essa pergunta não tem sentido e que as entidades que se empenham em cuidar dela querem que afaste esta idéia. "Pense só em descansar", dizem-lhe — ou pensam-lhe. "Preocupe-se apenas em ser. Tudo o mais será atendido."

Pergunte a muitas pessoas que temem a morte o que mais as atemoriza e a resposta, provavelmente, será a seguinte: "o nada, o vazio que há em tudo isso".

E, ainda assim, nenhuma religião ou sistema cultural que exista sobre a face da terra descreve o pós-morte como uma bolha amorfa, como o nada. É exatamente o contrário: esses sistemas reconhecem e procuram minimizar o efeito de desorientação diante do nada, que é produto da ansiedade, oferecendo aos seus crentes, de maneira mais ou menos detalhada, um *espaço* bem definido e situado para além da morte: seu cenário completo, seus habitantes, seu clima, cores, os caminhos que o cruzam, os prazeres e os perigos que oferece ... em suma, exatamente o oposto do nada repentino que assombra os que temem que não exista nenhum "mais". Do lado de cá dessa fronteira, os sistemas variam na mesma relação em que o fazem os sistemas de crença: mas em nenhum deles se observa a presença de um pós-morte composto de vacuidade.

Na maior parte dos sistemas de pós-morte, o primeiro lugar a ser apontado — a primeira "parada" depois que a morte tem lugar — é um Lugar de Espera. A jornada que se faz pelos campos do pós-morte começa com a morte do corpo, mas existem poucas histórias que caracterizam essa jornada como rígida, rápida e muito exigente desde o início: são elas que mostram o recém-falecido sendo arrebatado pelo cosmo, sobre as asas de pássaros gigantes ou impulsionado para longínquas profundezas celestes. Na maioria dos relatos, porém, se acredita o contrário: a morte é encarada como o transpor de níveis profundos, que se enquadram dentro de uma nova realidade. A dimensão das mudanças que hão de ocorrer exige que se estabeleça um lugar de parada, de espera. No Brasil, por exemplo, nosso pesquisador sênior junto aos índios guarani nos traz a seguinte descrição dessa travessia: "Quando a alma se aproxima de seu ponto de chegada deve aguardar até que Nhanderu lhe abra a 'porta'. É este o lugar de espera ou de descanso da alma. O mesmo acontece quando consegue entrar: dirige-se primeiramente ao *opy* (casa de oração), depois descansa em uma rede, fuma um cachimbo e só então recebe um 'corpo de criança'".

Os sistemas que costumamos classificar como "mais simples" são aqueles que, na maior parte dos casos, não apontam a presença dessa serena ante-sala do pós-morte. Em várias culturas, nas quais os planos da morte se apresentam intimamente ligados à vida tal como esta se apresenta no cotidiano, as pessoas que morrem simplesmente deslizam para um universo que se mostra virtualmente idêntico àquele que acabam de deixar. É o que acontece com os índios kadiweu, pequena tribo de pouco mais de mil indivíduos, que habitam o recôndito das florestas de Mato Grosso. Por toda uma determinada fase de sua história este grupo indígena — à semelhança dos egípcios — enterrava seus mortos com todos os seus pertences: adornos, armas e bens domésticos. Mas levaram essa prática ainda um passo à frente: como grandes criadores de cavalos que eram, junto ao morto enterravam seus melhores cavalos e, também, seus melhores cavalariços. Acreditavam que este, ao morrer, se juntaria a uma comunidade idêntica à que deixava aqui e que, naturalmente, necessitaria de seus cavalos como de tudo o mais que o cercava nesta vida.

Em sistemas como esses, nos quais os mortos simplesmente passam para o outro lado, não apenas os detalhes físicos do pós-morte são familiares aos que morrem como também o são as pessoas que ali encontrarão. Entre os mortos que se encontram do outro lado estarão tanto os recentemente falecidos como seus ancestrais dignos de serem reverenciados — todos mantendo os mesmos hábitos de vida, de pensamento e de crença que os vivos conheceram durante toda a vida. A familiaridade absoluta relativa ao lugar e seus habitantes opõe-se ao medo do desconhecido e, assim, escapa-se à visão petrificante do nada. Essa grande familiaridade faz com que um período prolongado de acomodação ao Lugar de Espera se torne desnecessário. O indivíduo que acaba de morrer simplesmente transpõe o espaço que o separa da vida — no entanto, isso não significa que todos eles o façam sem algum tipo de resistência.

Em sistemas mais complexos, as imagens relativas ao pós-morte se apresentam mais exóticas e diferem enormemente da vida até então conhecida; no mais das vezes, exigem da parte do morto, quando não voluntários, ajustes radicais. Na grande maioria desses sistemas mais complexos, acredita-se que a jornada do pós-morte conduz a pessoa a uma ou diversas metas. Eis alguns exemplos destas metas:

- meta de reencontro com entes amados, apontados em experiências de quase-morte;
- meta de ir ao encontro de Deus, como no cristianismo;
- meta do alcance dos eternos prazeres do céu, como recompensa, como no islamismo;
- meta de livrar-se do fardo da vida, como no hinduísmo;
- meta de ascender a uma das formas do nirvana — abençoada integração com o todo — se não em vida, pelo menos na morte;
- meta de retorno à existência, já desfrutando de uma posição em uma casta ou posição social mais elevada, sustentada por indianos que ainda não estivessem aptos a escapar da Roda da Existência;
- meta de aprendizado a partir dos erros cometidos, de modo a retornar a um nível mais elevado de consciência — tal como o crêem os adeptos da religião Baha'i e de diversas formas de esoterismo.

No sistema orientado para metas, o morto avança em direção a um ponto predeterminado. É nesses cenários do pós-morte que encontramos o mais reconfortante dos interregnos, o Lugar de Espera, onde o descanso é possível, o medo é abrandado e o viajante se prepara para sua jornada.

SUMMERLAND: UM LUGAR PERSONALIZADO DE ESPERA

Certas versões, altamente desenvolvidas, relativas à jornada do pósmorte nos vêm de sistemas esotéricos de crença. Trabalho particularmente fascinante nos é oferecido na obra de Paul Beard, ex-presidente do College of Psychic Studies de Londres e um dos principais documentaristas do movimento esotérico. Em seu livro *Living On*, Beard nos oferece uma descrição detalhada do Lugar de Espera, situado justamente no limiar que nos separa do mundo dos vivos.

A partir das incontáveis "comunicações com os mortos" travadas pelo próprio Beard e seus companheiros, Beard elaborou a descrição de Summerland (terra de verão), etapa inicial da jornada do pós-morte. Esse lugar é, acima de tudo, um espaço de descanso — e o que haveria de melhor senão descansar e definir por nós mesmos qual, dentre todas as opções possíveis, seria o local onde mais nos sentiríamos à vontade? Para fazer frente à maior das respostas, Summerland apresenta-se como a concretização daquilo que se deseja que ele seja: a cabana perto do lago de um tempo de infância, um apartamento de cobertura dando vista para o centro de Nova York, uma elevada montanha no coração do Tibete. "De forma que, agora, os sonhos íntimos humanos são colocados em teste justamente por estar assegurado seu alcance", escreve esse autor. "Todos os desejos terrenos, ao que parece, ali são realizados. A princípio, tudo é admiração e prazer. Ao ser parecerá que, na verdade, chegou a encontrar-se a si mesmo (...) Aqui o homem comum e decente começa a se sentir como em sua casa por encontrar um ambiente que em tudo se assemelha ao que ele conheceu na vida terrena e onde pode encontrar seus amigos e parentes: até mesmo uma réplica da casa que deseja."[1]

Não é difícil de se perceber em Summerland o produto da imaginação vital: deixa que os que se encontram à beira da morte se abram a um Lugar de Espera que lhes ofereça o máximo conforto — em todos os seus detalhes, em todas as suas especificidades — e será esse o lugar em que eles primeiramente estarão situados após sua morte.

Segundo a concepção elaborada por Beard, Summerland é um lugar ao mesmo tempo imaginário e real. Esse autor acredita, tal como o faz Henry Corbin em relação à sua realidade imaginal, que os próprios pensamentos se convertem em realidade — a qual tem origem na imaginação. Essas criações atuais se transformam no que C. S. Leadbeater e Annie Besant, vozes maiores da filosofia teosófica, denominam de formas-pensamento, a ação manifesta da energia contida em nossas idéias, emoções, conceitos e aspirações. Uma vez criadas, essas formas tanto podem se tornar visíveis para nós, como são dotadas da capacidade de nos completar. Mas a realidade de nossos pensamentos não se estanca com a energia que os anima: Tanto Besant como Leadbeater descrevem pensamentos específicos — ou categorias de pensamentos — dotados de características distintas de cor, amplitudes de vibração e formas. "Cada homem estréia sua viagem através do espaço dentro de um invólucro que ele mesmo construiu", escrevem. "É através desse meio que ele cria sua visão de mundo (...)".[2]

É o poder que os pensamentos possuem de se tornar palpáveis e reais, segundo Beard, que torna possível aos que acabam de morrer criarem os Lugares de Espera que eles mesmos, pessoalmente, desejam. O Summerland é a ante-sala mais acolhedora e reconfortante que cada indivíduo pode imaginar, e o local onde a pessoa recém-falecida pode descansar e aguardar pelas mudanças necessárias para que possa dar continuidade à jornada.

UM LUGAR DE TRANSFORMAÇÃO

Descanso, conforto e uma oportunidade de abrandar o medo — são estes os tentadores benefícios que nos aguardam no Lugar de Espera, logo após a morte. Só o fato de imaginar essas paragens (sejam elas de natureza física, sejam qualquer outra) tem o poder de amenizar a ansiedade tanto da pessoa que se encontra à beira da morte como daqueles que a atendem e presenciam sua passagem. Mas essa não é a única função desse Lugar — e, do ponto de vista do que viaja rumo ao pós-morte, não é sequer o mais importante.

Em todos os sistemas que apontam para a existência de Lugares de Espera, a transformação é a principal função que ali se opera. Nesse plano, a pessoa que morreu se desvencilha das roupagens da vida física — dentre as quais, naturalmente, se incluem aquelas relativas a seu corpo físico — e começa a se transformar em espírito.

Na aventura que se desenrola no espaço além da morte, o corpo físico, os sentimentos que marcam a personalidade individual e todas as ilusões que nos possibilitam concordar com os demais quanto à característica de "realidade" que distingue a vida tal como a conhecemos antes da ocorrência da morte, todas essas características, na verdade, se constituem impedimentos que devem ser gradualmente deixados de lado. Paul Beard, na descrição que nos faz de Summerland, apresenta uma imagem clássica e arquetípica, que pode ser tomada como símbolo dessa transformação: a metamorfose que permite que a larva se transforme em borboleta.

Se na vida não passamos de lagartas que vão de folha em folha, silenciosamente, buscando o sustento próprio, nosso Lugar de Espera é a crisálida em que nos transformamos quando morremos, e onde nos mantemos adormecidos. É lá que, pouco a pouco, ocorrem as mudanças; o pós-morte é um espaço onde emergimos sob a forma de espírito efêmero, que não mais está ligado às leis de tempo e espaço. Para os que tememem morrer ou para os que temem pelos que estão à beira da morte, o fato de imaginarem a metamorfose já conhecida e natural pela qual a larva há de se transformar em borboleta, lhes proporciona familiaridade com o processo de transformação — e que oferece este lugar dentro os ciclos da natureza.

Paul Beard nos mostra o processo de transformação como um despir-se das várias roupagens que recobrem nosso espírito.[3] A psicologia transpessoal desenvolveu uma maneira de descrever as transformações necessárias que ocorrem a partir do plano físico para chegar até o ser espiritual: o ego morre e o que permanece é o Eu. Embora várias correntes psicológicas já tenham apontado essa transformação como se dando em vida, é no Espaço de Espera que o morto se torna um espírito, *Self* ou alma.

Permitam-me uma pausa para um breve esclarecimento de caráter terminológico, uma vez que a semântica com freqüência obscurece as semelhanças que existem entre sistemas que a maioria presume serem altamente diferentes entre si. Essas diferenças significativas existem, sim, mas é bom notar que todos esses sistemas tentam desvendar os mistérios da psique humana e o lugar e a função que esta ocupa numa realidade mais ampla. O que a psicologia transpessoal denomina como *Self* equivale à alma — no que esta diz respeito a uma entidade eterna e em contínuo desenvolvimento e dentro do contexto do cristianismo. Essa mesma entidade é também denominada como *Atman*, na filosofia hindu; como *Ancestral*, dentre as crenças africanas; como *Ka*, no sistema religioso egípcio; como *Hun*, entre os Chenece; e como *Nefresh* no judaísmo.

O ego — e a personalidade, que é seu invólucro — é o que na vida opera no campo da realização, funcionando dentro do universo do tempo, do espaço e de outros egos no sentido de obter o domínio sobre as tarefas da vida, enfrentar os desafios que ela apresenta — sendo também o que se incumbe das lutas que nela são travadas. Em contraste, o Eu, alma ou *Atman* operam fora do tempo e espaço, sendo o receptáculo não do conhecimento — que é o alimento do ego — mas da sabedoria. Para indicar a entidade que se mostra quando atravessamos as fronteiras que separam a vida da morte, prefiro utilizar-me dos termos *espírito* ou *viajante* — e o faço intercaladamente, no decorrer de toda esta obra.

No Lugar de Espera, assim, surge o espírito liberto. Aqui, como alguns descrevem esse processo, o ser ganha a aerodinâmica que lhe é necessária à viagem e se despe das características e funções que somente faziam sentido — ou pareciam fazê-lo — na época da vida material.

Visão Que Nos Oferece O Candomblé

A emoção de haver morrido eleva a pessoa à categoria de espírito. Esse entusiasmo explode em uma espécie de poder sobre-humano, que possibilita à alma ver o mundo como... Deus o vê, incluindo-se aí o mundo dos sonhos. A vida que ela viveu lhe é mostrada como em um filme, onde revive não apenas os fatos esquecidos do passado mas também o presente. O espírito a tudo vê sem olhar. Ele é a visão em si. Apenas se formos descuidados veremos através de nossos olhos.

> Depoimento de entrevistado pertencente ao candomblé brasileiro, sobre a transformação do ser em espírito.

NOVOS PONTOS DE VISTA SOBRE O LUGAR DE ESPERA

O Lugar de Espera é um local de calma, de transição. Algumas pessoas que passaram pela experiência de quase-morte relataram haver esperado em uma ante-sala de consultório médico ou em uma longa fila, tal qual as que se formam nas estações de trem. Então, subitamente, alcançam a compreensão de que em algum lugar, alguma pessoa ou coisa tomou uma decisão, e que elas já não poderão seguir adiante, devendo voltar à existência que levavam antes de estar ali.

A representação mais estranha e notável que se fez dentre todas as relativas ao Lugar de Espera, no entanto, nos foi trazida pelos espíritas brasileiros, cujo sistema de crenças baseia-se nos conceitos expressos por Alan Kardec, pensador europeu. Segundo essa visão contemporânea do pós-morte, os que morreram recentemente são transportados, por uma nave espacial, para o que melhor seria descrito como um hospital, cujas acomodações, porém, não se revestem da atmosfera de trauma e sofrimento que se sente em nossos hospitais. Para a pessoa que morreu, naturalmente, os cuidados médicos relativos ao corpo são irrelevantes; em vez disso, nesses hospitais ela passará por um processo de purificação no que diz respeito às dependências que possa ter tido quanto ao fumo, álcool e alimentos. Assim, esses espaços se constituem em lugares de limpeza, e não de castigo. Neles, escreve Hernani Andrade, pesquisador sênior e notável parapsicólogo brasileiro, os espíritos "se recuperam dos traumas que precederam sua morte. Nesses centros de recuperação e tratamento (...) passam por um período de adaptação à sua nova forma de vida".[4] O intervalo de espera que se dá enquanto é feito esse tratamento é descrito como de calma e de tempo delimitado. Os mortos simplesmente ali têm sua residência até que chegue o momento em que deverão mudar-se.

OS QUE ATENDEM NO LUGAR DE ESPERA

Uma característica-chave dos Lugares de Espera é que estes não se encontram em distâncias remotas, ao contrário (para benefício tanto dos vivos como dos mortos) localizam-se bem nos limites que os separam. Aos xamãs é permitido entrar e sair deles, trazendo consigo descrições detalhadas e reconfortantes dessas paragens. Um exemplo disso nos é oferecido pelos índios delaware, cujo chefe Elkhair relata a seguinte visão, que obteve em resultado de uma jornada empreendida por sua alma:

> Ele pôde observar um pássaro de tamanho monstruoso, que se encontrava pousado sobre uma montanha. Era em direção àquele ponto que seria conduzido por um espírito que se havia incumbido de levá-lo até a distância mais longínqua que a alma de um ser vivente pode alcançar. O motivo aparente era o de instruí-lo sobre a natureza da peregrinação que a alma inicia após a morte, e foi-lhe dada a revelação (...) Elkhair não poderia ultrapassar a montanha das tempestades (...) Embora lhe fosse proibido aproximar-se mais, era-lhe possível, no entanto, ao menos escutar as vozes das almas dos que haviam partido e desfrutar de sua existência paradisíaca.[5]

A visita realizada pelo chefe Elkhair é instrutiva; mas em outro exemplo, vindo do grupo siberiano dos goldi, o xamã, ao cruzar a fronteira, de fato se apossa de uma alma. Em uma almofada sagrada, ele prende a alma de uma pessoa morta e, em seguida, trepa em uma árvore entalhada para assim poder ver a distância e antever sua jornada. Para assisti-lo, aproximam-se dois espíritos e o xamã, seus assistentes e a alma partem em um trenó especial, que é puxado por cães e contém suprimentos de alimentos nutritivos. Assim que os viajantes alcançam o outro mundo — concebido aqui como mundo inferior — o xamã deixa a alma com seus parentes e retorna ao mundo dos vivos, trazendo consigo presentes e saudações.[6]

Embora já tenha ocorrido o passamento, neste estágio inicial, que tem lugar logo após a morte, os vivos podem ainda participar, em certa extensão, da experiência que o morto atravessa. Muitos rituais e formas de comportamento, que são no mais das vezes interpretadas como fases iniciais do luto, na verdade são meios de que os vivos dispõem para ajudar a pastorear o morto por entre as transformações às quais este será submetido no Lugar de Espera ou, ao menos, para mantê-lo ainda um pouco sob a proteção dos vivos.

O sistema indiano do pós-morte revela-se como um dos exemplos mais complexos e detalhados desse pastoreio realizado pelos vivos sobre os mortos, dentre as transformações que estes devem sofrer. Aqui os entes amados confiam o bem-estar de seus mortos, no Lugar de Espera, a especialistas conhecidos como Mahapatra — como são considerados os intocáveis, última posição social entre os indianos. A tarefa desses especialistas consiste em prover aos restos mortais cuidados que se realizam de forma complexa e ritualizada cujo objetivo é facilitar a natural transformação que deverá ocorrer.

Quando um crente indiano morre, ou parece estar próximo da morte, a família que pode arcar com essa despesa empreende uma viagem a Varanasi, onde corre o sagrado rio Ganges. Chegando lá, essa família contrata um Mahapatra para que este cuide do cadáver de seu ente querido, e realize os rituais e as tarefas necessárias à transformação. O Mahapatra segue uma série de rituais antigos: deve, por exemplo, ungir o cadáver e envolvê-lo em tecidos, entrelaçados com fios de ouro ao redor do cadáver e que ostentam cores brilhantes; depois, na presença de seus entes queridos, que ali se apresentam como peregrinos, queimam o cadáver em uma pira que deve arder em fogo lento. Dão início, em seguida, a pequenos rituais destinados a purificar, educar e agradar ao espírito ao longo de seu caminho para além do Lugar de Espera. Durante esse lapso de tempo o *Atman* (o Eu dos indianos) se empoleira sobre os ombros do Mahapatra, o qual, entre outras experiências, suporta a mais extrema fome.

O Mahapatra será o responsável por esse espírito durante os dez dias seguintes. Quando esse período tem início, penduram a uma árvore um pote que contém um furo em sua parte inferior. Esse pote será o domicílio do viajante enquanto ele permanecer no Lugar de Espera. É cheio de água, que o viajante beberá por intermédio do orifício referido. No décimo dia esse pote é quebrado e o viajante retoma sua viagem para o além. Apenas ao final deste décimo dia, quando o pote é estilhaçado, o ente morto realiza sua transição deixando de ser um espírito que habita um corpo para tornar-se um espírito liberto do corpo. No período em que habita o pote, aparentemente resguarda certa materialidade — já que os Mahapatra constantemente discutem as dimensões que apresentam os espíritos de pessoas que morreram recentemente: alguns sustentam que o espírito dos que morrem tem o tamanho de uma junta dos dedos das mãos; outros, que é do tamanho de uma unha do polegar e alguns estabelecem com precisão sua altura em quarenta e cinco centímetros.

O ritual dos potes assegura que o espírito permanecerá no Lugar de Espera — com o Mahapatra — o tempo necessário para que ali ocorram as transformações que deverão surgir. No entanto, para os vivos, o ritual reveste-se de uma função própria, trazendo ordem e paz para a dor resultante da perda. Dessa forma, o Lugar de Espera propicia o descanso tanto para os vivos como para os mortos — descanso, tranqüilização e uma oportunidade para que o medo se desvaneça.

Os rituais de luto, que estabelecem ordem em épocas que se caracterizam pelo aparecimento de abalos emocionais, são bem conhecidos em nossa cultura. Outro de seus exemplos é encontrado no judaísmo, que prescreve um período de sete dias de luto restrito — o período de *shiva* — que se segue à morte de uma pessoa da família. Durante essa semana o espírito do ente que morreu ronda entre os vivos da mesma forma como o faz o espírito dos indianos em relação ao Mahapatra. Segundo a Cabala, a expressão mais esotérica da doutrina e das leis judaicas, durante os sete dias seguintes à morte do corpo, o espírito sai e retorna à sua sepultura tentando, de forma brincalhona, retornar ao seu antigo corpo: sem permanecer, nem fugir, aguarda. Apenas no sétimo dia, quando atenta para o estrago que os vermes fazem ao seu corpo, o espírito compreende que, realmente, está morto — e se vai.[7]

Durante esses sete dias as pessoas que guardam luto se valem de bancos duros de madeira como assento e cobrem todos os espelhos da casa com tecidos. A grande maioria traduz esse comportamento como uma forma de se fazer lembrar aos vivos que a vaidade e o conforto têm o poder de distraí-los e que não há lugar para esses fatores em uma casa que se submete a um luto pesado; mas a Cabala salienta que esses detalhes guardam um significado de importância também para o espírito do morto. Estando os espelhos recobertos o espírito não pode se enganar, pensando que ainda vive. O fato de constatar que seus entes queridos sentam-se em bancos duros, em vez de se utilizarem da conhecida mobília de uso cotidiano, faz com que o espírito se aperceba de que algo confrangedor aconteceu — algo permanente, inexorável, que não pode ser mudado.

Do lado oposto da linha, onde está situada a tradição judaica de sentar *shiva*, os rituais de luto que se observam em Bali implicam uma série de atividades cheias de vida. O corpo fica freqüentemente enterrado pelo tempo que se fizer necessário para que a família acumule fundos suficientes para arcar com uma cremação verdadeiramente grandiosa — assim, tanto mortos como vivos aguardam pacientemente durante esse período. Mesmo no que diz respeito à própria cremação, há muito o que fazer. O corpo deve ser adequadamente lavado e vestido, deve-se cavar e cercar uma sepultura, construir um esquife, colocar um pequeno espelho sobre cada um dos olhos do morto para assegurar assim que ele será forte, atraente e dotado de visão atilada em sua próxima existência. Coloca-se uma flor em cada uma de suas orelhas para se assegurar de que no futuro os sons que ouvirá serão sempre belos.

Uma vez que a cremação tenha-se tornado possível e estabelecida a data, tem lugar uma outra série complexa de preparativos. Em toda cremação de dimensões razoavelmente grandes, no mínimo um sarcófago que tenha a forma e o tamanho natural — ou ainda maior —de um animal será posto em evidência. Dependendo da casta e do sexo do morto, este animal poderá ser um touro, uma vaca, um leão, um veado ou um peixe-elefante. Porém, todos esses animais precisam ser dotados de quatro patas, para que simbolizem as quatro irmãs ou irmãos que nasceram juntamente com o corpo e que, sempre que tratados apropriadamente, acompanharam, guardaram e ajudaram a pessoa no decorrer de toda a sua vida.

Em seguida, constrói-se a torre de cremação. Esta representa o universo balinês, o qual tem em sua base a tartaruga, que simboliza o universo, ladeada por dois dragões em forma de serpentes. As onze das divisões da torre representam os onze níveis do Céu e da Terra e a montanha do mundo.

Até o dia da cremação mantém-se acesa uma lâmpada que deverá guiar a alma de volta a seu lar e é comum que se monte um boneco em tamanho natural, feito de antigas moedas chinesas, que são cosidas ao espaço central com fios de linha branca.

No dia aprazado, tudo isso é queimado. Uma orquestra especial de percussão e músicos vestidos a caráter que imitam soldados em batalha, simbolicamente guardam o espírito contra influências maléficas. Com uma energia incontida os sarcófagos são conduzidos para o cemitério. O objetivo do entrevero é confundir o espírito e fazer com que ele perca o caminho — de forma a que não volte para perturbar sua família. As pessoas galgam a torre e, por vezes, deixam voar em liberdade sobre ela duas galinhas novas, que simbolizam a alma que voa livre para longe. A direção desse vôo indica que a ocasião é auspiciosa, de maneira que, hoje em dia, as galinhas em geral são deliberadamente atiradas ao ar em uma "boa" direção.[8]

Nesses exemplos — o cuidadoso tratamento dispensado pelos indianos aos potes de água, a semana solene do sentar *shiva*, entre os judeus, a série de eventos interligados que se apresentam como a resposta que os balineses dão à morte — o tempo que o viajante passa no Lugar de Espera permite que se estabeleça um intervalo, no qual tanto vivos como mortos ainda se mantêm ligados e podem se comunicar — senão diretamente uns com os outros — ao menos simbolicamente, por intermédio da divisão que os separa. Ambos os grupos concentram-se na transição e no enorme ajustamento que deve ser alcançado: o morto deve abrir mão da bagagem da vida, e a comunidade deve fazer o mesmo em relação à presença daquela pessoa entre eles. Esta é a última oportunidade para que vivos e mortos compartilhem de tempo e espaço comuns; no duplo objetivo que possuem seus rituais, a maior parte dos sistemas demonstra a harmonia que se deve estabelecer entre vivos e mortos e facilita a separação que não pode deixar de ocorrer.

AS APARIÇÕES

Apesar de tudo isso, o fato de aguardarmos pacientemente nem sempre atua no sentido de nos reconciliarmos com nosso destino, quando morremos. Afinal, mesmo mortos, mesmo nesse primeiro estágio de nossa jornada, somos ainda seres bastante humanos e nem sempre fazemos o que devemos. Ignoramos a realidade e, conseqüentemente, lutamos contra ela; e, quando isso já não nos é mais possível, passamos a negá-la. Não importa onde tenhamos sido criados: no Mato Grosso, nas planícies norte-americanas ou nos arranha-céus de Manhattan... são muitos os que não se aproximam com delicadeza dessa "boa noite", segundo as famosas palavras do poeta Dylan Thomas. Talvez apenas uma minoria, em toda a Terra, o faça verdadeiramente.

Uma Falange de Fantasmas

Embora a maior parte das culturas veja os fantasmas simplesmente como espíritos que, por uma ou outra razão, retornam ao meio dos vivos, outras dentre elas penetram nesse assunto de maneira mais detalhada. O grupo Tanka, do sul da China, possui toda uma ordem de fantasmas, cuidadosamente delineada e bem diferenciada:

- Fantasmas Infernais — Fantasmas que foram maltratados e não dispõem de espaço no mundo inferior onde possam residir.
- Fantasmas da Água — Espíritos das pessoas que morreram afogadas. Tão logo se aproxime alguém que possa testemunhar sua existência, esses fantasmas desaparecem sob as águas.
- Fantasmas dos Enforcados — Como se pode depreender, são espíritos das pessoas que morreram em tais condições.
- Fantasmas Jovens — Almas dos que morreram cedo. Embora estes tenham falecido, os pais desses jovens efetuam em seu nome uma cerimônia de casamento que deve se realizar à época em que atingiriam a idade adulta. São também conhecidos como Fantasmas do Pesar, em razão de haverem falecido antes de alcançar a maturidade.
- Fantasmas de Porcos, de Vacas, de Galinhas e de Patos — Obviamente, são fantasmas vistos, em sua maior parte, por fazendeiros.
- Fantasmas de Retorno — As almas retornam a seus lares por duas ou três vezes depois da morte física. Assim, de forma absolutamente literal, todos os que morrem se transformam em fantasmas de retorno. Quando isto acontece, a família enlutada e toda a vizinhança deve ter o maior cuidado em fechar suas portas durante a noite (alguns colocam um pedaço de papel vermelho do lado das portas) para impedir que os fantasmas entrem. Se uma pessoa viva encontrar um fantasma de retorno, ela se encontrará em perigo de sofrer um grande desgosto. Assim se acredita, como constatamos, em culturas de todo o mundo: o retorno das almas do pós-morte contrapõe-se à ordem natural das coisas, e os que vivem atuam no sentido de encorajar os mortos a dar continuidade à sua jornada.

Nankai Social & Economic Quarterly (1973, AF17, South China, 849-50)

Em outras palavras, os mortos com freqüência lutam contra o inevitável. Mesmo após o período de transição que lhes é determinado, mantendo-se parte no corpo e parte fora dele, e resguardando-se no efêmero disfarce da fantasmagoria, muitos não partem. Recusam-se a seguir.

O resultado disso são as muitas categorias de entes a que denominamos fantasmas.

As visões de fantasmas são copiosamente relatadas na literatura parapsicológica, e já foi realizado grande número de estatísticas, que tratam desses fenômenos de forma geral.

"Nossas pesquisas (Gallup) provaram que uma quantidade substancial de indivíduos, de todos os níveis de instrução, acreditam que o universo do pós-morte é habitado. Outros estudos que efetuamos podem apurar ainda mais esses números e crenças. Nos Estados Unidos, por exemplo, um entre nove americanos (ou 11% da população) acredita em fantasmas. E, apesar de nos Estados Unidos haver um número maior de pessoas que acredita na maior parte das questões ligadas ao espírito do que em outros países, 20% dos ingleses acreditam em fantasmas; e, destes, 7% relatam que, de fato, depararam com um deles!"[9]

Especialmente após o período inicial de doze dias ou mais — e é surpreendente o número de culturas que estabeleceram este número, ou outro, aproximado, que corresponderia ao primeiro estágio da jornada do pós-morte — alguns espíritos simplesmente não desejam partir, ou não sabem como fazê-lo, ou ainda não estão prontos para tanto. Querem retornar à vida. Rondam suas sepulturas ou suas famílias, procurando meios de voltar a reunir-se aos vivos. Por vezes, simplesmente, não estão prontos a abrir mão de suas posses ou demais aspectos exteriores de sua existência. Alguns se sentem demasiado preocupados, e por isso não têm coragem de partir: seus filhos ainda são pequenos, seu trabalho ainda está por terminar, o futuro da família está em perigo. Às vezes o problema diz respeito aos próprios rituais de morte e de luto: os vivos manipularam incorretamente os arranjos que circundam o morto. Diante de um desleixo de tal amplitude, um espírito simplesmente não pode dar continuidade à sua jornada no pós-morte!

Um pesquisador sênior de assuntos relativos aos fon do Benin, na África, explica a importância das regras que determinam os sepultamentos: "Uma falha que se verifique com respeito às cerimônias fúnebres poderá fazer com que as almas vagueiem e que se estabeleça confusão na terra. Os que morreram já não poderão alcançar o pós-morte. Durante o funeral devem ser obedecidas algumas regras: uso da cor branca, posição do morto dentro do esquife, com o braço esquerdo ligeiramente inclinado e a cabeça voltada em direção à mão. Apenas as mulheres estéreis são enterradas deitadas de costas. Há todo um ritual a que devem se submeter. À noite, essas almas perturbadas vêm molestar os que ainda vivem". Casos relativos a almas penadas são abundantes no mundo inteiro. Um deles, típico, nos é oferecido pela tradição dos nativos americanos. "Os índios *blackfeet* acreditam", escreve Clark Wissler, "que, quando as pessoas morrem, seus espíritos não vão imediatamente para o outro mundo. Sentem-se solitários e não querem abandonar seu lar e seus amigos. Vagueiam pelos antigos lugares que freqüentavam por cerca de dois meses, quando então, ao que parece, começam a acostumar-se às novas condições que se apresentam diante de si; é então que dão seus primeiros passos em direção ao mundo espiritual. Alguns nunca se mostram satisfeitos por terem de lá permanecer."[10]

Em Nembe, no oeste africano, conheci uma senhora e sua filha que eram atormentadas por pesadelos, enxaquecas e outras formas de desconforto, sintomas esses que surgiram em seguida à morte do marido e pai. Essas mulheres estavam desesperadas e se queixavam muito das terríveis torturas a que estavam sendo submetidas: não podiam dormir por causa do palavrório e da arenga de seus parentes mortos. Alguma coisa tinha de ser feita. E essas mulheres, então, contrataram uma xamã, que confirmou suas suspeitas de que o homem morto ainda rondava as imediações e lhes enviava as pragas das dores de cabeça e da insônia. O homem falecera em meio a um desentendimento familiar que já perdurava há muito tempo e, quando as deixou, esposa e filha estavam desesperadas e furiosas com ele. A mulher explicou-me a situação o melhor que pôde: sabiam que haviam sido descuidadas em relação aos arranjos do funeral. Estavam zangadas. Ele as tratava mal. Sim, tudo bem, haviam sido apressadas, impacientes e por isso tinham procurado o mais barato.

Por esse motivo, o espírito do morto não podia descansar em paz; não poderia nem iria seguir seu caminho. Rondava a família, preocupado e preocupando-as, a mais não poder, com os assuntos mal resolvidos. Em resumo: era uma alma penada.

Essa xamã era uma linda jovem de rosto e olhos arredondados. Usava um turbante muito bonito, de algodão africano tecido em verde e dourado, combinando com o vestido, que chamávamos de *muumuu*. Tinha uma personalidade marcante: nunca a vi sorrir, durante todo o tempo em que passou sentada em seu banco, com as pernas abertas, as saias arrebanhadas com graça em torno aos joelhos, dirigindo-se ora à mãe, ora à filha, ora ao fantasma.

Por mais imaculados e coloridos que fossem seus trajes, o lugar onde realizava seu trabalho parecia, aos meus olhos ocidentais, um tanto miserável, um tanto em desordem, cheio de garrafas, lanças, pedaços de madeira, trapos espalhados aparentemente ao acaso. A negociação que se seguiu foi uma maravilha em matéria de pragmatismo, em nada diferente de qualquer das transações de negócios que já presenciei. Primeiramente, tomou a palavra a viúva e, em seguida, sua filha; depois, a xamã expressou o ponto de vista do fantasma. Faziam-se pausas; bebericava-se um pouco de água. Ao final de quatro horas chegou-se a um acordo — a esposa sacrificaria três vacas e quatro garrafas de aguardente em nome do pai. O fantasma se exasperava: ele já manifestara antes seu desejo, fazendo referência a *seis* garrafas. Mas de alguma forma — para sua consternação — admitira que seu comportamento em relação à mulher, antes de morrer, fora um desastre. Com relutância, aceitou a oferta. Depois de uma semana, aproximadamente, a transação foi concluída com sucesso e a xamã efetuou os sacrifícios combinados. O fantasma desistiu de suas grosserias, deixou em paz as mulheres, e pôde assim assentar sua morada no pós-morte.

A DOR DA COMUNICAÇÃO

A pesquisa de opinião pública realizada pelo instituto Gallup demonstrou que bem mais da metade das pessoas enlutadas, nos Estados Unidos, falam com seus entes queridos que morreram.[11] As visitas que estes lhes fazem ocorrem, geralmente, logo após o falecimento, sendo que essa freqüência diminui com o decorrer do tempo. As pessoas as descrevem das mais variadas maneiras, que vão desde a sensação de "presenças" diáfanas, invisíveis e silenciosas a sonhos e visões cheios de detalhes. Alguns desses visitantes não se fazem mostrar sob nenhuma forma visível. Alguns deles falam; outros, simplesmente olham, em silêncio. Alguns transmitem mensagens explícitas em meio a seu silêncio; outros, apenas uma sensação de serenidade, de amor ou de tristeza.

Desde o dia em que meu pai morreu, ele e eu nos mantivemos em constante contato. Era um segredo só nosso: conversávamos longa, longamente. Eu não podia vê-lo, mas sentia sua presença e sua voz era para mim tão clara e articulada como sempre fora quando ele vivia. Nunca deixamos de nos comunicar, e para mim sua pessoa era como se fosse em parte anjo, em parte fantasma.

Certo dia, quando participava de uma reunião que me entediava até as lágrimas, chamei por ele e começamos a conversar tal como sempre o fizéramos, do jeito que às vezes telefonamos a um amigo pelo simples prazer de matar o tempo. Mas naquela ocasião ele usou de um tom decisivo que nunca antes adotara em nossos bate-papos: "Agora tenho de ir,

Sara", disse-me de modo formal, chamando-me pelo nome de batismo em meio ao som das conversas que se faziam ouvir no grupo. "Tenho certeza de que você é uma pessoa feliz. Tem seu trabalho, seu casamento. Agora estou indo embora, querida. Adeus." E nunca mais nos falamos. Desse momento em diante, jamais senti sua presença nem a necessidade de entrar em contato com ele. Agora que o tempo de sua morte se iguala à metade de meu tempo de vida, meu único contato com ele são suas fotografias e as lembranças que guardo em minha memória.

Anos após nosso último encontro, ao longo de meus estudos descobri que, sem o saber, havia sido muito indelicada para com meu pai após sua morte. Quando se conversa com pessoas que se comunicam com entes espirituais (cujo pensamento e trabalho compõem a estrutura do conhecimento considerado em parte como oculto) ficamos logo sabendo que o fato de os mortos visitarem os vivos e, especificamente, de se comunicarem com eles, pode se tornar extremamente penoso para esses seres que, de há muito, deveriam ter partido do Lugar de Espera e se encaminhado para a segunda fase de sua jornada.

Para informar-me mais sobre as experiências relativas aos que se foram, e para atualizar-me quanto aos progressos alcançados por a todas as escolas de pensamento que se especializaram no tema sobre a morte e o morrer, nesta última década viajei a Mainz, na Alemanha, para entrevistar Ernest Senecowsky, um dos maiores pesquisadores e grande entusiasta da área conhecida como Comunicação por Instrumentos. Este campo de estudo está voltado para o que eu chamo de engenharia do pós-morte: trata-se de um sistema cheio de máquinas, medições de ondas e cálculos relativos tanto ao que se passa neste lado da morte como no campo do pós-morte. Para poder se comunicar com os espíritos, o comunicador que se serve do instrumento sintoniza um canal desocupado de televisão e liga uma câmera de vídeo voltada para a tela do aparelho. Contando com um ambiente cientificamente controlado, para se assegurar de que não estão captando ondas vizinhas, grava e em seguida opera a fita de vídeo de trás para a frente, quadro a quadro, com o objetivo de nela encontrar imagens — às vezes uma só, às vezes uma série delas, acompanhadas de áudio — de pessoas que já não se encontram entre nós. Dados adicionais, provenientes do mundo além da morte, lhes chegam também via fax e telefone.

Minha visita, durante a qual observei imagens gravadas em vídeo e ouvi fitas de áudio, foi como se eu estivesse passando meu tempo em um cenário de filme de ficção científica realizado em 1952. No começo de seus sessenta anos de vida, o inglês falado por Senecowsky era suficiente para que ele pudesse proclamar com freqüência e energia: "Olhe só isto aqui!". Um dos pontos que afirmava com maior fervor — e que confirmava mostrando as fitas de áudio e o trabalho de pesquisa de campo feito por pesquisadores da Alemanha, Suíça e Estados Unidos — era o de que, para os mortos, o fato de se materializarem e se comunicarem com os vivos, a partir do outro lado, era algo absolutamente exaustivo; um esforço horrível que, afinal de contas, resultaria numa enorme colaboração da parte deles. Pude sentir o que ele queria dizer com essas palavras quando ouvi o som das vozes gravadas: aquelas almas emitiam um som forçado, rascante, como o que emitiriam pessoas submetidas a traqueostomia, que são obrigadas a fazer um esforço tremendo para que o ar passe de seu estômago para a garganta, possibilitando-lhes vocalizar as palavras.

Estranhas como me parecessem as Comunicações por Instrumentos — e fosse qual fossem o alcance do modo de pensar que expressassem — os correspondentes de Senecowsky deixaram claro que, para os mortos, voltar ao mundo dos vivos implica esforço e um sofrimento extremados. Aos espíritos, o progresso parece ser algo *necessário* e os vivos podem ajudá-lo nesse empenho. Esta ajuda pode consistir, por exemplo, em se apontar com precisão o que lhes impede de dar continuidade à sua caminhada: negócios por terminar, talvez, ou insegurança quanto ao destino de seus entes amados, ou o fato de se manterem excessivamente presos aos hábitos e aparências exteriores da vida material, tal como se viu no caso de Nembe; chegando a isso, pode-se solucionar esses problemas. Em resumo, se nos preocupamos com os espíritos de nossos mortos, devemos não apenas deixar que se vão mas, até mesmo, ajudá-los a partir.

Os índios guarani, pequeno grupo indígena que habita a região costeira do Brasil próxima à Floresta Atlântica, têm uma visão extremada, mas não incomum, dessa necessidade de apoiar os mortos, que os aterrorizam, em sua vida pós-morte. Quando morre um membro dessa comunidade, os vivos mudam seus próprios nomes, queimam suas próprias moradias, reúnem seus pertences e abandonam a área — esperando, dessa forma, tornar impossível a um espírito relutante demorar-se entre eles, segui-los ou perturbá-los. Denise e John Carmody, ao escreverem sobre outro grupo, os índios fox da América do Norte, apontam a existência de uma abordagem menos radical, centralizada nos vivos:

O líder do clã dirige-se ao morto recomendando-lhe que não inveje os que ainda permanecem aqui e que, ao invés disso, apresse-se a ir em busca da terra de seus ancestrais, no ocidente. Depois da morte existiria uma jornada a ser cumprida, e a primeira obrigação que se apresenta para os que morrem seria analisá-la com cuidado (...) Ao representar essa atividade dos mortos através de um movimento que se encaminha para fora da aldeia, o clã deixa implícito o fato de que as novas obrigações exigem uma firme ruptura. Do ponto de vista psicológico, evidencia-se que o clã estaria projetando sobre a figura do morto sua própria necessidade de empreender um rompimento bem definido. A despeito do quão amada tenha sido a figura do falecido e do quão saudável possa ser o fato de se salvaguardarem as lembranças que são caras ao clã com respeito a ele, a vida deve continuar. Para os membros desse grupo não existiria nenhuma função de utilidade no fato de chorarem pelo morto por tempo longo demais ou com demasiada paixão."[12]

Por mais acostumados que estejamos a considerar as culturas nativas como muito, mas muito diversas daquelas que nós, membros das tradições judaico-cristãs, consideramos como familiares, a descrição que acaba de ser feita poderia ser aplicada quase que em sua totalidade aos rituais judaicos de luto. "Não pranteie indevidamente os que morreram nem mantenha seu luto além da medida. Por quanto tempo (deve durar o luto)? Três dias para prantear, sete dias para lamentar, trinta dias para vestir vestes desbotadas e para (respeitar à proibição de) cortar o cabelo", explica-nos a Torah.[13] Então os vivos devem retornar à vida (embora o luto pelo pai ou mãe deva durar um ano) e a pessoa que morreu deve dar entrada no Olam haba, o mundo do devir, um espaço não focalizado nem descrito na literatura judaica: " (...) do mundo do porvir está dito: olho nenhum o viu além do Teu."[14]

Em todas as partes do mundo se ouve dizer a mesma coisa: se realmente amamos nossos mortos devemos permitir, no mínimo, que partam, e ainda insuflar-lhes coragem em sua jornada. É extremamente confortante para os que se enlutam o fato de terem uma tarefa a cumprir, um trabalho a realizar dianta da perda traumática que sofreram. O conceito que afirma a existência de um Lugar de Espera, onde o espírito aguarda e descansa, pode facilitar o processo de transição que, de outra forma, poderia parecer abrupto, sem sentido e mesmo cruel, em razão do sentimento de medo que traz consigo.

A ANALOGIA DE MAXINE

Para Joanne, que apresentei no Capítulo 2, foi a idéia do reencontro que lhe trouxe a luz de um conforto.

Para Maxine, foi a idéia do divórcio.

"Quando meus médicos me disseram que nada mais poderiam fazer quanto ao meu caso, assaltou-me uma sensação que já me era de há muito conhecida: uma forma específica de ansiedade, pior que a doença, pior do que tudo o que já sentira. Eu tinha consciência de que já conhecera essa emoção desagradável mas não conseguia identificá-la. Até que finalmente consegui. Já passara pelo mesmo sentimento quando Gordon me deixara, há doze anos. Foi como se eu estivesse me equilibrando à beira de um penhasco, e prestes a cair."

Na ocasião em que Gordon, seu marido, pediu o divórcio, esta minha paciente, embora fosse professora pública e contando com milhões de áreas de interesse, demorou para chegar a conceber a vida sem ele. Não tinham filhos, de maneira que, quando voltava os olhos para seu futuro, nada via além de um vácuo sombrio. Como esse vazio a amedrontasse terrivelmente, submeteu-se a uma terapia.

Voltou oito anos mais tarde, dessa vez depois de receber o diagnóstico de que o câncer metastático que trazia no seio era de caráter terminal. "Você vê? Estou novamente diante da mesma coisa."

"Diante de quê?", perguntei

"Do nada, do vazio. De uma escuridão sem forma."

"Está com medo?"

"Morta de medo! Sinto um terror absoluto diante do vazio que é isso tudo. A mesma coisa que senti depois de meu divórcio, quando terminou por completo minha antiga maneira de viver e eu não conseguia imaginar outra."

Comecei a refletir sobre a comparação que Maxine havia feito. Perguntei-lhe se, nesse caso, poderia imaginar-se realizando uma mudança em si mesma, semelhante àquela que já havia experimentado depois de seu divórcio, da morte de seu casamento. Oito anos antes, em meio à insegurança que sentira naquela época, Maxine havia passado por momentos de vacilação (como passam a maior parte das pessoas que enfrentaram um divórcio: depois deste, sempre atravessam momentos de dúvida nos quais os indivíduos se vêem assolados por sentimentos de dor e desesperança profundos e passam a ansiar por voltar à segurança do matrimônio e à conhecida rotina da vida cotidiana, por mais insatisfatória que esta tenha sido). Tal como um fantasma que rondasse o local da sepultura de seu casamento, Maxine já se encontrava irrevogavelmente colocada em uma nova fase de sua vida — mas, pelo menos mentalmente, ainda se via andando em círculos e ansiando para retornar a seu estado anterior.

No entanto, pouco a pouco, foi adquirindo maior clareza de visão. Começou a vislumbrar meios de ver seu futuro após o divórcio e, finalmente, conseguiu se afastar do passado. Eu lhe apresentei a possibilidade de que, agora, ela poderia chegar a uma clareza de visão semelhante, no Lugar de Espera do pós-morte. No que dizia respeito à morte não seria possível conceber a existência de um "espaço" ou um "tempo" onde se pudessem observar níveis de realidade que nem ela, nem ninguém mais, seriam capazes de se aperceber a não ser por intermédio da arte, da imaginação vital ou da meditação visionária?

"Essa é uma idéia profundamente reconfortante", respondeu.

Seu anseio por sentir algo, algum lugar, algum sentido para o processo de seu "desaparecimento" motivou-a a começar a desenhar. Pediu a seus familiares que lhe trouxessem ao hospital seus lápis de cor e papel de seda e, demonstrando uma onda de energia que surpreendeu a todos, pôs mãos à obra. Ela, que se matriculara em atividade artística apenas como matéria optativa quando cursara a faculdade de artes clássicas, anos atrás, começou ampliando cópias de mandalas do budismo tibetano (que são a expressão visual do processo de meditação) e em relação às quais sempre sentira uma profunda atração. Essa foi a forma, aparentemente instintiva, que ela encontrou de conceber o inconcebível sob uma forma que já lhe era familiar. Não tendo nunca se deixado atrair pelo abstrato, fosse como artista, fosse como admiradora, logo começou a adicionar certos detalhes àqueles círculos visionários — seres, vegetais, paisagens e assim por diante. A certa altura falei-lhe sobre o Summerland concebido por Paul Beard — e foi com entusiasmo que ela incorporou esse conceito a seus desenhos sendo que, em muitos deles, tentou capturar em imagens e cores as coisas, lugares e pessoas — estas de há muito mortas ou esquecidas — que lhe pudessem inspirar descanso e conforto.

"Com essas imagens você está realmente visualizando o pós-morte?", perguntei-lhe. "Sim e não", respondeu-me, aparentemente não tão profundamente interessada nessa questão. "É, acho que sim. Eu comecei assim, mas é o ato de desenhar que faz diminuir meu medo. Quando me ocupo em traçar esses círculos e prestar tanta atenção nesses esboços, eles se tornam tudo o que existe para mim. É, eu acho que, de certa maneira, estou imaginando algo que posso vir a encontrar. Mas é a imaginação que eu busco, não uma visão acurada do lugar para onde eu possa estar me encaminhando."

"Vou lhe dizer o que realmente me ajuda", disse-me. "Quando o desenho de fato passa a atuar de verdade eu perco totalmente a consciência de tudo o mais, até mesmo de meu corpo e, até certo ponto, da própria dor. Eu me dissolvo no desenhar. Não me lembro de ter tido uma sensação tão maravilhosa de completa vinculação, desde que eu era criança.

Sinto como se estivesse flutuando, como seu meu corpo não estivesse mais aqui."

Jonathan, uma das primeiras pessoas a receber o diagnóstico de ser portador de AIDS, não encontrou consolo na visão do pós-morte como jornada. Era um *designer* de moda bastante conhecido, criado ao norte da região central americana, e se via privado de uma verdadeira comunidade que lhe servisse de apoio naqueles primeiros dias em que a doença surgiu. Na verdade, via-se muito só em sua luta interminável contra infecções oportunistas — e também diante das conseqüências sociais da moléstia: a quem contar, quando, por quê, a quem confiar aquela verdade. Em resumo: Jonathan sofreu horrivelmente, tanto física como psicologicamente, nos primeiros anos de sua doença.

Em uma das sessões que mantivemos, decidi abordar um novo assunto. Havia lido, justamente naquela manhã, algo a respeito do pós-morte muçulmano, um exuberante lugar de descanso situado na fronteira com o mundo dos vivos e onde os bons se reclinavam em sofás macios para saborear uvas e satisfazer seus sentidos. Jonathan era cristão; orava todas as noites e era também bastante tolerante quanto à sua vida sexual. Achei que a descrição da ante-sala do paraíso muçulmano (destinado apenas para os que tivessem vivido uma boa existência: seu inferno era hediondo) poderia vir a ser uma centelha em direção à qual Jonathan pudesse voltar seu olhar. Passei a descrever-lhe em detalhes o que lera.

Repentinamente, Jonathan pôs-se a chorar. "Pare, Sukie!", gritou. "Pare! Não posso agüentar isso!", soluçou as únicas palavras que conseguia balbuciar.

Parei de falar.

"Rezo para que não exista nada", conseguiu dizer momentos depois. "Rezo para que exista exatamente a doçura do nada. Estou terrivelmente desgastado para qualquer coisa mais."

Subitamente, notei que Jonathan não podia suportar a possibilidade do mais além que, no restante deste livro, se apresenta como proposta. Ele estava farto da existência, fosse qual fosse sua forma. Não queria mais nenhuma surpresa, de nenhuma espécie e até mesmo a mais exuberante delas, até mesmo as uvas, até mesmo o elemento exclusivamente imaginário — o lançaria para além dos limites do que podia suportar. Quando, voltando atrás, lhe falei sobre o Lugar de Espera, onde ele não faria nada se não quisesse fazer nada; não veria nada se não quisesse ver nada; não pensaria em nada se fosse esse seu desejo, seu terror em relação ao "mais além" cessou; mais de uma vez retornou a esta última imagem que, para ele, se transformou em uma fonte de esperança e conforto.

REFLEXÕES SOBRE O ESTÁGIO I: A ESPERA

Todos sabemos o que é esperar. Irritante para alguns, para outros um momento de repouso e de renovação, o ato da espera demarca etapas de tempo no decorrer de nossas existências. Esperamos pelo companheiro certo, depois pelo casamento, depois pelo bebê que vai nascer. Esperamos pela obtenção do diploma e pela promoção a ser alcançada. De forma que nós, os vivos, temos também nossos Lugares de Espera, do lado de cá da morte. No entanto, em vez de nos enriquecermos com eles "deixando o solo repousar" como o chama o analista do idioma inglês Masud Kahan,[15] nos mostramos no mais das vezes impacientes, sentindo como se o fluxo de nossas vidas sofresse uma interrupção.

A vida é cheia de mudanças e de pequenas mortes — minimortes, como gosto de chamá-las. Todos já tivemos oportunidade de enfrentar o fim de um matrimônio, de idéias recém-criadas, de carreiras cuidadosamente planejadas. Já experimentamos a perda de nossa capacidade física, de nossa capacidade de suportar, de nossa aparência jovem, de relações de amizade que nos eram importantes, de grupos com as quais nos dávamos bem. Após cada um desses acontecimentos podemos entrar em um Lugar de Espera. Na verdade a perda, seja de que natureza for, implica um tempo de luto e de espera. Apenas isto. A perda, tal como o Lugar de Espera, também pode se revestir de um caráter transitório, onde se opera uma transformação.

Como psicoterapeuta, encaro as formas de transição com grande respeito, consciente de que estas, com freqüência, guardam em si as sementes do crescimento psicológico. Elas — que são as respostas que damos às mudanças da vida capazes de provocar alterações em nossa realidade — nunca são fáceis: ninguém desliza por sobre as transições. Cada uma delas pode revestir-se de enorme sentido pessoal.

Tanto para os mortos quanto para os vivos, o Lugar de Espera é o local onde a realidade da mudança começa a aprofundar-se. Quer depois da morte, quer depois de uma minimorte, a espera faculta-nos um repouso. O tempo pode abrandar até a crise mais aguda. Aguardando, vivos e mortos podemos, com vagar, encontrar uma direção.

Roberto Assagioli, fundador da escola psicológica conhecida como Psicossíntese, e contemporâneo tanto de Freud como de Jung, fala sobre a visão de duplo enfoque — a capacidade de se manter duas realidades e admitir que ambas coexistam em nossas vidas emocionais.[16] É esta capacidade que nos permite sofrer o desespero enquanto, ao mesmo tempo, percebemos uma pequena janela de esperança a se abrir para uma senda todavia desconhecida. É isso o que podemos vivenciar também nos Lugares de Espera da vida e do pós-morte: quando distinguirmos em primeiro lugar a escuridão e, depois, a escuridão mais a luz — para, em seguida, nos defrontarmos com possibilidades nunca antes sonhadas que, pouco a pouco, se revelam reais.

4

ESTÁGIO II: DO JULGAMENTO

INSTANTE DE UM JULGAMENTO... NO IMAGINÁRIO

Ele se encontra num saguão imenso, diante de colunas que sobem até o teto e de paredes acetinadas recobertas de tábuas brilhantes de madeira dourada. Em todos os cantos a luz resplandece, difundindo-se por igual em toda a enorme câmara. Coloca-se diante de um lindo painel feito de material entalhado: talvez de madeira ou pedras pintadas em tons de terra. Os entalhes se dispõem em padrão semelhante ao das mandalas e o centro do círculo atrai seu olhar como se fosse a íris de um olho imóvel.

Ninguém o dirigiu para lá nem o instalou naquele saguão. No entanto, ele sabe exatamente o que lhe cabe fazer — e sabe, sem sombra de dúvida, que naquele espaço viverá seu momento de verdade.

Não há atrasos — ali o tempo não existe. Embora nenhum som se faça ouvir no saguão, não exista nada que possa atrair seu olhar e não se observe nenhum movimento, ele sabe que o processo já começou. Alguém, algo, o está analisando minuciosamente, está revendo e avaliando os atos de sua vida; e, à medida que esse processo segue em frente, essa avaliação se desenrola também em seu íntimo. Sua história de vida está sendo projetada, mas não simplesmente sob a forma de lembranças. Ao contrário, suas ações, pensamentos, metas, intenções, motivos secretos e desejos lhe são revelados como se fossem peças de um quebra-cabeça matemático. A solução desse esquema apontará o destino que lhe caberá seguir.

Nada se move, nada muda. O suspense começou a afligi-lo ainda antes de o processo ter início; mas agora ele aguarda com calma o desfecho sobre seu destino. Quando deixar o saguão já se terá encetado a segunda fase de sua jornada — e o ponto que deverá alcançar será tão inevitável, tão imutável como a presença de uma cidadezinha ao final de uma estrada qualquer.

Não é preciso ser um erudito em religião para entender que, a despeito do caráter renovador e de boas-vindas de que se reveste o conceito de Lugar de Espera, nem tudo no pós-morte é doçura e luz. De fato, até uma criança cristã de quatro ou cinco anos, um indiano de idade semelhante, ou uma criança tibetana de três pode entender que, uma vez findo o período de descanso na fronteira, um trabalho terá que ser efetuado.

Ao sair da crisálida do mundo físico, o viajante abandona seu Lugar de Espera e passa para o estágio seguinte de sua jornada, no qual será estabelecido seu destino. Qual a rota que ele tomará? Qual será o ponto que deverá alcançar? Quais as conseqüências da vida que acaba de deixar — sofrimento ou prazer, punição ou recompensa? Em muitos sistemas, embora de forma alguma em sua totalidade, as respostas a essas indagações são determinadas por meio de um processo bem conhecido por nós, aqui no mundo dos vivos: uma deidade específica, seu representante ou até o próprio sistema, de alguma forma examinam minuciosamente, avaliam e julgam o espírito segundo os parâmetros que se estabelecem de acordo com a vida que acaba de terminar — e os destinos são então irrevogável e indiscutivelmente traçados no pós-morte.

De todos os vários aspectos das etapas do pós-morte, o julgamento é o mais difícil de ser enfrentado. Muitos indivíduos voltam-se para os conceitos do *New Age Lite* (Luz da Nova Era) na ânsia de obter segurança quanto à perspectiva de que nenhum escaninho da existência é difícil demais e nenhuma responsabilidade é demasiado pesada. No entanto, quando se começa a investigar os recantos secretos da vida, certamente nos defrontaremos com as sérias questões implícitas ao julgamento e às suas conseqüências. Só que qualquer julgamento produz desconforto: dúvidas em relação ao próprio ser, suspense, medo de punições... e aqui vai uma recomendação: este capítulo provoca medo. Entretanto, as idéias aqui desenvolvidas podem nos parecer bastante familiares. Diferentemente das questões relativas à espera, ao paraíso e ao inferno, ao renascer e ao reencontro, esta — relativa ao julgamento — representa o éter de nossas vidas. Cada um de nós é um juiz: quantas vezes, fazendo até horas extras, lá vamos nós, fixando aqui e ali nosso olhar dardejante. Às vezes, ainda, nosso senso pessoal de equanimidade mostra-se tão cuidadosamente ajustado que poucas das ações e presumíveis motivos que animam nossos familiares, vizinhos, políticos, celebridades e — muito de longe — nós mesmos, escapam de serem sopesados. Nossas avaliações talvez representem a maior parte dos momentos de silêncio que ocorrem em nossos relacionamentos. A noção de julgamento no pós-morte é escassa fonte de conforto para muitos dos que contemplam o curso de sua jornada.

DOREEN

Doreen, uma de minhas pacientes, reagiu à notícia de sua morte iminente com grande agitação. Em resumo: agarrou-se ao telefone e não o largou senão quando já não conseguia falar mais. Em vez de tentar "colocar as coisas em ordem", no sentido em que se convenciona usar esse termo, pôs-se obsessivamente a telefonar a todos os que conhecia, inclusive os do tempo de infância. Fazia questão de se desculpar por todo dano que tivesse causado a qualquer pessoa durante sua vida, fosse inadvertidamente ou por qualquer motivo.

Um sentimento de desvario cercava esses telefonemas. Não que Doreen se sentisse uma pessoa tão má assim; mas sabia que fizera milhões de desfeitas não intencionais, que proferira insultos sem querer, assim como a maioria das pessoas o fazem, sem ao menos perceber. E a certeza desses incidentes lhe trazia pesadelos: ela estava obcecada pela questão do que lhe aconteceria quando morresse, quando se apresentasse para ser julgada.

"Em meus sonhos me encontro completamente só, e tenho de responder por minha conta às perguntas de um juiz invisível", disse-me. "E todo o sofrimento que causei, todos os pensamentos nada genéroios que tive em relação aos outros, voltam à minha consciência quando eu me apresento ali. Sinto-me miserável e apavorada."

A alegria que ela proporcionou, o amor e a generosidade com que criara seus filhos — nada disso contava para ela. Concentrava-se apenas no sofrimento e na possibilidade (que lhe era insuportável) de ser julgada como uma pessoa má e ser para sempre condenada ao inferno.

Telefonou e telefonou até sua morte. Muitas das pessoas que redescobriu mal se recordavam dela, muito menos das "faltas" que poderia ter cometido contra elas. Mas Doreen persistiu e o que fez teve sentido. Porque ela sempre se analisara minuciosamente, sempre se julgara nos mínimos detalhes. Por mais triste que tudo isto se tenha mostrado, não é de surpreender que seu diagnóstico terminal a fizesse concentrar-se, com medo e aflição, na fase de julgamento de sua jornada do pós-morte e, antecipadamente, fizesse tudo o que podia para ficar quite consigo mesma e assim, "purificar-se".

Doreen não se mostrou diferente dos demais por concentrar seus temores no exame minucioso que sofreria após sua morte. Muitos de nós conhecemos pessoas que, à beira da morte, repentinamente começam a dar demonstrações de remorso pela vida que conduziram. Um dos exemplos mais dramáticos e explícitos relativos a esse tema nos vem da arena política — onde se destacam a crueldade, o absurdo e o esforço envidados no sentido de arruinarem-se uns aos outros. Como foi patético ver Lee Atwater — dirigente do comitê nacional do Partido Republicano no governo do presidente Bush e conhecido pelos ataques ferinos que dirigia às figuras públicas que levantavam obstáculos às metas políticas de seu presidente —, após receber um diagnóstico definitivo de câncer no cérebro, vir a público desculpar-se e dizer que sentia muito pelo que fizera! Será que o que motivou seu remorso foi o temor de deixar atrás de si uma imagem maculada — ou o medo do julgamento que enfrentaria *após* sua morte que, subitamente, se agigantou diante dele lançando uma nova luz sobre como comportar-se num mundo ao qual, de forma tão irrestrita, ele se curvou?

A maior parte dos indivíduos se mostra profundamente preocupada em relação à maneira pela qual será lembrada; como Doreen, quando se vêem diante da morte têm, com freqüência, grandes preocupações em se voltar para os antigos relacionamentos e se desobrigarem graciosamente dos débitos que assumiram. Mas a potencial iminência do julgamento *após* a morte pode ser igualmente — se não mais — perturbadora para a pessoa que se tenha empenhado em praticar o bem e que espera colher os justos frutos por isso. Não existem pontos críticos mais pesados e mais cheios de significado em nenhum dos sistemas relativos ao pós-morte por mim estudados do que aqueles que se apresentam no Estágio II, quando o espírito é profundamente analisado e julgado segundo a forma como viveu — embora, no mais das vezes, não esteja claro *quem* ou *o que*, exatamente, faz essa análise ou julgamento. A esta etapa da jornada, duas perguntas definitivas são levantadas, questões essas cujas respostas se mostrarão tão inexoráveis quanto irrevogáveis:

- Não apenas: "Será que vou pender para o lado das recompensas, prazeres e bênçãos, ou para o lado das punições, condenação, isolamento e sacrifício?".
- Mas também: "Qual foi o sentido e o propósito da existência que estou prestes a deixar? Terei eu sido a causa do meu sofrimento e dos demais? Terei vivido uma existência cheia de conquistas

vazias? Será que meus esforços valeram-me algo positivo, algo que me permitirá colher resultados positivos? Em suma, será que terei vivido uma existência que, de alguma maneira, terá contribuído de forma positiva para uma realidade mais ampla?

OS MÉTODOS DE JULGAMENTO

Tal como ocorre em relação aos Lugares de Espera, são apenas os sistemas de pós-morte mais "orientados para metas", atualmente existentes, que colocam a pessoa numa encruzilhada e afirmam que seu futuro destino estará fundamentado em sua vida passada. Outros sistemas acreditam na passagem suave, natural, de um mundo a outro, e, em certos casos, essa passagem contará com uma pequena e amigável colaboração entre vivos e mortos.

Vêm-me à mente duas obras de arte que ressaltam o contraste existente entre os sistemas orientados para o julgamento e os não orientados. Um desses trabalhos, *Lord of Six Conditions of Rebirth* [*Senhor das Seis Condições do Renascimento*], mantido no Museu Qumet, de Paris, é uma cena budista que retrata o Julgamento Divino, teia estonteante de cores, figuras e imagens: várias pontes se unem sobre um pequeno lago, ligando suas regiões superior e inferior. Acima do lago paira o Buda Supremo, cercado por uma fileira de seres radiantes, que nos fascinam. Abaixo, ocupando um trono, se vê o Bodhisattwa Ksitigarba, deidade budista cuja tarefa é a de interceder junto aos Juízes do Inferno. Ao seu redor flutuam seis figuras em escarvas que representam as "Seis Condições do Renascimento". Essa pintura apresenta um oceano de movimentos e de complexo simbolismo, que reflete a complexidade e significância do julgamento no pós-morte budista.

Comparem a descrição feita desta obra com a bela gravura esquimó, em estêncil sobre pedra, que tem como título *The Dying Man Becomes a Wolf* [*O Homem À Beira da Morte se Transforma em Lobo*] da Winnipeg Art Gallery. Nesta, uma menina esquimó auxilia a passagem de seu pai para o outro mundo cantando uma canção mágica com seu mágico alento. É por meio da ajuda que recebe da filha que a figura paterna penetrará no corpo de um lobo e, por toda a eternidade, caçará renas no além. O pai atravessa para o outro mundo e, sem que se veja obrigado a prestar contas nem enfrentar nenhuma encruzilhada, se vai.

Entre os sistemas que se apoiam no julgamento, observam-se quatro tipos, dos quais alguns possuem juízes já definidos e outros, não. A esses quatro tipos conferi títulos que refletem a metodologia básica que permite distingui-los uns dos outros. Esses quatro métodos de julgamento são encontrados na maior parte dos sistemas de pós-morte. Embora alguns dentre eles não apresentem nenhuma forma de julgamento e outros se utilizem de mais de uma, quando nos couber deixar o Lugar de Espera com toda a probabilidade nos veremos diante de um deles: seja o Método de Registro Contábil, o Cármico, o de Evolução e/ou o do Desafio.

Método de Registro Contábil

Este método assemelha-se ao de um balanço contábil: as unidades quantificáveis do bem praticado — boas obras, bons pensamentos, boas atitudes, boas crenças (recursos arrecadados) — são somados e pesados em relação aos pecados ali quantificados (cheques emitidos). Quando um espírito se apresenta "no azul" (em alguns ramos do cristianismo significa que as ações e comportamento do indivíduo refletem sua crença em que Cristo é Filho de Deus) então a meta, a união final com Deus no Paraíso, lhe estará assegurada. Se o balanço se mostra "no vermelho" (a somatória quantificável de pecados não alcançou índices compatíveis com a crença, boas obras praticadas etc.) o indivíduo julgado será condenado ao inferno.

Os antigos egípcios acreditavam neste tipo de julgamento pós-morte. Segundo eles, o espírito deveria se utilizar de fórmulas mágicas — algumas aprendidas em vida, outras escritas em forma de lembretes, que eram pintadas sobre as paredes internas da tumba ou das pirâmides, para que pudessem passar de um estágio a outro de sua jornada. Por fim a alma alcançava o local, o Palácio do Duplo Direito e Verdade, onde seu valor seria julgado. Dirigia-se então a um comitê formado por 42 deuses que desempenhavam as funções de juízes, e confessava seus pecados: "Pratiquei o mal, menti, roubei usando de violência e causei sofrimento".[1] Então o peso do coração — para os egípcios a sede da consciência e o símbolo da alma — era comparado ao peso de uma pena. Se a balança permanecesse imóvel, a alma seguia em direção às delícias do paraíso. Se não, o Registro Contábil não admitia réplicas: seu destino era o inferno.

No caixão há uma porta falsa, que permite a saída do morto. Vê-se aí também a gravura de uma mesa guarnecida de oferendas, que lhe proverá o sustento; um mapa e a descrição do Campo de Hetep, versão egípcia do paraíso; e uma lista das partes que compõem os navios, informação útil para o morto, que deverá unir-se ao Deus Sol e dirigir sua barca celeste pelo espaço infinito.

Outro plano, ou mapa, é pintado na superfície interna da parte inferior da maioria dos esquifes: ali se vê um riacho azul cercado de montes, que representam o céu diurno, e uma rota aberta sobre terra negra e cercada de água, que representa o céu noturno. Esse mapa, juntamente com o documento conhecido como Livro dos Dois Caminhos, tem a finalidade de identificar certos demônios pouco conhecidos e certos termos bastante conhecidos, de locais que se encontram no pós-morte. Esse livro, na verdade, é duplo: em uma de suas partes há um guia geográfico sobre as paragens do espaço além; na outra, determinadas fórmulas mágicas são apresentadas em detalhes. Se o morto souber as palavras mágicas referentes ao primeiro estágio, transformar-se-á em uma estrela do céu e permanecerá junto ao deus da Lua, Thot. Se souber as referentes ao estágio seguinte reunir-se-á a Osíris em sua mansão. E se souber todas as palavras mágicas juntar-se-á a Ra em sua barca celeste.

Adaptado de Mircea Eliade, ed.: *The Encyclopedia of Religion*, vol. 5
(Nova York: MacMillan, 1987) p. 41.

Em certa passagem do folclore judaico (embora o judaísmo não apresente um pós-morte como tal, e esteja mais concentrado na vida do que naquilo que vem após), observa-se que existem dois anjos que acompanham cada indivíduo durante toda a sua vida. Um, que fica junto ao seu ombro direito, registra suas boas ações; outro, à sua esquerda, registra seus pecados. No dia do julgamento, após a morte, um terceiro anjo — "ente que se parece com o sol" — apresenta-se para recolher em suas mãos os registros feitos pelos outros anjos, com a finalidade de pesar as ações justas em relação às pecaminosas. "No dia do grande julgamento, todos os *pesos*, todas as *medidas* e todas as *balanças* serão expostas, como acontece num mercado; cada um deverá reconhecer sua *medida* e, de acordo com ela, cada qual receberá sua recompensa" (grifos nossos).[2]

Assim como em qualquer mercado, o destino dos homens é visto como um livro de registros.

Essa dupla de anjos judeus tem muito em comum com os seres apontados por um de nossos pesquisadores seniores indianos. "As coisas, no outro mundo, encontram-se fora de nosso controle", diz esse participante de nosso trabalho, um Mahapatra que, às margens do Ganges, cuida dos corpos das pessoas falecidas. "O que você fará e o que lhe acontecerá são conseqüências determinadas por suas ações neste mundo. Enquanto se vive na terra, contamos com dois *shravanas* (seres sobrenaturais) que ficam, cada um, sobre um de nossos ombros; todas as noites, enquanto dormimos, esses seres se dirigem a Yamaloka para prestar conta junto a Chirragupra, responsável pelo 'livro de registros', das ações que realizamos durante o dia; nesse livro, Chirragupra faz suas devidas anotações. E isto se converterá na base daquilo que se receberá: prazeres ou sofrimento."

É na tradição cristã — e, mais especificamente, por intermédio de seu rico e bem desenvolvido universo artístico — que a recompensa e o castigo resultantes do Método de Registro Contábil adquirem a forma e a substância que lhes conferem um tão grande peso até os dias atuais. Contamos com séculos de pinturas que representam o paraíso e o inferno; mas nenhuma delas se aproxima do detalhismo atingido pelo maior dos poetas cristãos: Dante Alighieri, o homem que concebeu a crônica do pós-morte cristão.

Os meios usados para a concretização do castigo — em sua maior parte carregados de um poder de grafismo, tortuosos, com freqüência irônicos — que são descritos por Dante mostram a versão mais simples do Método de Registro Contábil. Se uma alma se apresenta ali "no vermelho", Minos, um homem-animal desgrenhado, furioso, atua com prazer cumprindo a decisão do juiz. Guardador do portão, é representado sob a forma de um monstro dotado de um terrível rabo, que seu dono faz aproximar-se vagarosamente do pecador, para com ele envolver seu corpo e sufocá-lo. A qual dos círculos estará destinada essa pobre alma? O número de voltas que aquela cauda dá em torno ao corpo do penitente será o número do círculo para o qual sua alma está fadada. Tendo completado seus cálculos e todos os círculos, Minos levanta e arremessa o infeliz para os reinos inferiores, por toda a eternidade.

Segundo o Método de Registro Contábil, uma vez completado o julgamento já não há mais lugar para nenhuma argumentação, nenhuma explicação. Ele é instantâneo, vai direto ao ponto e os cálculos de que se utiliza são frios. Ainda assim, como o romancista vitoriano Anthony Trollope diz ter afirmado um seu amigo clérigo: "Sem a certeza do castigo final do inferno, para os que têm sucesso mas são maus, a vida na terra seria insuportável".[3] A terrível matemática inerente ao Método de Registro Contábil refere-se a essa necessidade humana de justiça final. É interessante notar que a eternidade nem sempre reivindica o pecador indefinidamente. Como se fosse um saque bancário a descoberto, sob certas circunstâncias existem soluções. Na descrição que Dante faz do Purgatório, e diferentemente da visão que esse poeta nos mostra do Inferno, a alma tem oportunidade de executar nessa esfera um paciente trabalho de expiação. Nesse plano há mais luz, mais esperança do que no Inferno. Em certos casos, o espírito pode alçar-se acima do "ar de loucura" do inferno e, atravessando os nove níveis do Purgatório, ascender ao Paraíso. Quando isso acontece, todas as almas do purgatório se rejubilam e cantam hinos pela libertação da alma redimida.

MÉTODO CÁRMICO

As pessoas que vivem na Califórnia ouvem muito pronunciar-se a palavra *carma*. "Nossa! Você deve ter herdado um carma verdadeiramente espantoso!". "Gente, o que será que você fez na outra vida para ter um carma de saúde tão terrível?". Talvez, nesse estilo superficial de divulgação, esse conceito esteja sendo tratado de maneira um tanto simplista. Mas sua complexidade e sutileza, tal como são expressas em sua forma mais plena nas religiões hindu e budista, não chegam sequer a ser mencionadas. Enquanto o Método de Registro Contábil mostra-se como um mero referencial que obedece ao modelo de um talonário de cheques ou de uma calculadora, o Método Cármico representa a manipulação computadorizada de detalhes quase que infinitamente inter-relacionados. De quantos pensamentos, ações e intenções é feita a vida? Não há cálculos suficientes que possibilitem esta resposta. Se se considerarem as inter-relações passíveis de ocorrência entre miríades de variáveis se poderá começar — apenas começar — a pressentir a complexa teia de entrelaçamentos determinante do Método Cármico de julgamento.

Esse método diz respeito à soma total de todas as possibilidades do empenho humano e às conseqüências éticas que essa somatória acarreta — e isto resulta num único julgamento singular quanto à natureza da vida futura. Retornaremos à vida em circunstâncias subdimensionadas (na forma de um camelo, quem sabe, ou de um cão) como castigo pelo carma que acumulamos? Ou nosso julgamento nos trará recompensas, que nos virão sob a forma de uma vida mais elevada da que acabamos de deixar: a de um respeitado erudito, a de um professor ou, talvez, a de um governante? Ou, na melhor das hipóteses, será que poderemos atingir a mais doce e mais ansiada de todas as metas — a de escaparmos à Roda da Vida extenuante, exigente, que drena nossas energias — e alcançar um dos níveis do Nirvana, o estado de paz inefável que se situa *além* de todos os paraísos, o estado em que a alma se vê liberta do universo regido pelo tempo e espaço? O Nirvana é um estado de liberação, de liberdade espiritual, de saúde verdadeira e de imersão — integração — com a consciência cósmica.

Em um dia de verão na cidade sagrada de Varanasi, na Índia, para onde os peregrinos indianos levam seus mortos a fim de que estes possam entrar no reino do pós-morte, Edmundo e eu nos sentamos, apoiados a uma parede, em companhia do Mahapatra que entrevistávamos, à sombra de um edifício poeirento às margens do Ganges. Ao redor de nós redemoinhava a vida, em seu incessante borbulhar — mais especificamente, a vida dedicada aos cuidados para com os corpos dos mortos, uma vez que os cadáveres e suas partes passavam em desfile diante de nós em direção aos locais onde são feitas as cremações. Em meio a essa cacofonia de vida e morte, pedi a nosso companheiro que nos explicasse o que era o carma.

"Ah, mas por Deus! O carma é a raiz de *tudo*", disse ele, aparentando demorar-se a imaginar por onde começar. "Vou contar-lhes uma história", decidiu-se, esticando suas longas pernas magras.

"Um homem morreu em decorrência da mordida de uma serpente", começou o Mahapatra; "a Serpente foi levada ao tribunal e lhe perguntaram por que havia mordido o homem. 'Assim me ordenou a Morte', respondeu ela. De forma que a Morte foi levada também ao registro do tribunal. 'Por que você disse à Serpente que mordesse o homem?' 'O Tempo me mandou que o fizesse', respondeu a Morte. O Tempo foi chamado à Corte: 'O Carma do homem me fez sinal para vir', respondeu o Tempo. O Carma, por sua vez, falou: 'Foi a Alma do homem que chamou a Morte'. Mas a Alma que habitava o interior do homem contou que haviam sido a Mente e a Inteligência dele que a haviam forçado a chamar pela Morte. A Mente e a Inteligência alegaram que fora algo que o homem comera que as havia levado a falar. Mas o Alimento culpou o Meio de Vida — se o homem trabalhasse em alguma outra profissão, disse o Alimento, nunca teria comido o que comera.

"A moral dessa história? Ah, o sentido do conto?", perguntou ele, arreganhando os dentes. "A moral é que não devemos procurar prover nosso sustento por meio de uma forma de ganho inaceitável, que nos levará a ingerir uma comida envenenada, porque o alimento envenenado corrompe a mente que, por sua vez, perturba a alma e assim por diante, por aí afora. Nada acontece por acaso nem sem uma ligação — e não há nada na vida de uma pessoa que não tenha seu reflexo em sua existência seguinte. E, veja, esta é uma versão resumida da história — ela poderia se estender ainda muito mais. Cada coisa, e todas as coisas, estão interligadas a tudo, cada coisa modifica as demais, cada coisa permite que se chegue a um novo entendimento em relação às demais. Para que uma pessoa tenha uma boa vida futura deve ser muito, muito cuidadosa o tempo todo."

O quanto de cuidado nos cabe manter nos é apresentado pelo método altamente sensível de julgamento, o carma, que se encontra fora do poder dos deuses. Considere-se outra fábula hindu:

Um dia, quando os deuses se entregavam ao ócio, um jovem deus arrogante desafiou o conceito do carma, classificando-o de cruel, e afirmando que seus julgamentos eram irrevogáveis e demasiado inflexíveis.

"Ah, o carma? Está fora de nosso controle... ", responderam os deuses mais velhos.

"Mas vocês são deuses!", retrucou o mais novo. "Não há dúvida de que poderiam intervir."

"Permita-nos demonstrar-lhe o que queremos dizer. Observe", ordenaram os deuses. Perscrutaram a Terra e viram um mendigo caminhando penosamente por um caminho aberto na floresta. Carregava todos os pertences que possuía no mundo em um saco que trazia às costas, e seu corpo estava arcado e alquebrado pela vida. "Agora, olhe!", gritaram os deuses; e, no caminho por onde avançava o mendigo, os deuses lá de cima atiraram um saco muito grande, mas leve, cheio de ouro. O mendigo, porém, não deu atenção ao saco; passou por ele e continuou sua difícil caminhada.

"Continue olhando!", gritaram mais uma vez os deuses; e pegaram novamente o saco e tornaram a jogá-lo para baixo, desta vez atingindo com ele as costas do mendigo. E este continuou a andar, despercebido de tudo.

A história não pára; os deuses continuam arremessando o mesmo saco, primeiro entre os pés do mendigo, depois sobre sua cabeça, em seguida sob a árvore onde ele faria uma parada para descansar. Mas continuamente ele se mantém desatento, deixando que seu carma, o destino que lhe fora determinado por seu passado, efetivasse sua existência.

O método de julgamento de Registro Contábil traz em seu bojo a convicção de que, durante a vida, as pessoas podem alterar seus destinos se adquirem mais créditos. E, ao menos em teoria, esses ganhos propiciam alegria aos caminhantes — provas disso são os hinos e aleluias que se levantam do Purgatório de Dante quando um pecador consegue escapar dele. A assoberbante complexidade do Método Cármico, no entanto, carreia um tipo de neutralidade fatalista — nada nos impede de *tentar* progredir para alcançar uma vida melhor, da próxima vez; como também é possível que a reação mais apropriada a essa forma de julgamento seja uma indiscutível aceitação de nosso destino, diante do imutável computador que rege o universo.

MÉTODO DE EVOLUÇÃO

Naquele que denomino como Método de Evolução, o universo é visto como em constante evolução e nossas vidas são avaliadas de acordo com o que temos contribuído para o progresso de todos. De acordo com esse método, tanto no que diz respeito à vida como no que concerne à morte cada um de nós deve aspirar a um duplo objetivo: evoluir como indivíduo e, de alguma forma, contribuir com alguma coisa para com o universo.

Essa grande idéia — a da colaboração individual do ser humano às forças que regem uma realidade maior — assume várias formas. É a força propulsora que rege a religião Baha'i, que considera o progresso espiritual não apenas como objetivo a ser atingido por meio da vida humana, mas como a fonte possível de felicidade tanto antes quanto após a morte. Para os adeptos do Baha'i o julgamento, como tal, resulta do próprio comprometimento interior da alma com os passos que se fazem necessários para a evolução espiritual em direção a Deus. Neste contexto, recompensa e castigo estão indissoluvelmente ligados a uma única meta: os que sistematicamente se empenham e se encaminham para uma maior proximidade a Deus experimentam o repouso da plenitude; os que se distanciam da meta espiritual atraem para si uma sentença isenta de alegria.

Uma expressão mais oculta do modelo de Evolução se observa na Teosofia, movimento de caráter universal desenvolvido por volta de 1800 pela controversa figura da visionária madame Blavatsky. Segundo essa tradição espiritual, o espírito também é eterno; mas, aqui, ele ascende aos patamares do ser, por meio de uma série de reencarnações, até alcançar o *status* do ser perfeito. Os espíritos em ascensão são auxiliados em seu progresso pelos chamados Mestres, que os precederam nessa caminhada.

Tanto para o Baha'i como para a Teosofia não existem juízes externos. Ao contrário, cada um é seu próprio juiz. Mais especificamente, o ser que deixou de viver na Terra avalia — uma vez que tenha alcançado, descansado e sofrido sua transformação no Summerland, por exemplo — não tanto suas ações, mas as intenções que se ocultam por trás delas, e o grau segundo o qual essas intenções se colocaram ou não em harmonia com a direção seguida pela evolução da consciência universal. Neste método não se observa a presença de açoites, caudas que estrangulam, anjos que permanecem nas proximidades dos seres, medindo cada pensamento ou cada ação que praticam. Ao contrário, o próprio espírito medita sobre a vida que levou como se esta se desenrolasse diante dele em uma tela — mas essa contemplação não é um mero conjunto de observações, pelas quais se chegará a um julgamento. Nós *vivenciamos* os resultados que cada um de nossos pensamentos ou ações causou em relação aos demais.

Essa auto-avaliação, que se segue a cada morte, pode ser dolorosíssima. Vivenciamos não apenas a lembrança, mas todos os sofrimentos que causamos; sentimos nosso coração partir-se diante de nosso próprio egoísmo; percebemos, sem nenhuma forma de racionalização, a indiferença que sentimos em relação aos outros; e vemos, reconhecemos e sentimos, sem esmorecer, por meio da empatia, o terror e caos que podemos ter criado para os outros em nossa caminhada pela vida. Nesse processo revivemos nossas vidas em palpável identificação e empatia com aqueles a quem causamos mal. Nos vemos face a face com nossas intenções mais profundas — nossas motivações recônditas, nossas razões secretas para agirmos da maneira como o fizemos. Os mestres, ou grandes professores, tornam-nos visíveis essas intenções e as vemos, assim, reveladas como se contemplássemos uma imensa tela de cinema. Dessa forma, é possível de que nos observemos atuando com compaixão, mas sem deixar de nos certificar que os outros possam ver que somos pessoas compassivas. Ou que nos vejamos criando nossos filhos para serem felizes — mas com o único propósito de criar reflexos, estes cheios de orgulho, de nós mesmos, os pais "ideais".

A princípio, o Método de Evolução pode indicar um sistema de avaliação mais benigno, mais brando e menos objetivo do que o duro Método de Registro Contábil ou o computadorizado do carma. Trata-se, porém, de um método de julgamento implacável, que demanda que os espíritos dos mortos voltem o olhar para si mesmos sem contar, para tanto, com qualquer espécie de amparo. Por causa disso, somos obrigados a mais uma vez voltar nosso olhar a nós mesmos para ver-nos como almas despidas, manchadas e oprimidas pelas conseqüências de nossas intenções e motivações egoístas, que sabemos ser tão profundamente humanas.

Segundo a concepção de pós-morte do Baha'i, portanto, o espírito deve se defrontar com uma visão nua e crua de sua existência passada; contudo, nem por isso nessa abordagem deixa de estar presente a alegria pelo fato de que este, finalmente, poderá então encontrar seu rumo no seio da corrente evolutiva que o levará a Deus. No que se refere à Teosofia, depois de nos desnudarmos e contemplarmos a verdade nos veremos no Paraíso Primeiro onde, tendo completado a dolorosa tarefa de enfrentarmos o mal que existe dentro de nós, estaremos livres para viver como almas, em beleza e amor. No aprazível Paraíso Primeiro, Beard nos oferece uma pintura particularmente detalhada do pós-morte; esse quadro assemelha-se a uma universidade utópica, dotada de arquitetura nobre e abençoada pelo mais brando dos climas, onde nossos espíritos retomam sua evolução. Lá, entre muitas outras coisas, aprendemos a entrar e reentrar na dimensão do tempo, para nos comunicar com os que ficaram na Terra e enviar mensagens telepáticas aos vivos, por meio de seus sonhos. Para os que ainda vivem na Terra, as comunicações dos entes queridos mortos manifestam-se por meio de soluções sensatas, intuições profundas e pelo sentimento que contam com uma proteção; estes fatores, por sua vez, estimulam os entes queridos a alcançar o caminho das puras intenções.

No Paraíso Primeiro, primeira dentre as várias etapas que se seguem a Summerland, o fato de servir como guia aos vivos é uma oportunidade oferecida aos espíritos para que expiem as más intenções que identificaram em seu período de dolorosa e profunda auto-análise. Dessa forma, o julgamento que os espíritos realizam em relação a si mesmos pouco a pouco perde suas características de negatividade e de dor para se transformar em contribuições positivas à totalidade da evolução universal.

Método do Desafio

O sistema presente no budismo tibetano é único no mundo, tanto em escala como em grandeza. Todos os demais métodos perdem a cor, diante do rico e evocativo imaginário do pós-morte no budismo tibetano e ao juízo final a que o espírito deve se submeter, nesse sistema. Chamo-o de Método de Desafio de julgamento, porque consiste de uma série de fatos que parecem ter sido brilhantemente desenvolvidos para fazer com que o espírito perca seu rumo. Falhar, nesse método, pode implicar reencarnações em condições de inferioridade; somente contínuos sucessos, diante de desafios que se mostram cada vez mais apavorantes, podem ser premiados com a derradeira meta: escapar da Roda da Vida para viver em um dos muitos estados celestiais que recebe o nome de Nirvana.

No sistema evolutivo que marca o pós-morte no budismo tibetano, o espírito atua tanto no sentido cármico como evolutivo (ver quadro). Começa por se defrontar com uma série de desafios já nos primeiros quatro dias que se seguem à sua morte: trata-se aí do Lugar de Espera, pré-designado pelo sistema tibetano, para que a alma tenha oportunidade de se desvencilhar do corpo que até então ocupava. Embora o julgamento final seja influenciado tanto pela existência vivida pelo espírito como pelo estado apresentado por sua mente ao momento da morte, o aspecto mais poderoso que irá determinar o destino desse viajante será a forma pela qual ele vai lidar com os desafios que encontrar pela frente. A série consiste de 49 situações que compõem o que tenho definido como pós-morte mas que, entre os budistas tibetanos, é denominado como estado Bardo, fase intermediária entre as encarnações.

Dharmaraja, Juiz da Morte

Segundo uma das concepções do budismo tibetano referentes ao momento do julgamento, cabe a Dharmaraja presidir as almas dos mortos, admitindo-as em seu palácio infernal. Como convém a alguém que tem poder de decisão, essa deidade é representada sob a forma de um ser masculino imenso e vermelho que traz em sua mão direita uma espada e, na esquerda, o "espelho da justiça". Senta-se em seu trono e repousa os pés sobre uma flor de lótus; à sua frente colocam-se os gênios — brancos e negros, todos nascidos simultaneamente — que retiram de sacos as pedras brancas e negras que simbolizam as ações dos que deverão ser julgados e as empilham em colunas separadas. Completando o cenário observa-se um escriba que tem a cabeça em forma de animal e a quem compete registrar o julgamento, enquanto as almas desfilam diante desse tribunal. À medida que vão se apresentando para serem julgados, as pedras correspondentes às suas ações são comparadas a um peso de ferro. Os que forem considerados maus serão sentenciados a diversas formas de torturas infernais: terão de enfrentar lugares onde ardem fogueiras, lugares onde o frio congela, ou florestas de árvores ameaçadoras, providas de espadas em lugar de folhas. Mas um caminho maravilhoso conduz para longe do palácio aqueles que atingiram a libertação: ao longo desse caminho, eles se acercam do paraíso, situado no oriente.

O desafio, em si, consiste de imagens perdidas no tempo, que os professores de budismo e os eruditos traduzem como manifestações da própria psique (muito) humana. Em outras palavras, por mais estranhas e aterradoras que possam parecer as imagens de que se revestem esses desafios, elas não provêem senão de nós mesmos. Mais evocadas que criadas, essas formas detalhadas são representações de nossa própria cobiça, lascívia, ignorância, desejo, orgulho, inveja ou ódio. Seguindo-se umas às outras para se apresentarem, como em uma parada, diante de nós, podemos visualizar o horror que inspiram, ameaçador e perturbador. Eis uma pequena amostra de alguns desses desafios tal como nos são descritos no *Livro Tibetano dos Mortos* traduzido para o inglês e comentado por Francesca Fremantle e Chogyan Trungpa:

- O primeiro desafio deve ocorrer em um dia de temperatura amena: a qualidade da visão tem a natureza efêmera do ar ou do vento. Amoghasiddi — manifestação do Buda em uma de suas múltiplas formas — aparece, nessa imagem em particular, associada à ação, à plenitude e à eficiência. Nada se pode antepor a seu caminho: é energia irreprimível e destrutiva, associada ao reino governado pelos deuses da inveja. O espírito que se defronta com Amoghasiddi se verá sob uma forte pressão para não recuar, não obstante estar intimidado e confuso.[4]
- A luz verde do mundo animal, que simboliza a ignorância, aparece no sétimo evento. Cinco Herukas, cada qual apresentando três cabeças e seis braços, representam a característica ultrajante e exuberante da energia que não admite desafios. E um segundo tipo de energia irada aparece, dançando sobre um cadáver para extinguir o pensamento...[5]
- O oitavo evento constitui-se no encontro de uma deidade colérica, que mitiga sua sede com sangue, de cor marron e dotada de três cabeças, seis mãos e quatro patas, firmemente postadas; a face direita é branca, a esquerda, vermelha, e a do centro, marrom-escuro; o corpo emite flamas radiantes; os nove olhos se mostram esbugalhados em aterrorizante mirar; as sobrancelhas tremulam como lanternas; os dentes, protuberantes, faíscam e se chocam uns contra os outros. O monstro dá vazão a sonoras expressões vocais em forma de "a-lá-lá" e "há-há", que se fazem acompanhar de agudos sons em assobio. O cabelo, de um vermelho amarelado, tem as pontas eriçadas que emitem radiâncias e as cabeças são adornadas com crânios humanos ressecados que se juntam aos símbolos do Sol e da Lua. Serpentes negras, com cabeças humanas, formam a guirlanda que enfeita seu corpo..."[6]

Como demonstram esses exemplos, os detalhes, o colorido e a vitalidade que se observam no pós-morte tibetano são quase esmagadores. Cada um dos 49 desses estágios de encontros dramáticos, cheios de cores e muitíssimo energéticos, se apresentam ao viajante como um teste e também como um desafio. Qual a reação correta a ser adotada diante dos consecutivos aparecimentos de monstros, cada um mais incisivamente ameaçador do que o outro? O que deve fazer o espírito para ser julgado como bem-sucedido em suas negociações com eventos que são, cada qual, mais desconcertantes do que os outros? A resposta encontra-se nestas cinco linhas, extraídas do Livro tibeteano dos mortos citadas por Sogyal Rinpoche em seu *O Livro Tibetano da Vida e da Morte*:

> *Agora que o Bardo dos que estão à morte alvorece sobre mim,*
> *Abandono toda forma de domínio, desejo e apego.*
> *Entro, livre de perturbações, na clara consciência do aprendizado*
> *E projeto minha consciência no espaço do não-nascido Rigpa*
> *[prístina consciência]*
> *Eu o reconhecerei como ilusão transitória.*[7]

"Eu o reconhecerei como ilusão transitória." Simples, mas difícil. Se, em resposta aos 49 eventos que se apresentam no estado do Bardo, o viajante estender a mão, hesitar, gritar, esbravejar, se esquivar ou se retrair com medo; se, a despeito do caráter intensamente pessoal do evento, o viajante acreditar, mesmo que ligeiramente, que o monstro ameaçador tem caráter de realidade — falhará no teste e sofrerá um julgamento extremamente duro. Pessoal como possa parecer cada encontro; cativante ainda, ou dramático, excitante e aterrorizante como possa se mostrar: tudo é ilusão. Esta é a verdade.

"Eu o reconhecerei como ilusão transitória", a frase nos diz não apenas *o que* perceber em nome da verdade — tudo é ilusório — mas também *como* percebê-lo: permanecendo imperturbável. Em essência, os 49 eventos *nada* são senão distrações da mente em relação à verdade fundamental, de que tudo é ilusão. Para que possamos reter uma percepção constante dessa verdade, seja diante do que for, nós, seres humanos eminentemente dispersivos, devemos nos exercitar, exercitar, exercitar para nos mantermos focalizados na verdade e imunes ao que dela nos desvia.

E como será isso possível? Por intermédio da reflexão séria e constante, ou seja, em uma palavra: meditação.

A meditação faz parte da essência da prática budista em vida, mas seu valor estende-se também ao plano do pós-morte. É ela o meio pelo qual o viajante se prepara para se portar com serena compreensão quando chegar sua vez de enfrentar os 49 encontros que se darão no Bardo.

Essa única continuidade de propósito, que deve ser mantida também quando se atravessam as fronteiras da morte, se faz refletir na prática da leitura do *Livro Tibetano dos Mortos* tanto para os agonizantes como para os que faleceram, durante os 49 dias seguintes ao de sua morte.

O objetivo da leitura dessa obra é o de lembrar aos viajantes que tudo é ilusão, dar-lhes firmeza para que não se distraiam, e propiciar-lhes o tom de voz baixo e contínuo que lhes tornará mais fácil entrar em meditação. Entre todos os exemplos de colaboração que se estabelecem entre vivos e mortos este é um dos mais intensos e, talvez, um dos mais benéficos tanto para os viajantes como para os vivos. À medida que se prossegue com a leitura, fazendo com que o viajante se recorde do caráter ilusório da realidade, aquele que se encarrega da leitura tem a oportunidade de reforçar sua compreensão quanto a esse aspecto, e o valor da "meditação séria e constante".

MEIOS DE JULGAMENTO

Em muitos sistemas e culturas, a jornada que o espírito empreende em direção a seu destino mostra-se incisivamente plena de suspense, podendo mesmo vir a tornar-se horrível — tão horrível para os condenados à danação quanto é cheia de bênçãos para os que foram aquinhoados com o paraíso. Eu aprecio muito as imagens que simbolizam o caminhar que se segue ao momento da verdade: são muito freqüentes, na literatura relativa ao pós-morte, a presença de pontes ou escadarias.

As pontes possuem um valor simbólico profundo em muitos dos sistemas atuais. No estudo de Jung sobre os sonhos elas podem se mostrar como ferramentas de transformação, enquanto na mitologia grega eram sinal de que poderiam ser ultrapassadas as dificuldades de caráter espiritual, emocional ou físico. Nos sistemas do pós-morte as pontes se observavam, numerosas vezes, como meios de locomoção dos espíritos — podendo ser não apenas uma transição mas, em si e *per si*, a determinação da natureza de nosso destino.

Os sulawesi, povo da Indonésia, possuem um sistema complexo de pontes que se espalham ao longo de uma jornada extensa e cheia de dificuldades — mas, como nos relata um pesquisador sênior, "um búfalo muito forte ajuda as almas a atravessá-la". Os que morrem, no seio desse povo, devem cruzar o Salu Bombo, ou Rio das Almas, que é cortado por cinco vãos em arco, cada um destinado a uma diferente classe de almas: existe uma ponte dourada para os aristocratas e uma construída de folhas de palmeira para os escravos, além de uma feita de caniços para os que vão ao encontro da morte por meios não naturais.

A Ponte do Separador

No que diz respeito ao julgamento zoroastriano da morte, as almas atravessam a Ponte do Separador. Para os maus, a ponte se apresenta cheia de arestas pontiagudas, impossível de ser atravessada. Assombrados pelas lembranças das más ações que cometeram em vida, quando tentam cruzá-la perdem o equilíbrio e caem no abismo do Inferno.

Quando os justos a atravessam, porém, essa mesma ponte mostra-se plana e agradável, perfeitamente cômoda. Eles passam por ela sem impedimentos e deslizam com facilidade para o Paraíso.

No Islamismo vemos a Ponte Sirat, que se estende por sobre o Inferno e vai até o Paraíso. É mais fina do que um fio de cabelo e mais afiada do que uma espada. Nessa religião, o julgamento (que se concretiza pelo Método de Registro Contábil, pelos contrapesos apresentados no Livro das Ações) ocorre de imediato, em meio ao caminho que separa o Céu do Inferno e sobre a própria ponte, a qual foi atravessada pela primeira vez pelo profeta Mohammed. É como se a ponte fosse o juiz. Os espíritos dos justos simplesmente caminham naturalmente sobre seu piso sem nenhuma dificuldade, mas os pecadores são obrigados a rastejar sobre ela, arrastando sua culpa — e, inevitavelmente, caem nas chamas do Inferno que saltam sob a ponte.[8]

A Ponte Sirat assemelha-se de modo notável àquela denominada Chinvat, da religião de Zoroastro. O zoroatrismo foi a antiga religião oficial do Irã, a primeira religião "institucionalizada" do mundo e a primeira a introduzir a idéia de julgamento e a de que a vida na Terra teria conseqüências depois da morte. Aqui, também, a ponte é a peça central do julgamento, e muitas das descrições feitas sobre a Ponte Chinvat encontram-se também na literatura zoroastriana. Sem saber o que o espera, o espírito inicia seu caminho em direção a seu destino no pós-morte:

"Lá existe uma ponta afiada, a levantar-se como uma espada, e o Inferno encontra-se sob a Ponte. Em seguida, a alma é levada para o local onde se levanta a ponta afiada. Se a alma for de um justo, a ponta afiada mostrará seu lado mais largo... Se for a de um pecador, a ponta continuará mantendo seu lado agudo em evidência e não dará passagem..."[9]

Talvez mesmo o espírito mais pecador possa enganar-se a si mesmo ao dar o primeiro passo na Ponte Chivat; mas, ao chegar ao meio do seu arco seu destino estará decidido, já que ele é determinado pelas conseqüências das suas atitudes assumidas em vida.

Da mesma forma, as escadas representam as sendas que conduzem aos destinos no pós-morte — elevam-se em direção ao Paraíso ou descem aos negros abismos. Relatando o funeral de um sacerdote ijo, do sul da Nigéria, um observador nos descreve a escada como elemento efetivamente participativo e responsável no julgamento do destino que caberia ao espírito desse religioso. "Girem a mão", diz o oficiante do funeral aos que seguram a escada. Como resultado, esta é rodada em círculos, e a direção seguida por esses círculos irá provar se o morto é inocente ou culpado de bruxaria — o que, a seu turno, terá influência sobre o destino que ele seguirá no pós-morte.[10]

JULGAMENTO: IMERSÃO NA VERDADE

Minha cliente Doreen, tal como vivera toda a sua vida, morreu em grande estado de ansiedade. Fora sempre uma pessoa que se auto-analisara minuciosamente; transformou-se em uma juíza extremamente severa de suas próprias ações e, desde criança, preocupara-se com a possibilidade de ir para o inferno. Até o final de seus dias pensava ainda nas pessoas a quem poderia chamar, nas desculpas que poderia pedir e em antigos pecados e indiscrições que queria amenizar.

Tive pouco sucesso em ajudá-la a romper com suas auto-acusações e a diminuir sua ansiedade. Mas fiquei pensando de que maneira ela poderia modificar um pouquinho sua perspectiva, para poder fazer face ao julgamento final que tanto temia.

A resposta a que cheguei está presente em todos os métodos que acabo de descrever: o bálsamo da verdade.

Todos eles se caracterizam por testes de avaliação e pelo entrecruzar-se de prêmios e castigos que são implícitos ao julgamento. Mas, se voltarmos nosso olhar para o *contexto* no qual ele invariavelmente ocorre, veremos que o ambiente que o cerca recende à mais pura, inalterável e libertadora verdade. E a verdade do pós-morte é de tal modo diversa do conceito que nos tem sido transmitido, que a comparação mais próxima entre ambos que me vem à mente é a que poderia estabelecer entre o mais claro arroio de neve derretida e a água de um lago poluído.

Quando meu colega Edmundo Barbosa não está me acompanhando em minhas expedições ao redor do mundo, ocasião em que realizamos o trabalho conjunto de entrevistas para a coleta de dados, ele desenvolve sua prática psicoterapêutica na área em que se especializou: em grupo ou individualmente, atende doentes que se encontram em estágios terminais. Em seu trabalho, ele tem uma ligação toda especial com a verdade: tenta fazer com que seus pacientes se liberem, pelo poder de cura que só a verdade possui.

"Conto-lhes histórias — histórias de outras pessoas, histórias tiradas da literatura, de contos, de *koans* e de exemplos tirados das religiões e tradições espirituais de todo o mundo. Um pouco dos tibetanos, aquele tanto dos índios cree, parte do que ouvi falar sobre o vizinho que mora na mesma rua que eu, outro tanto sobre um cliente de quem tratei dez anos atrás, o que ele temia e o que realmente lhe aconteceu. Essas histórias podem parecer produtos da imaginação, despidas de qualquer aspecto de verdade. Mas o cerne delas permanece em sua mente, então a pessoa vai para casa e, no decorrer da semana, pensa no que ouviu, talvez até conte aquela história para membros de sua família. E, quase sempre, a história rompe a resistência que eles têm em aceitar a morte.

"Porque essas histórias *não são* falsos produtos da imaginação: elas encerram uma verdade. Contá-las é o meio de fazer com que a mente do cliente absorva a verdade que elas contêm; embora nem sempre, mas é possível que o façam — lá poderão lutar contra a sua negação, e, de repente, as muralhas que contestam a verdade são postas abaixo.

"O que tenho observado é o seguinte: o fato de a pessoa aceitar a idéia de que está morrendo faz com que ela chegue a um estado que, na Nigéria, se define por esta frase, profundamente significativa: 'Este homem já está maduro para morrer'. Maduro para morrer. Para mim, essa frase indica a certeza da existência de uma progressão natural — e de que, na progressão da natureza, está encerrada a verdade fundamental.

"Coloquemos assim: pense em uma árvore — um sistema vivo. O fruto que pende dessa árvore faz parte desse sistema; quando amadurecer, atingirá seu ápice de aroma, sabor e valor nutritivo, estará maduro para servir como alimento. Conseqüentemente, estará pronto para abandonar o sistema vivo da árvore e, dessa forma, servir à vida que o cerca. Em minha prática terapêutica, observo que o cliente que está maduro para morrer já não resiste, aceita a verdade de sua morte. Nesse ponto, inevitavelmente, a pessoa pratica ações no sentido de "alimentar" aqueles a quem ama com os frutos que armazenou durante sua existência: escreve seu testamento, quita seus impostos, encerra seus negócios, soluciona pendências familiares. Mas, para ela, maiores ainda serão os benefícios ao pisar firme no terreno da verdade.

"A luta termina quando a verdade prevalece: já não é preciso lutar. Resistir é sofrer; aceitar é penetrar sem tropeços na realidade. Muitos suprimem a consciência de sua morte iminente com medo de morrer aqui, agora, e com medo também de serem julgados com severidade e castigo após sua passagem. Mas, com a verdade, nos vem a percepção de que é a resistência que, efetivamente, nos provoca a dor — e não a verdade. E, juntamente com a luta que se vai, é possível que também nos vejamos livres do medo.

"A respeito do segundo benefício, é mais difícil arriscar uma explicação, pois, que eu saiba, sobre ele não existe nenhuma confirmação científica. Mas a longa experiência que adquiri junto a pacientes terminais fez com que eu me convencesse de que a negação aumenta a agonia da morte, ao passo que a aceitação, prontidão, ou maturidade, que nos permitem abrir os braços à verdade, nos confortam.

"Um rapaz que fazia parte de um grupo de pacientes de câncer revelou a importância dessa possibilidade: 'Quando cheguei aqui', declarou ele ao grupo, 'o que eu mais temia era a forma pela qual eu iria morrer. Tudo o que eu sempre ouvi dizer me levava a crer que as mortes pela doença que tenho são acompanhadas de muita dor e de muito sofrimento. Eu tinha um medo terrível da dor, mas ver minha família sofrendo por minha causa me preocupava muito também. E o que a gente vê aqui neste grupo — onde, de uma semana para outra, você chega e sabe que alguém que vinha participando das reuniões morreu — é que é isso, uma semana você está aqui e, na outra, pronto, já não está mais. Assim a morte torna-se muito mais simples, muito mais fácil do que eu pensava. Isso, para mim, muda tudo — e eu já não sinto mais medo'."

ESALEN

"E a verdade vos libertará" — é verdade que esta não é uma revelação nova mas, nem por isso, terá perdido sua importância. O exemplo que se segue vem do tempo em que eu era chefe de grupo no Esalen Institute, centro famoso de desenvolvimento pessoal localizado na região costeira da Califórnia. A maior parte das pessoas que para ele afluem aproveita nem que seja uma oportunidade para passarem juntas uma parcela de seu tempo nas maravilhosas nascentes naturais de águas cálidas de Esalen, que dão para o oceano. Ali, à vista de todos, põe-se em desfile toda uma seqüência de corpos que dificilmente se poderia descrever: gordos, magros, enrugados, em forma; corpos bonitos, corpos que mostram o desgaste e os estragos acumulados pelos golpes de anos de existência; corpos altamente imperfeitos: inchados; com cicatrizes, mastectomias, testículos retirados, estômagos salientes, colostomias e outras alterações provocadas por cirurgias. Quase todas as pessoas se despem e entram nos banhos, a princípio tremendo de medo da humilhação, e totalmente convencidas quanto à feiúra que guardam em segredo.

Nos *workshops* de cinco dias de duração somos obrigados a correr, e praticar exercícios para alcançar o poder da verdade. Pede-se aos participantes que apontem as partes mais feias e mais bonitas de seus corpos, e que nos "mostrem a parte de que mais têm vergonha e a de que mais se orgulham". Quando passamos pelas pessoas, que estão postadas em círculo, estas apontam primeiramente as partes do corpo de que mais se orgulham. "Gosto de meus músculos, dos pêlos do meu peito, de meus seios", dizem. Ou: "Fiz bicicleta durante anos, acho minhas coxas bem formadas". Ou: "Eu gosto do jeito como ficam meus braços quando os abro na horizontal". Chega então a hora mais difícil: apontar "as partes piores": as cicatrizes, as deformidades, os inchaços, as veias, as protuberâncias ósseas e a gordura.

Muitas pessoas se deixam tocar profundamente por este exercício porque, por meio dele, se vêem obrigadas a se confrontar com verdades particulares, humanas e tão raramente expressas. Às vezes, porém, um membro do grupo, animado por um impulso de sinceridade, faz o seguinte comentário: "Você sabe, odeio dizer isso, mas a mastectomia, deixou seu corpo com uma forma realmente muito estranha"; ou ainda: "O que *aconteceu* a você?". Essas observações sempre provocam um silêncio cheio de tensão e suspense — até que, com freqüência quase absoluta, ouve-se um grito (em que o riso soma-se ao choro) da pessoa objeto de tão minuciosa análise. Este grito é uma expressão de alívio. Finalmente ele ou ela, depois de vestir-se durante anos a portas fechadas nos vestiários, ouve alguém pronunciar as palavras temidas. Esse participante, como nos explicou depois, antes de entrar nos banhos, antecipava a sensação de que os demais o repeliriam; por isso, se preocupava a semana toda e pensava muito e por um bom tempo em sequer aparecer ali para banhar-se. Agora, o pior já havia acontecido: a verdade fora dita. Tudo o que ele ou ela temera que os outros pudessem pensar, se concretizara. Depois dessa primeira explosão de risos e lágrimas — que vem não apenas do membro específico do grupo, mas de todos —, e para alívio dos participantes que ali se encontram, alguém, invariavelmente, fala sobre o quanto é de se espantar que ninguém tenha morrido pelo fato de ter mostrado o que até então era invisível e de ter dito o que até então era indizível.

A forma de julgamento que ocorre no transcorrer desses banhos mágicos, nesses grupos mágicos, tanto pode assumir um caráter afirmativo como negativo. Não é raro ouvir-se: "Ah, a mastectomia fica assim, então? Eu sempre pensei que o resultado ficasse realmente terrível mas não, está bom, de verdade!". Ou: "Olhe o grau de afundamento da pele daquela cicatriz, que bonito!". É, a verdade tem suas surpresas; mas, acima de tudo e tanto no que diz respeito à morte como à vida, pode tornar-se uma fonte de conforto.

SISTEMAS DE PÓS-MORTE ISENTOS DE JULGAMENTO

Todos nós, no decurso de nossas vidas, já nos vimos submetidos a alguma forma de julgamento, e todos já nos colocamos na posição de juízes em relação a outras pessoas. Ambos os lados apresentados por essa experiência podem ir desde uma avaliação capaz de nos causar algum sofrimento, até a mais exacerbada crítica. Julgar implica colocar-se em uma posição tanto de isolamento quanto de distanciamento em relação aos outros. O mesmo se dá em relação a *ser julgado*. É possível que tenhamos implorado por compreensão durante toda a nossa vida — e agora, no pós-morte, venhamos a sofrer em decorrência da satisfação desse desejo. Mas, em alguns sistemas, não existe qualquer espécie de julgamento.

Entre vários grupos indígenas mexicanos, a única diferença que existe entre a vida e a morte é a forma que seu esqueleto adquire. Para os caçadores do grupo ioruba da Nigéria, não há diferença entre a vida e a morte; depois de morto, o indivíduo passa a habitar outro ambiente e assume uma forma de existência que lhe é familiar. Ter conhecimento desta e de outras nações ajudou minha cliente Eleanor.

ELEANOR

Executiva da área de publicidade, essa minha cliente, de trinta e seis anos de idade e portadora de câncer, tinha absoluta certeza de que ela própria fora a causadora do mal que a atingia. Tanto colegas como clientes meus em numerosas ocasiões já haviam-se expressado dessa maneira em relação a si mesmos. A tortura que essa crença, marcada pelo egocentrismo, vinha adicionar à dor e aos problemas já inerentes à enfermidade, sempre me deu raiva; e todas as vezes que um paciente meu manifestava esse ponto de vista — tentando reivindicar para si o total controle e responsabilidade sobre o diagnóstico e a doença tão complexos como devastadores — eu me controlava para não perder a calma.

Tentei demonstrar a Eleanor uma falsa reação de assombro — falsidade que ela não notou — perguntando-lhe: "Meu Deus! Mas como você *conseguiu* fazer isso?".

Os que se consideram responsáveis por suas doenças fatais presumem-se possuídores de um imenso poder — mesmo quando esse poder se revela finalmente derrotado. Eleanor, que pertencia a esse tipo de gente, respondeu-me mostrando sinceridade: "Ah, foi estresse. Eu não consegui controlar meu estresse. Deixei que ele dominasse minha vida, minha família. Nunca parei para meditar, para me concentrar em minha respiração, para colocar em ação todas as técnicas de redução de estresse que toda minha vida conheci. Acho que fui *inconseqüente* em relação a mim mesma, nunca parando para ver que o estresse estava se acumulando. O resultado disso tudo foi o câncer. Eu mesma abri as portas do câncer para mim".

Por mais bem articulada e sensata que fosse a resposta que ela me deu, não me deixei convencer. "No que me diz respeito o que você diz não tem sentido, Eleanor", declarei, agora deixando de lado qualquer fingimento. "Conheço várias pessoas que não meditam, que nunca fizeram exercícios de concentração na respiração, que sofrem formas inimagináveis de estresse e nem por isso desenvolveram qualquer tipo de câncer."

Mas ela continuava a repetir seu texto ensaiado. "Se eu pudesse apenas relaxar, deixar as coisas andarem por si sós, me deixar levar pela maré, aceitar cada momento tal como ele vem a mim, sem lutar contra nada nem temer nada, nem me preocupar com nada", chorava, "eu estaria saudável. Mas não sou forte o bastante para fazer isso. Há algo em mim que não relaxa nunca."

Julgava a si mesma de modo tão esmagador que a raiva tomou conta de mim: "E como é que você poderia relaxar quando tem um câncer que está se espalhando com toda a rapidez?", perguntei, já com voz alterada. "Esse é um raciocínio louco, Eleanor. A maneira de continuar a viver *com* o câncer, o que poderá fazer já, que ainda possa *influenciar* sua vida, enquanto está aqui — sobre isso sim, eu acredito que você pode exercer grande controle. Mas achar que você causou o câncer em seu organismo, isso não tem sentido — na verdade, é até muita arrogância de sua parte. Ninguém é capaz de saber de que maneira o câncer tem início. Gatos têm câncer. Árvores têm câncer. Você acha que eles também podem provocar a própria doença? Eu nunca vi uma árvore sofrer de estresse, ou você já?"

Dessa vez não houve resposta. Minhas palavras ricochetearam pela sala. Permanecemos sentadas, em silêncio.

Foi então que aqueles severos juízes e jurados arrolaram mais uma questão: "Você tem certeza de que os gatos e as árvores também têm câncer?".

"Tenho", respondi. "Não é o mesmo tipo de câncer que nos afeta. Nem podem eles nos contaminar. Mas é câncer e *é* devastador. Tanto árvores como gatos morrem por causa disso."

Eleanor ficou sem resposta. O horário de nossa primeira consulta havia chegado ao fim. Ao nos despedirmos, perguntei a mim mesma se ela voltaria, se eu não teria sido dura demais, se não teria subestimado sua capacidade de força e se minha ira visceral não se havia imposto demasiadamente em cena.

Mas ela retornou e durante todo o mês seguinte, repetimos mais e mais uma vez a mesma lição da primeira sessão, se bem que com algumas variantes. Mas, no fundo, Eleanor julgava a si mesma da perspectiva de um deus; eu desmascarava seus argumentos; e a sessão terminava em silêncio.

Aos poucos, começamos a falar sobre julgamentos — quer sobre o quanto foram positivamente importantes em sua carreira, quer sobre o quanto sempre a haviam torturado, desde a época em que era ainda uma adolescente gorda, cheia de acne e acima do peso. Juntas, passamos a conjecturar em que momentos esses julgamentos lhe haviam servido para alguma coisa — e quando não.

À medida que o câncer prosseguia em sua obra devastadora sobre o corpo de Eleanor, levando-a mais próxima à morte, ela falou sobre o medo de ser julgada após o instante final.

"Ninguém conseguirá ser mais severa do que você", repliquei, e nós rimos. Mas essa era uma questão importante, de forma que lhe sugeri que viajasse a Nembe, uma pequena aldeia da Nigéria.

No período em que juntos estivemos naquela aldeia, Edmundo e eu, já conhecedores das crenças do pós-morte, viemos a compreender que, para aqueles que desde a infância aprenderam que devem apenas contar consigo mesmos, tanto em vida como na morte, nenhum juiz pode constituir verdadeira surpresa. David, filho adulto de nosso pesquisador sênior que fora educado em Oxford, levou-nos a passear pela pequena cidade natal de seu pai, a qual contava com uma população de cerca de trezentas pessoas; lá, indicou-nos onde moravam seus amigos, familiares, avós, tios e colegas de infância. Ele acenava e os chamava polidamente pelos nomes; nós acenávamos também; de algumas casas, algumas pessoas correspondiam ao nosso aceno. Em outras, reinava o silêncio.

Até que Edmundo perguntou a nosso anfitrião: "David, todas essas casas estão desabitadas?".

David riu. "Bem, de certa forma", disse. "Nós incineramos nossos mortos ou em suas residências ou em uma casa nova, construída especialmente para eles. Dessa maneira, podem permanecer na comunidade mesmo depois de mortos. O problema é que está faltando espaço na aldeia, e alguns estão tentando convencer os aldeãos a construírem as casas nos arredores da cidade, da mesma forma como vocês mantêm seus cemitérios. Mas esta não é uma idéia que goze de muita popularidade aqui — ninguém quer sentir falta de nada depois de morrer — com exceção de um homem, um eremita que odeia falar e se mantém fechado em si mesmo. É o único que, depois de morto, deseja que sua casa seja construída fora dos limites da cidade."

Não importa o que tenham sido, nem o que tenham feito, os nembe mortos continuam fazendo parte da comunidade. Entre os membros dessa população não foi elaborado nenhum método de contabilização, de tributação ou de decisão. O sistema de pós-morte não-judicial preserva a comunidade e mantém inalterada sua população. A morte, em Nembe, é mero detalhe técnico.

A história, como Eleanor me disse mais tarde, tangiu uma corda de seu íntimo da mesma forma como o fizeram minhas observações relativas às árvores e aos gatos. Em voz alta expressou o quanto lhe era maravilhosa a possibilidade de ter um pós-morte isento de qualquer julgamento. Levei-lhe as fotografias que Edmundo tirara em Nembe e que mostravam David, nosso guia e as casas dos vivos e dos mortos. Eleanor pediu-me para ficar com uma delas. Mandei emoldurá-la e ofereci-lhe como presente quando teve de se internar no hospital.

REFLEXÕES SOBRE O ESTÁGIO DO JULGAMENTO

Um dos belos clichês de nossa cultura é retratar a cena da hora da morte como um momento de beleza, despido de julgamentos, pleno de amor e de delicado pesar. Mas nós, os que ficamos — e os próprios mortos também — não temos que nos encaixar necessariamente nesse quadro. Nos mais das vezes nos sentimos destroçados pela culpa e infelizes em função dos julgamentos severos que tecemos tanto em relação a nós mesmos como aos que nos deixam. Como poderemos perdoar-nos por tentar descobrir com exatidão qual a soma do débito em nossa conta que caberá ao testamentário calcular, quando relembramos — como poderíamos ser capazes de esquecer? — o muxoxo de sarcasmo com que o recém-falecido o prorrogou há pouco tempo... e por desejarmos que ele tivesse morrido antes? "Como é que eu pude? Que vergonha!" é o lamento comum de se ouvir.

Às vezes, nos criticamos por termos feito muito pouco. "Minha irmã merecia mais do que eu pude oferecer-lhe.", "Meu pai não devia ter sido obrigado a passar por isto e eu, ainda por cima, nada fiz por ele".

Às vezes estabelecemos critérios em relação ao morto, querendo que ele morra da maneira "certa": "Por que ele não faz uma meditação?", "Por que ela não se sente aquecida pelo amor e pela luz que há de vir?", "Por que ela não luta um pouco mais?", "Por que ele não pede uma indenização?", e pior: "Por que escolheu justo agora para morrer?".

Como seres humanos que somos, temos o hábito de tomar a nós mesmos como pontos de referência. Muito vagarosamente e a partir da infância — quando nos considerávamos o sol e nossos pais, planetas que lhe giravam em torno — nossa visão da realidade comece a ampliar-se; mas, alguns lampejos de nosso antigo egocentrismo nos acompanham. Assim, estabelecemos em relação a nós mesmos julgamentos excessivamente severos diante de certos acontecimentos de nossas vidas — e fazemos a mesma coisa em relação aos que morrem.

Não podemos interromper ou imobilizar o processo da passagem de nossos entes queridos enquanto determinadas questões não tenham sido resolvidas, ou até que *nós* estejamos preparados para essas mortes. Devemos ter o cuidado de não impor aos que agonizam os milhões de julgamentos que fazemos em relação à maneira como devem morrer; e da mesma forma, devemos ter cautela em não impor a nós mesmos nossos milhões de julgamentos sobre como devemos atuar na posição de testemunhas dessas mortes. Se a maior parte dos sistemas de pós-morte existentes no mundo estiver correta, então seremos julgados depois de mortos. Não devemos perder mais tempo precioso em condenações e julgamentos junto ao leito de agonia dos que morrem, nem depois.

Ao final de nossa passagem pelo Estágio do Julgamento algo se encerra. A sentença recebida liberta o espírito da incerteza, da ambigüidade e do suspense envolvidos em seu período de espera. Suas intenções e atos já foram julgados por este ou aquele método, seu futuro já está determinado e o viajante é impulsionado a prosseguir em sua jornada.

5

ESTÁGIO III:
DAS POSSIBILIDADES

✧

O REINO PARADISÍACO... IMAGINADO

Resplandecente, a folhagem de cristal que pende das árvores tilinta docemente com a brisa. Ela se deixa absorver pela brandura desse som suave e pára, para sentar-se ao lado do tronco, contemplando a luz branco-azulada cujo brilho espalha-se nesse reino e se reflete agora através das folhas transparentes. Perto dali, um desconhecido faz projetar sobre a árvore o prazer que sente pelo encantamento que a mulher manifestou. Sua projeção mostra-se sob uma forma geométrica de pequenas dimensões, mas visível, e faz lembrar uma bolha por sua delicadeza; esta se mantém apenas o suficiente para transmitir o sentido da mensagem que contém, antes de se dissolver no ar suave.

Ela se sente grata por aquele pensamento e, em troca, envia-lhe uma figura por ela mesma criada, demonstrando seu reconhecimento pelo senso de humor e pelo vívido interesse que lhe demonstra o estranho. Envia-lhe também uma pergunta: em que ramo de pensamento insere-se seu trabalho?

Ele compõe uma resposta e com características muito complexas: Dedico-me ao estudo do equilíbrio, declara, e seus vários impedimentos.

Equilíbrio. O conceito, expresso na delicada bolha que balança em rodopios, é difícil de ser interpretado. Ela não está certa de havê-lo entendido e, quase sem o desejar, faz sua referência a esse fato.

Ele, mais uma vez, envia sua mensagem: o equilíbrio que há entre os numerosos aspectos que se apresentam no universo; o que se estabelece entre passado, presente e futuro; entre distância e proximidade; entre a interioridade e a exterioridade — a infinitude do ser. Se nosso equilíbrio for demasiadamente rígido, esmagamos o poder dos inter-re-

lacionamentos; se muito tímido, não ousamos penetrá-lo. Assim, é fácil compreender por que a tentativa de harmonizar todas essas características exige um tão minucioso e atento estudo.

A bela imagem em forma de molécula flutua para a frente e para trás, ao som da música que·as folhas de cristal entoam levemente com a brisa. Ela absorve as respostas que lhe são oferecidas como se fossem a água que lhe mitigasse a sede. Penetram-lhe fundo no fluxo de seu pensamento, clareando e ordenando as pequenas idéias estratificadas que obstruem seu canal de raciocínio.

Varanasi é uma localidade sagrada tanto para hindus como para os peregrinos que não pertencem a essa casta. Até o menos religioso dos visitantes pode sentir-se enlevado por seus rituais e costumes — muitos deles associados à morte — e que ali são representados a céu aberto, geralmente nos largos degraus (denominados *gats*) que levam o visitante até as margens do sagrado rio Ganges.

Mas Varanasi é também uma cidade quente, apinhada, barulhenta, cheia de poeira e transbordante de hordas de crianças de olhar penetrante, voltado para os turistas. Edmundo e eu para lá viajamos com a finalidade de estudar a figura do Mahapatra — que se encarrega dos rituais dedicados aos mortos; assim que chegamos, nos dirigimos diretamente ao Ganges. Queríamos vivenciar tudo o que pudéssemos a respeito desse local de peregrinação e de morte; de maneira que nos encaminhamos para o rio, desempenhando um duplo papel: o de coletores de dados e o de turistas.

O papel de turista nos foi imposto por uma ordem: tínhamos de fazer o passeio de barco, passando pelos *gats*, ao nascer do sol, onde peregrinos de todas as regiões da Índia fazem suas abluções em sinal de luto na água do rio sagrado (contaminada abundantemente). Belo como só o pode ser o espetáculo de pessoas se banhando à luz alaranjada do sol nascente, indizivelmente exótica (não obstante a presença das vacas a se misturar à fuligem que escapa das piras crematórias), fantasmagórica, chocante e inacreditavelmente tocante como poderia parecer a cena para quem guarda seu banho privativo talvez como o mais alto de seus rituais pessoais, às cinco da manhã, deslizando em um barco estreito, raquítico, agarrei-me à minha xícara de café tal como um viciado o faria às suas drogas. Edmundo, por seu lado, transpirava irritação — fato que o levou a quebrar sua câmera fotográfica. Estávamos mal-humorados e nervosos. Findo o passeio de barco, penosamente galgamos um a um os *gats* e tentamos, por entre a multidão de peregrinos e vendedores ambulantes, encontrar uma saída que nos conduzisse a uma via pública de onde pudéssemos pegar um táxi que nos levasse de volta ao hotel.

Não tínhamos ido ainda muito longe quando, subitamente, fomos alcançados por uma fila de homens que corriam em direção oposta àquela em que íamos; dirigiam-se ao rio cantando ritmadamente enquanto carregavam aos ombros um cadáver embrulhado numa simples rede. Pusemo-nos de lado para dar-lhes passagem. Mais alguns passos e outro grupo passou correndo, cantando suavemente e trazendo como carga outro cadáver — em seguida, mais um cadáver foi agregado ao cortejo. Desistimos de nossa escalada em direção ao labirinto de lojas, onde tinha início a cidade, e nos posicionamos na lateral do caminho a fim de ver os corpos sendo levados.* Um por um, eles passaram por nós, carregados aos ombros dos homens de tórax desnudos e pés descalços que entoavam seu cantar ritmado: *Ram naam satya hai* ("Só Deus é verdade"). Este cântico, que assinala a mortalidade do corpo, produz certa hipnosia, — especialmente quando acentuado pelas batidas de pés nus sobre o solo.

Repentinamente, uma lufada de ar quente alcançou-nos; ao nosso redor rodopiavam poeira e cinzas, restos das piras funerárias que queimavam nas proximidades e a distância, ao longo do rio. No momento em que aquelas cinzas caíram sobre nós, tudo o mais desvaneceu-se: as preocupações relativas à cidade, à manhã irritante, ao nosso estado de espírito, aos aspectos do turismo e seu aspecto humano, tudo caiu por terra. As pequenas rabujices e as necessidades emocionais e corporais esvaíram-se no ar, com a brisa quente que depositava uma camada de poeira sobre nossas roupas, cabelos e olhos. Ali nos mantivemos como estátuas, em silêncio, pasmados, incapazes de notar o tempo que passava. Nada importava no decorrer daquele instante, em que a natureza se condensou. Víamo-nos cercados e, literalmente, tivemos a sensação palpável da interligação que existe entre o viver e o morrer. Já não se tratava de um conceito, de um ponto de partida, símbolo ou metáfora: a morte estava ali, diante de nossos olhos, pincelando nossos lábios e tornando pegajosa a pele de nossas mãos por causa do calor que ali se exalava.

Transformados numa chuva de pó, os *seres* vagarosamente caíam e depositavam-se sobre nossas cabeças. Não apenas o mundo da carne (que a maioria de nós, durante quase todo o tempo, considera a própria realidade); mas também os corpos sem vida — e, presumíamos, os espíritos que pairavam no ar — passavam em torvelinho ao nosso redor numa mistura de percepções enquanto ali nos mantínhamos imóveis à

---

* Acidentalmente, havíamos escolhido o trajeto que levava ao terreno de preparação dos corpos.

beira do caminho. A luz do espírito animava nossos corpos e os daqueles milhares de peregrinos, crianças e comerciantes que se distribuíam ao longo dos *gats* — menos naqueles que tinham sido carregados no alto, pelos homens que corriam com leveza. Os espíritos daqueles já não se encontravam mais ali — mas para onde teriam ido? Em pé, em meio ao redemoinho de vida e morte, eu me entregava a meus pensamentos.

Edmundo, nossos colegas e eu vínhamos coletando dados relativos "a um outro lugar" havia muitos anos; viajáramos ao redor do mundo, fizéramos perguntas, retornáramos a nossas casas e coligíramos o material. Eu mesma já havia visto muitos cadáveres em minha vida. Mas nunca, até o momento em que ali permaneci, em pé, sobre aquele caminho empoeirado, com aqueles cânticos ecoando em meus ouvidos e as batidas das passadas reverberando na sola de meus sapatos, a jornada para além do corpo, com todas as suas implicações e mistérios, tornara-se tão plenamente real para mim. Naquele dia, Edmundo e eu compartilhamos da rara e grata experiência de total engajamento, facilitado pela imaginação vital.

REVISITA À IMAGINAÇÃO VITAL

Você há de lembrar que a imaginação vital propicia-nos o acesso a níveis secretos de realidade. Profunda e amplamente aberta, essa função perceptiva de nossa mente permite-nos aqueles momentos de hiper-realidade nos quais as imagens daquilo que vemos se vêm somar às nossas mais intensas emoções e agudas intuições, criando, assim, uma realidade coerente e rica de sentido. Dentro daquilo que nos é permitido apreender, a percepção dos detalhes dessas experiências é tão vivaz e fácil de lembrar quanto somos capazes de senti-la. Emocionalmente, essa intensa sensação harmoniza-se com as intricadas percepções. E *intelectualmente* — talvez eu deva dizer metafísica ou existencialmente — o sentido que se mostra inerente a essas percepções, eivadas de emoção, satisfaz profundamente a busca empreendida pelo espírito humano. Esses momentos de percepção, obtidos por meio da imaginação vital, constituem marcos na vida espiritual dos indivíduos — e aqueles que os alcançaram jamais os esquecem.

Assim foi para mim — e também para Edmundo — aquele dia no Ganges. Talvez em reação à visão dos cadáveres, ou aos cânticos dos carregadores, à minha paciência, vontade de crer, profunda consciência e a uma espécie de fé de que ali existia um sentido — tudo contribuiu para que mergulhássemos de corpo e alma naquele cenário. O curioso disso tudo é que a lembrança que guardo desse momento extenso e pleno de significado é a de um ponto imóvel: um dos mais silenciosos de minha existência. Lá havia um rio, destinado à purgação de pecados, mas transbordante de vida; além de mercadores, animais, crianças pequenas gritando para chamar atenção — e a fedentina provocada pela presença de sangue, matéria fecal, urina e água poluída, a se espalharem por todo o local. Sol quente, moscas, pulgas, cães esquálidos: não havia fim para os estímulos que nos rodeavam, dilacerantes, exigentes. Entretanto, um profundo sentimento e sentido transportavam-nos, desse plano de destruição e de consciência, para outro nível de percepção.

O que vi ali me manteve em estado de encantamento: a dança dos reflexos da luz do sol, refletindo-se sobre as pedras, o movimento rítmico compartilhado pelos vivos, a musicalidade dos que carregavam os féretros, o ouro tecido nas vestes, quando estas capturavam a luz que se agigantava. Todos os salpicos dessa luminosidade pareciam fazer parte de uma claridade maior, no seio da qual se impunham os perfis das piras funerárias — que engolfavam os tecidos tramados a ouro, que envolviam os corpos que, juntamente com eles, alimentavam as chamas. Eu podia escutar o crepitar produzido pela queima daqueles panos especialmente tecidos e, em seguida, sentir suas cinzas que, brandamente, caíam em flocos sobre nós.

Aquele dia no Ganges — tão pouco promissoramente iniciado — veio a ser o mais precioso de toda a nossa viagem. São justamente momentos como esses — uma infinidade deles — que dão origem à imensa diversidade que reveste o pós-morte: o vasto e, acima de tudo, variado universo de imagens, que é partilhado por todos os povos da terra.

EXPECTATIVAS E POSSIBILIDADES

De maneira totalmente inesperada, o reino da morte em uma cidade de cinzas, converteu-se para mim num ambiente tão pleno de significado, que os fatos que ali vivenciei transformaram-se num marco permanente — e a certeza de que meu trabalho estava correto tornou-se ainda mais inquestionável e evidente. Sem que eu tivesse esperado ou alimentado alguma expectativa em relação àquele dia, a não ser de que ele seria um estafante encadeamento de obrigações a serem cumpridas, a se desenvolver sob o cruel sol indiano, repentinamente me vi do outro lado de uma fronteira. Por um lado, estavam presentes as percepções comuns, cotidianas, de um canto da cidade destinado exclusivamente aos mortos e aos agonizantes: um local deprimente, duro para as famílias que traziam seus entes amados para ali morrerem e que, enquanto atração turística, mostrava-se demasiado brutal. Por outro lado se podia obter um vislumbre do espaço ocupado pela morte dentro de uma ordem natural. Essa visão inseriu-se de tal forma em minha mente que, daquele dia em diante, passou a influenciar todos os meus pensamentos no que concerne à vida pós-morte.

Não é raro acreditar que as expectativas que mantemos têm o poder de alterar o resultado daquilo que nos chega por intermédio de nossas percepções. Se você tem a expectativa de que o dia será sombrio, é certo que acabará não vendo o arco-íris que, eventualmente, possa se formar. Se, ao contrário, sente a excitante expectativa de se aproximar de um poeta famoso, é possível que, ao encontrá-lo, nem note que se trata da pessoa mais aborrecida do mundo. Indo mais diretamente ao ponto, imagine a morte: se a expectativa que mantém em relação a ela for a de encontrar apenas uma dolorosa passagem para o nada, onde não apenas toda luz esteja extinta mas também qualquer forma de identidade, comece já a crispar-se de medo. Ou, então, liberte-se o quanto puder de todas as imagens desgastadas que guarda em seu íntimo e que possam estar ligadas a ela e ao que possa estar além dessa passagem — estará desse modo preparado para considerar as infinitas possibilidades de outras tantas formas de realidade não desvendadas.

BARBARA

Minha cliente Barbara, artista amadora apaixonada por seu trabalho, contava cinqüenta anos quando entrou em terapia. Aparentava desgaste e cansaço em decorrência do câncer de cólon que a castigava havia três anos e que se alastrava continuamente. As dores estavam bem controladas e Barbara já sobrevivia por mais tempo do que o esperado. Sua família — marido e dois filhos adolescentes — insistiram para que ela fizesse uma terapia na esperança de que encontrasse um refúgio seguro onde pudesse discutir seus temores em relação ao futuro.

Barbara apreciava as sessões uma vez que, por meio delas, descobrira a existência, em seu próprio íntimo, de algo a que lhe era possível recorrer como fonte de fortalecimento, e de cuja chave só a ela cabia a posse. Dessa forma resolveu que, enquanto ainda podia contar com vigor suficiente para tanto, escreveria para seus dois filhos um livro de memórias, no qual registraria fatos de sua vida que desejava que eles conhecessem. Era importante para ela descrever a viagem ao redor do mundo que realizara quando ainda era jovem. Essa experiência fôra uma das mais profundas de sua vida. O problema era que a viagem se dera em 1968, logo após o término de seu Master of Fine Arts [Mestrado em Belas Artes] na escola que freqüentara. E estávamos em 1992.

"Minha memória é horrível, Sukie", preocupava-se. "Menopausa, remédios para o câncer, tudo — já não me lembro mais nem do que comi no café da manhã. Como posso me lembrar de como era o Quênia há vinte e quatro anos?"

"Tente", insisti. "É uma idéia formidável a sua. Tente. Veja o que lhe vem à memória."

E o que lhe veio à memória foi... tudo. Começou com um detalhe: a lúgubre escuridão em meio ao calor que fazia quando pisou em terra firme ao desembarcar de um avião em Kartun, no meio da noite. E, como em um colar de contas, os detalhes e lembranças se fizeram seguir um a um: cheiros, cores, sons, pessoas — e não tipos genéricos, mas indivíduos — encontros, conversas mantidas, transações feitas nos mercados de toda África, Oriente Médio e Extremo Oriente. Lembrava-se do gosto que sentiu quando deu a primeira mordida em uma torrada de pão francês coberta de manteiga de leite de búfala, em um minúsculo restaurante de Uganda. De um belo bracelete de cobre ostentado por uma iraniana, de como esta percebeu seu olhar e lhe sorriu, por trás do véu que encobria seu rosto. De jacarandás e flambuaiãs resplandecendo em cores no escuro crepúsculo africano e do som produzido pela passagem de um trem, somando-se à solidão da cinzenta paisagem turca. Barbara mal podia colocar no computador todos os surpreendentes detalhes que, durante um quarto de século, conservou guardados na memória.

"O problema que cerca essa viagem", afirmou-me, "é que eu fui uma viajante incrivelmente ignorante. Não li a respeito dos países que cruzaria, não conhecia sua história, forma de governo, não sabia dos perigos que alguns deles representavam para uma moça jovem como eu, de uma curiosidade voraz, viajando de carona por aqueles interiores. Mas pude guardar tudo o que vi. Depois de um ano de viagem, quando voltei para casa, lembro-me de ter pensado: 'Como poderei interpretar a todas as minhas impressões? Como poderei impor uma ordem a tudo o que vi?' "

"Mas você acabou fazendo isso, não foi?", perguntei.

"Sim, até certo ponto." Barbara era uma mulher imaginativa, dotada de ampla visão da vida. Certa ocasião trouxe-me para ver alguns de seus desenhos e pinturas, nos quais pude constatar vestígios da viagem feita tantos anos atrás: mostravam uma série de mulheres do Oriente Médio vestindo "chadores", incontáveis desenhos retratando mães do leste africano com seus filhos, dando realce aos belos tecidos das roupas que usavam. E agora, em seu livro de memórias, Barbara oferecia sua retribuição aos vários países que atravessara naquele ano — e o fazia com riqueza de detalhes. Com bastante freqüência trazia um capítulo que lia para mim em voz alta durante a sessão, e eu me deliciava com as experiências pelas quais ela passara e com as observações que fazia.

"Quero fazer uma ressalva com respeito à ignorância que você alega ter tido", disse eu, como se estivesse pensando alto. "Essa viagem pode ter apresentado aspectos de perigo e de limitações, mas veja como você se manteve aberta a tudo o que o mundo lhe ofereceu naquele ano: experiências, realidade, possibilidades: tudo em abundância!"

O escritor George Leonard utiliza-se de uma expressão que define perfeitamente a experiência de percepção vivida por Barbara: "olhar brando."* Na viagem que fez, minha paciente caminhou pelo mundo sem estar munida de nenhum tipo de resistência às experiências que a ela se viessem a apresentar: sem nenhuma expectativa, sem antecipar nada e, ao que parecia, com bem poucas interpretações de sua parte. Olhar brando, ouvidos brandos: a quase totalidade de seus sentidos eram brandos; a essência do estar no mundo de Barbara consistia na receptividade que ela demonstrava em face de todas as possibilidades.

Barbara tinha jeito para as palavras e pôde deixar registrado para seus filhos todo aquele ano de viagem, de maneira simples e direta. Quando morreu, logo após completar seu livro de memórias, este veio a tornar-se o bem mais precioso daquela família.

RESUME-SE A JORNADA

A mais livre abertura possível quanto a expectativas, somada à inestimável diversificação da realidade — parece ser a fórmula poderosa, que nos mantém abertos a novas possibilidades e que nos permite desfrutar da imaginação vital — tanto nossa quanto da dos demais — com respeito aos reinos invisíveis do universo. Em contraste com isto, a vida dos que resistem a essas possibilidades, dos que se recusam a premissa do mais além, é inequivocamente empobrecida, anêmica. Todos nós conhecemos pessoas que, tendo se fechado em relação à sua vida, quer interior, quer exterior, reduziram-na a uma melancólica recapitulação do passado. O mesmo emprego, as mesmas quatro paredes, as mesmas for-

---

* A autora refere-se à obra de George Leonard *The Ultimate Athlete*, a ser publicado no Brasil pela Summus Editorial, com o título *O Atleta dos atletas*.

mas de diversão — e, a certa altura, todos os sonhos e esperanças desvaneceram, sem que nada houvesse para substituí-los.

A abertura em relação a possibilidades: eis a essência do Estágio III da jornada do pós-morte e, quem sabe, até seja o que lhe estimula a vitalidade. Essa abertura origina-se no instante do julgamento no Estágio II, e em qualquer método que for, a verdade da vida que o indivíduo levou determinará o destino de seu espírito. Em decorrência da sentença que lhe é lavrada, o espírito avançará pelas infindáveis paragens do pós-morte, seguindo o caminho que deverá perfazer em direção à sua meta.

É no Estágio III, que são reveladas as possíveis metas de cada jornada, que as diversas culturas existentes nos oferecem o maior número de possibilidades. Desde o céu vazio de estrelas ao paraíso engalanado em jóias, onde jorram o leite e o mel; da senda solitária em meio a florestas fantasmagóricas ao inferno traçado em tintas barrocas de perpétuas torturas — os reinos do pós-morte para os quais se encaminham os espíritos mostram-se quase infinitos em suas topografias, habitantes e características. É aqui, ao longo de todo o espectro de possibilidades existentes, que a imaginação vital expressa-se em todo o seu potencial.

OS PROVÁVEIS REINOS DO PÓS-MORTE

Aqui, portanto, é apresentada a cornucópia de imagens relativas ao pós-morte que foram coletadas em diversas partes do mundo. Esta abordagem de forma alguma pretende-se conclusiva: não será possível apresentar aqui toda uma enciclopédia do pós-morte, e nessa intenção é apenas a de oferecer uma amostra da ampla escala das diversidades existentes e da força das possibilidades que podem muito bem nos aguardar mais adiante. É somente quando nos expomos à riqueza e aos contrastes que se verificam entre os vários conceitos relativos ao pós-morte em todo o mundo — ao amplo espectro de respostas que se apresentam diante da singular questão de: "O que acontecerá comigo depois que eu morrer?" — que poderemos alcançar a liberdade que nos permitirá levar em conta essas possibilidades para, então, acreditar naquelas que desejarmos.

De forma que aqui, no Estágio III de nossa jornada, será apresentada uma visão geral dos reinos prováveis para os quais se encaminham os espíritos. Essas descrições — embora sejam transmitidas de geração a geração mais por tradição oral do que por escrito — raramente mostram-se dissociadas da arte.

Alguns mapeamentos do pós-morte nada são além de idéias singulares, simples. Aqui e ali, no mundo todo, por exemplo, diversas populações — os aborígenes da Austrália, os índios guajiro, os esquimós inuit — acreditam que os espíritos dos que morrem simplesmente voam e penetram na Via Láctea. Muitos dos mitos cultivados pelos aborígenes australianos fazem menção à maneira pela qual o *birribir* do indivíduo — parte espiritual profunda da alma — ascende aos céus por meio de uma corda feita de pele de gambá (detalhe particularmente prazeroso, penso eu); e é depois transformada em uma estrela que passa a brilhar na Via Láctea e se funde no poder dos Heróis Celestes.[1]

Para os índios guajiro, grupamento sul-americano, a Via Láctea é tida como ponto a partir do qual não há retorno, dentro da jornada do pós-morte; mas, mesmo ali, "nossa alma não se perde", acreditam. "Apenas nossos ossos se perdem. Nossos ossos e nossa pele. Nossa alma segue seu caminho, é tudo."[2] Os inuit referem-se à Via Láctea simplesmente como a estrada pela qual os que morrem devem prosseguir; e se uma pessoa caminhar pelos campos em uma noite de céu claro, longe do brilho das luzes da cidade, capaz de fazer diminuir o esplendor das estrelas, poderá observar, lá em cima, a reconfortante presença dessa estrada — longínqua mas resplandecente pela eterna presença de milhões e milhões de almas. Lá estão elas, visíveis e presentes aos seres vivos, noite após noite. Lembrar-nos dessas crenças faz com que o céu nunca mais nos pareça novamente o mesmo.

A Familiaridade do Lar

Alguns relatos ligados ao Estágio III do pós-morte são versões idealizadas da vida terrena. Muitas das pessoas por nós entrevistadas, por exemplo, que pertenciam ao grupo nigeriano dos ioruba (de onde surgiram as crenças relativas ao candomblé brasileiro) fazem referência a uma comunidade bela, brilhantemente iluminada, que, "em seus contornos e formato, se parece com as da terra, mas é melhor do que o mundo humano". "No céu" (termo dos missionários cristãos que os ioruba absorveram em seu vocabulário), "no céu como na terra as pessoas plantam, caçam e fazem negócios. (...) O ambiente é cheio de paz e a vegetação, verde e florida. Lá existe perfeita paz — não existem nem ladrões, nem discussões, nem brigas, nem nada que ameace a ordem natural da existência." O seguinte dito popular resume a pequena diferença que existe entre os mundos da vida e da morte: "A terra é o mercado e o céu, o lar".

São idéias confortadoras — o pós-morte é mostrado como algo que se parece com nosso lar, nos é familiar. Os sulawesi da Indonésia, por exemplo, deixam bem claro que "as castas continuam a existir depois da morte. Cada um tem seu lugar e deve se comportar da mesma forma como o fazia quando ocupava o seu, aqui na terra". Um entrevistado ioruba disse a nosso pesquisador sênior, com notável confiança e calma: "No céu encontramos um grande número de amigos nossos que morreram. Quando a pessoa morre, vai se juntar a seus amigos de longa data, que morreram cedo e com os quais ela antes brincava. Prova disso é que nós sempre vemos nossos amigos mortos em sonhos. Os parentes mortos estão no céu; quando a pessoa morre, vai para o céu encontrar sua linhagem e atrai para cima sua linhagem, profissão e o caráter que tinha em vida".

No entanto, a vida na terra e a vida idealizada do pós-morte nem sempre são idênticas. "No céu lá em cima existe uma ética", diz um entrevistado. "É por isso que sempre prevenimos os que morreram recentemente entre nós: 'Não comam centopéias, não comam minhocas. O que quer que eles comam no céu, vocês têm de comer também'. É um conselho educado que se deve dar, uma maneira de se dizer à pessoa que ela deve agir conforme os modos que se obedecem lá no céu, e que não se rebelem contra as ordens estabelecidas."

O grupo fon de Benin, no oeste africano — aquele que faz referência ao emaranhado de seres vivos que morrem e renascem em conjunto — nos fala sobre uma maneira muito conveniente de se conhecer os caminhos do pós-morte. No aprendizado de sua cultura (que começa à idade de nove anos) os mais velhos, que atingiram um alto nível de conhecimento, consideram que o mundo se divide em duas partes: a dos vivos e a dos mortos. Esses velhos sábios com freqüência transmitem aos vivos as mensagens que recebem dos espíritos que se encontram no pós-morte podendo, portanto, revelar aos membros da comunidade para onde eles irão depois de sua morte.

Luz

A luz, forma visível de energia pura, ocupa um lugar importante no seio da maior parte dos sistemas de crença. Na onírica de Jung, pode significar o símbolo do espírito. Na tradição cristã, pode simbolizar várias coisas: graça, caridade, fé. O próprio Cristo foi denominado como a luz do mundo. Igualmente na mitologia maori — a população maori da Nova Zelândia —, a luz ocupa o lugar de pai primal.

Esse símbolo espiritualmente rico e muito confortante aparece também nos sistemas de pós-morte de muitas culturas. De fato, em todo o mundo os espaços do pós-morte mostram-se inundados por uma luz bela e, em geral, incomum. "No além", afirma um índio guarani brasileiro entrevistado, "é sempre dia e o sol brilha sempre. O tempo passa, o tempo flui e não chega o dia nem vem a luz. A vida eterna é dia. É sempre dia. Chove, existe a chuva, mas o sol nunca vai embora. Ele brilha sobre a existência, a vida eterna."

João, autor cristão do Apocalipse, faz observação semelhante ao descrever o céu, que ele denomina como Jerusalém Celeste. Refere-se a uma cidade cercada por muralhas, que se abria por doze pontes feitas em puro ouro mas que se assemelhavam a um cristal transparente e decoradas com pedras preciosas. E então: "E a cidade não necessita de sol nem de lua para iluminá-la, porque Deus é sua luz...".[3]

Quando meus clientes fazem menção ao vazio escuro e amedrontador que identificam com a morte, eu, em troca, lhes menciono essas lindas descrições de uma luz não terrena.

ÁRVORES

Meu cliente Mark contraíra AIDS, e essa moléstia lhe foi diagnosticada logo no início da epidemia. Naquela época, tal diagnóstico equivalia ao toque dos sinos em dia de finados. Ainda não existia o AZT, as pessoas apenas começavam a admitir que tinham a doença e eram poucos os grupos de apoio existentes. O médico que o tratava disse a Mark que pusesse em ordem seus negócios porque poderia, provavelmente, contar com apenas seis meses de vida. Na noite seguinte, meu cliente teve o seguinte sonho: "Estou caminhando e chego perto de a uma árvore. Uma árvore grande, com raízes profundas, que alcança o céu bem lá em cima. Tem muitos ramos mas apenas uma folha. E essa folha é verde".

"O que você sente em relação a essa árvore?", perguntei.

"Ela é bonita", responde ele.

"E a folha?", tornei a perguntar.

"É mais bonita ainda", respondeu-me.

"Mas a árvore tinha só *uma* folha", declarei.

"E isso basta", ele disse.

"Por que basta?", eu perguntei!

"Porque significa que é possível que nasçam folhas."

Dentre as muitas possibilidades oferecidas pelo pós-morte encontra-se aquela relacionada a paisagens onde se localizam árvores especiais. Na maior parte dos casos, estas se mostram em quantidade maior do que aquela observada no sonho de Mark; além disso são belas, nos oferecem alimento e, na maior parte dos casos, seus frutos têm uma essência sobrenatural. Essas árvores resplandecentes incorporam os temas da fertilidade, crescimento, mudança e plenitude de frutos.

Como já mencionamos anteriormente, o judaísmo, tal como é praticado hoje, apresenta poucas crenças quanto à vida após a morte; mas nem sempre foi assim. A literatura judaica clássica nos faz a descrição de uma topografia em contínua expansão. Primeiramente existia o She'ol, vale poeirento de ossos para onde iam todos os que morriam, independentemente da qualidade da vida que tivessem levado. Nesse vale nada crescia: o lugar era um deserto poeirento e sobre ele havia apenas ossos espalhados. Em escritos judaicos mais recentes, no entanto, observam-se referências a um paraíso; segundo uma das descrições, esse paraíso guarda em sua parte central a árvore da vida, onde Deus descansa, durante suas visitas a esse local. O aroma suave que ela expande é indescritível; apesar de feita de ouro e carmim, é transparente como o fogo. De suas raízes fluem quatro riachos, um de mel, outro de leite, outro de azeite e, o último, de vinho, que se dirigem a quatro pontos diferentes.[4]

&

Em Um Paraíso Asteca

No Tlalocan, paraíso asteca, o deus da chuva, Tlaloc, tem seu assento sobre as raízes de uma árvore magnífica; de suas mãos jorra a chuva que restaura a saúde, e ele aguarda pelos que morreram por motivos relacionados com a água. No outro lado de Tlalocan, sacerdotes fazem oferendas e plantam sementes na terra fértil. Abaixo, as almas brincam, cantam e caçam borboletas. Neste glorioso e bastante terrenal paraíso asteca, as almas permanecem por quatro anos, antes de renascer para outra existência.

Lenda coletada no Borial Image 214, *Souls in Tlalocan Play*, de autor ignorado.

Os budistas possuem também suas árvores celestiais, e algumas são mostradas reunidas em uma tenda mágica:

Nesse paraíso floresce uma magnífica vegetação na qual se incluem árvores que mudam sua aparência seis vezes ao ano, em seis diferentes estações. Outras há que mostram a glória deslumbrante de todas essas seis estações ao mesmo tempo e outras, ainda, que oferecem flores de lótus nas cores vermelha e azul, em pleno desabrochar. A majestosa árvore conhecida como coral celestial também se desenvolve aqui. Neste paraíso, até instrumentos musicais brotam das árvores.[5]

No paraíso da concepção mahaina, lugar de prazer eterno, não existe nem a dor nem o sofrimento, mas, sim, abundância de boas comidas e bebidas doces; o espírito encontra seu repouso eterno junto aos ramos e à sombra da árvore *Ceiba*.

Muito embora não se trate de uma árvore, espécie diferente de planta ocupa um lugar central na jornada do pós-morte entre os índios ojibwa da América do Norte. Para estes, a alma daquele que acaba de morrer "ainda plenamente consciente e preso às garras dos anseios e desejos humanos" inicia sua jornada em direção à terra dos mortos, onde encontra um morango gigante — um só. Se essa alma der uma única mordida nessa fruta nunca mais poderá retornar ao mundo dos vivos. Se se recusar a fazê-lo, *pode* tentar retornar — mas só depois de ser repentinamente agarrado pelas costas pela Mulher Esqueleto da Terra dos Mortos, que quebrará seu crânio para abri-lo, retirará seus miolos e os substituirá por um punhado de limo. Eis aí o modelo ojibwa de transformação que faz, de um fantasma, um espírito para sempre.[6]

CÉU E INFERNO/TEMPO E ESPAÇO

Dentro de uma cornucópia de possibilidades, encontram-se aqueles sistemas que dão ênfase ao julgamento e nos quais os conhecidos conceitos de céu e inferno afloram sob a forma de conceitos e imagens. A descrição que se segue do Paraíso nos vem dos sufis, ramo místico do islamismo. Para os sufistas, o céu apresenta-se com paredes douradas guarnecidas de tijolos de prata (reminiscência da descrição de João relativa à Jerusalém Celeste); a terra é feita de açafrão e todos os seus habitantes apresentam faces tão radiantes como as da lua cheia. Lá não existem funções orgânicas como urinar, defecar e outras, mas aos espíritos é permitido comer e beber o que quiserem — sendo que nunca chegarão a avançar além da idade de trinta e três anos, idade de Jesus. Quatro riachos fluem ali (como no paraíso judaico, onde quatro deles fluem da árvore de cristal): um de vinho, outro de leite, um de mel e outro de água: os espíritos podem mitigar sua sede abundantemente, luxo esplêndido para um povo que passa sua vida nos desertos. E o vinho, que em vida é proibido para os muçulmanos, lá lhes é servido por lindas *huris* — jovens voluptuosas — e belos rapazes.

A crença sufi promete exorbitantes belezas no paraíso — as *huris* vestem-se com roupagens fabulosas, tecidos com delicados brocados e apresentam-se adornadas por adoráveis jóias de prata. O som da água corrente faz difundir por todo o paraíso um efeito tranqüilizante. Na imaginação sufi o inferno também é visualizado com detalhes de realidade: os pecadores são postos a assar em fogo ardente, bebem a água de uma fonte fervente, alimentam-se de comida cheia de espinhos que também a fazem apodrecer. Depois de bem assados recebem uma nova pele, para que seus tormentos possam ter continuidade. Em outra cultura, são mordidos por escorpiões grandes como mulas e por serpentes do tamanho de camelos. Os próprios pecadores são dotados de línguas imensas e vomitam sangue continuamente.[7]

Uma versão budista do inferno oferece-nos uma possibilidade contrastante a esta, mas igualmente horrível:

> Primeiramente, os guardadores do inferno passam estacas de ferro em brasa que são atravessadas por entre mãos, pés e peito da vítima, assim impedindo-as de se debater. Em seguida, utilizando-se de navalhas afiadas, cortam suas carnes, da cabeça até embaixo. Depois, atam uma carruagem a seu tronco e forçam o pecador a puxá-la para adiante e para trás através de uma área de fogo flamejante. Findo isto, forçam-no a escalar e descer uma montanha de fogo e brasas incandescentes. De lá, é levado a uma imensa caldeira, cheia de cobre derretido, onde será brutamente fervido e depois arremessado ao Grande Inferno, onde permanecerá entre as chamas por um longo espaço de tempo.[8]

E, subitamente, como em um filme que se desenrolasse até chegar a uma conclusão horrenda, mas que nos mantém em suspense enquanto as imagens que nos são mostradas sobrepujam-se umas às outras em intensidade e horror, o espírito budista é liberado para voltar ao mundo conhecido. Retoma a vida, e a lembrança das teríveis punições se apagam.

As descrições que fizemos, relativas a paraísos e infernos são, realmente, uma espécie de taquigrafia do tema. Nelas, são utilizados símbolos já conhecidos com a finalidade de representar cenas de um outro mundo, de um pós-mundo. O que essas descrições não informam é algo que está além de nossa compreensão: trata-se da ausência do tempo e do espaço. Estes, tal como os entendemos, são sistemas de medidas que se limitam estritamente ao mundo dos vivos. O mais próximo, talvez, que podemos chegar da experiência de uma vida despida desse tipo de sujeição à ordem que governa a realidade são certas "experiências de pico", de caráter físico ou mental e nas quais atletas, artistas que vivem estados de criação e pessoas simplesmente comuns relatam que o "tempo parou", "milhas se transformaram em nada", ou "eu fiquei fora do tempo e do espaço".

Brasileiros e africanos nos brindam com os termos que nos são necessários: fazem uma distinção entre Aye e Orum. "Aye é a dimensão física, onde ocorrem todos os fenômenos visíveis e onde todos os seres físicos existem — incluindo-se os humanos. Orum é aquele espaço imensurável — o além — onde os orixás e outros espíritos residem, dentro de uma realidade intocável, mas sempre presente."[9]

Muitos acreditam que é possível aos espíritos se manifestarem através do não-tempo e do não-espaço, reunindo-se e comunicando-se conosco. Mas ninguém jamais afirmou que o rompimento dessa membrana seja algo fácil de realizar. Ao contrário, nos é sugerido que o esforço da reentrada é o responsável por algumas das dificuldades que cercam essa comunicação.

ANJOS, GUIAS, GUARDIÃES E COMPANHEIROS

Em todas as possibilidades apontadas, de todo o mundo, observam-se raros casos em que os espíritos humanos são deixados à sua própria sorte, até que encontrem seu caminho por entre as paragens do pós-morte. Entretanto, alguns sistemas o fazem. Parece que os sulawesianos são obrigados a buscar sua rota para o Soulland, contando apenas com a ajuda de um forte e benevolente búfalo; e os espíritos oriundos dos fon também não dispõem de maior auxílio para localizar os sítios onde se encontram suas famílias no "país dos mortos". Os viajantes astecas pobres, ou que morriam em virtude de moléstias — mortes estas consideradas não-naturais — eram obrigados a tentar encontrar por si mesmos seus destinos no pós-morte, e se defrontavam com obstáculos terríveis no caminho: montanhas que ameaçavam mover-se em conjunto para esmagá-los, cobras imensas dotadas de mandíbulas hediondas, tremendos crocodilos, oito desertos e oito montanhas a serem cruzados e, então, um desafio bastante peculiar: um pé de vento que arremessava facas afiadas.[10]

Na maior parte dessas concepções, porém, guias ou guardiães — e seres que tanto nos dão reconforto como nos desafiam — habitam o pósmorte ou se interpõem na caminhada dos viajantes, em pontos determinados de sua jornada. Tipos específicos de figuras são recorrentes: os barqueiros, por exemplo, que transportam os espíritos no cruzamento dos rios que se apresentam nas paisagens do pós-morte. Chamava-se Carão o barqueiro da mitologia grega que transportava os espíritos na travessia do rio Estige. O grupo ijo, do oeste africano, também tem os barqueiros como seus guias: "Eles são responsáveis por transportar as pessoas do mundo dos vivos para o dos mortos", informou-nos um pesquisador sênior ijo. "Se se fizerem os sacrifícios adequados em sua honra, acredita-se que podem trazer determinados mortos de volta à vida."

Entre os yorubá acredita-se que os parentes e amigos mortos servem como guias aos espíritos. São eles que oferecem as boas-vindas a estes últimos, em um ritual que guarda reminiscências de muitos relatos de experiências de quase-morte; segundo esses relatos, os entes amados e os membros da família aguardam os sujeitos dessas experiências ao final de um túnel e incentivam os que estão à morte. Os membros da família e os chefes da comunidade levam os espíritos dos ijo que acabam de morrer, perante o Rei do Pós-Morte. "Por que não fazem um ato de saudação?", perguntou um de nossos informantes. "Alguns membros vivos da família enviam mensagens e presentes a serem entregues a seus familiares e amigos que partiram através daqueles que estão prestes a serem enterrados." Mas familiares e membros da tribo não são os únicos a enviar suas saudações aos reinos das possibilidades. Nos paraísos hindu e budista seres belos e sensuais desempenham não apenas o papel de guias, mas fazem parte dos prazeres que cercam os bem-aventurados — objetos sensuais e sexuais cuja disponibilidade recompensa os espíritos que mantiveram a autodisciplina durante toda uma existência terrena.

A beleza dessas adoráveis figuras nos remete aos anjos. Mais particularmente na tradição cristã, eles atenderam por muito tempo a uma função de certa forma decorativa, e suas presenças e número conclamavam as atenções para a profunda sacralidade de Deus. Nas tradições mais primitivas, porém, os anjos eram vistos como mensageiros, e a suposição mais prazerosa que poderia advir da atual preocupação que se observa em relação a essas presenças aladas, é a de que elas tiveram suas origens no mundo dos pássaros, os quais freqüentemente são vistos acompanhando os espíritos no pós-morte.

Embora esses anjos já tenham sido estudados, descritos, alocados e classificados há séculos, foi um místico e teólogo do século XVI chamado Dionysius que elaborou seu sistema hierárquico — os anjos que ocupavam os escalões mais altos dessa hierarquia eram os que se encontravam mais próximos de Deus. Quanto mais alto o nível, mais incorpóreos eram esses seres; os das escalas mais baixas apresentavam características mais físicas.

Eis algumas das categorias elaboradas por Dionysius:

- Os serafins ocupam o mais alto escalão. Como Deus, são absolutamente incorpóreos. Seu próprio nome tem o significado de radiância, sugerindo o poder que incendeia. Cercam o trono de Deus e são dotados de seis asas. Apresentam-se armados de espadas.
- Os arcanjos vêm à terra sempre para anunciar grandes acontecimentos. Gabriel, que assinalou a chegada de Cristo e, com seu clarim, assinalará o julgamento final, era — é — um arcanjo.
- Os querubins não são obrigatoriamente aqueles bebês de membros gorduchos, alados, que foram retratados nas pinturas do Renascimento; na verdade, podem mostrar-se sob formas muito mais exóticas. Tal como os imagina Ezequiel, na Bíblia, um único querubim é um ser composto de quatro criaturas, dotadas de quatro cabeças e quatro pares de asas — e de cascos fendidos, como os das crias das vacas. Segundo alguns escritores, os querubins têm significativa responsabilidade quanto às leis que regem o universo. São criaturas temerosas, dignificadas e importantes.
- Os anjos chamados de Dominações estão ligados aos regulamentos que regem os demais anjos. Aspirando a um verdadeiro domínio, trazem o cetro e o orbe como emblemas de sua autoridade.[11]

O entusiasmo atual que se observa com relação a essas figuras propiciou uma outra forma de classificação angélica: direcionada à área de experiência por eles apresentada. Assim, Gabriel, Rafael e Miguel são anjos relacionados ao amor, sendo que os dois últimos tratam também de milagres. Nos assuntos relacionados à compaixão, contamos com Tadhial; com a paciência, com Oriphial; com o otimismo, com Verchiel.[12]

Todos são alados. E eis um adorável detalhe relacionado a essas asas: os anjos não pecisam agitá-las. Seus pensamentos e seu desejo, sozinhos, têm o poder de movê-las, levando-os para onde desejarem.[13]

VISIONÁRIOS

Os xamãs das culturas tribais são os emissários designados para o desconhecido; para tanto, um treinamento rigoroso precede sua penetração para além dessa fronteira. Na década passada, leu-se muito sobre as viagens pelo imaginário dessas culturas tribais e, nos anos recentes, muitos ocidentais ansiaram e buscaram pela sabedoria xamânica que permitisse ser aplicada a seus próprios destinos — tanto no que se referisse à vida terrena quanto no pós-morte.

Mas o Ocidente possui seus próprios viajores visionários: são os que sentem, percebem e vêem as possibilidades que existem para além da morte. Eis aqui uma amostra das visões ocidentais, dentro da miscelânia de imagens globais referentes ao pós-morte.

EMANUEL SWEDENBORG

Nunca houve observador vivo do pós-morte tão prolífico e que se expressasse de modo tão minucioso como esse místico do século XVIII. Dominando um surpreendente leque de talentos, ao chegar à meia-idade, Swendenborg passou a alcançar estados profundos de transe durante os quais visitou os espaços do pós-morte, comunicou-se com os mortos e de lá nos trouxe relatos detalhados sobre os reinados do além.

Ao final de sua existência, esses relatos já chegavam a vinte volumes. É fascinante o fato de que, visto sob a óptica de nossos dias, o que ele descreve assemelha-se de modo surpreendente aos relatos contemporâneos: tanto em uns como em outros observam-se, em minúcias, a passagem por um túnel escuro, a presença de espíritos que oferecem suas boas-vindas ao viajante, cenários de fábula onde tempo e espaço não existem, uma deslumbrante fonte de luz que emite a essência do amor, e a retrospectiva da vida passada, a que todos os espíritos que ali chegam são submetidos. De particular interesse, porém, em seus detalhes, são os relatos que esse filósofo nos faz das "bolas de pensamento", forma de linguagem de que os anjos fazem uso para se comunicar.

Como Swendenborg acredita nas possibilidades que nos descreve, suas assertivas são claras: "Tudo o que acabo de escrever é tão real como o fato de vocês estarem me vendo agora", escreve. "Eu teria dito muito mais, se isso me tivesse sido permitido. Depois que morrerem vocês verão tudo isso e então muito teremos a nos dizer sobre esse assunto".[14]

RUDOLF STEINER

Rudolf Steiner, filósofo ocultista e erudito em letras, viveu no final do século XIX e início deste (1861-1925). Sua vasta produção literária é prova do amplo domínio e conhecimento que demonstrava tanto para discutir a vida além da morte e o renascimento pela vida embrionária no útero materno, como para desenvolver conceitos inovadores nas áreas da medicina, educação, arquitetura, teatro, agricultura e arte. Era capaz de ultrapassar fronteiras como se estas não existissem. Para ele, quaisquer dessas viagens — por exemplo, a que se faz da vida até o após a morte, e sem regresso através da vida embrionária — tornava-se uma investigação sobre o crescimento espiritual, e como este crescimento se inseria no processo evolutivo de todo o universo. A descrição mais fascinante e (vitalmente) imaginativa que nos deu mostra-se relacionada a viagens feitas no pós-morte, a planetas distantes.[15]

Terence McKenna

Uma dentre as mais intensas visões ocidentais do pós-morte nos é trazida por nosso contemporâneo Terence McKenna, etno-botânico e autor do *Food of the Gods: The Search for the Original Tree of Knowledge*. Fazendo uso do produto químico dimetiltriptamina (DMT) transportou-se a outros mundos, os quais equiparou àqueles do pós-morte.

O DMT é um alucinógeno que altera a capacidade visual e, como o afirma McKenna, "oferece uma tremenda permissibilidade à imaginação". Afirma que a droga nos permite ver o que há do outro lado, e que muitos dos que, de forma independente, tomaram a mesma dosagem, relataram terem tido precisamente os mesmos graus de percepções.

"Você explode no espaço", diz. "De alguma forma, que não se sabe precisar qual, chega-se à afirmação de que se trata de um submundo e que sobre este há um peso imenso. Somos dominados por uma sensação de enclausuramento, apesar do espaço, em si, ser aberto. O ambiente é quente. Agradável (...) [e] não cabe incerteza alguma sobre a presença de entidades (...) ali."[16]

Essas entidades, como o autor especifica, são bolas adornadas de jóias, possuidoras de movimento próprio e que se apresentam em dimensões idênticas às das bolas de basquete — mas tão belas quanto, e mais marcantes na memória do que os ovos de Fabergé (e que as bolas de pensamento de Swedenborg). Esses globos movem-se com grande velocidade e mudam rapidamente. Aguardam por nossa chegada e nos saúdam carinhosamente quando nos aproximamos. "Não dêem lugar ao espanto!", nos exortam. "Não dêem lugar ao assombro!" Mas nós *nos* assombramos. Quando esses seres globulares falam, suas palavras se fazem visíveis por meio de complexas formas geométricas. O sentido do que nos dizem expressa-se por intermédio de seu olhar.

Aquilo que esses globos nos transmitem diz respeito ao caráter de inter-relação inerente à realidade. Essa idéia nos é expressa de várias maneiras, e isso resulta numa contínua e crescente conscientização de nossa idéia de totalidade e de integração, em meio a esse paraíso psicodélico. Nenhuma forma de recompensa ou castigo invade o paraíso dos ovos de Fabergé. Em vez disso, a emoção que mais sobressai é o júbilo, a felicidade profunda que sente o visitante diante do súbito e indubitável entendimento da interligação que existe entre todas as coisas.

Cada um desses homens expressaram visões distintas do provável. Quantas mais dessas visões poderemos colher no mundo todo?

REFLEXÕES SOBRE O ESTÁGIO DAS POSSIBILIDADES

Tenho tido muitas conversas maravilhosas com meus amigos, conhecidos e clientes sobre as ricas e coloridas paragens do pós-morte aqui descritas e sobre o quão agudamente elas contrastam com outras visões, limitadas, dos destinos que aguardam os que morrem. Observei pessoas enlutadas, que antes se perguntavam "Onde estará ela agora?", tornarem-se cada vez mais fascinadas e esperançosas diante da descrição da jornada na estância do Bardo, proporcionada pelo budismo, ou das vacas dos desejos, no belo paraíso hindu, prontas a premiarem os espíritos recém-chegados com o atendimento a seus desejos mais íntimos.[17]

De todos esses conceitos, porém, o que nos assevera que aquele que morreu encontra-se em algum lugar determinado é o que mais nos traz conforto. Porque se contrapõe à temível imagem de um espírito minúsculo, solitário, a vagar pelo espaço em total esquecimento. A própria noção da viagem que tem um destino, no pós-morte, carrega em si um sentido de não-ruptura com a realidade — de um caminhar provido de intencionalidade, energia e, quem sabe, até mesmo de júbilo, de permeio a todo um mosaico de possibilidades.

6

ESTÁGIO IV:
DO RETORNO

UM RETORNO ... NO IMAGINÁRIO

Ele deve partir. Emoções terrenas já invadem seu ser e uma emoção profunda lhe aflora a alma. Ele não deseja ir, mas, mesmo assim, o atrai a curiosidade pela nova existência que lhe caberá viver, e a mudança o faz vibrar de excitação. Ao modo mais terreno, põe-se a pensar se não haverá ali algum equívoco. Com certeza já terá resgatado o suficiente (se ao menos conseguisse lembrar!) que lhe permita ser absorvido no seio do Ser Maior.

Mas não há como resistir nem como argumentar... não há nada contra o que argumentar. Presentemente, só lhe resta a expectativa de ser impulsionado em direção à sua nova existência. Ele acredita e espera que, bem no início, se dará um momento no qual terá certeza de estar a caminho — depois disso, o esquecimento: todo o seu atual conhecimento sobre os intervalos que ocorrem entre as encarnações vai desvanecer-se, e ele encarnará em um ser vivente no útero terreno de uma mulher.

Que assim seja, então. Provavelmente isto já terá ocorrido, ele supõe, por várias vezes no passado. Essas paradas, das quais lhe foi dado desfrutar no período entre suas encarnações, sempre haviam sido um espaço pleno de alegria e de beleza. O simples desejo de que a lembrança permaneça com ele, é a prova da sua necessidade de tornar à vida novamente.

Deseja loucamente poder guardar dentro de si, mesmo apenas um toque, um fragmento, uma vaga intimidade da música sussurrante que é a comunicação nesse espaço! De fato, esse desejo já se lhe torna insuportável; quando pensa ao que terá de renunciar, a raiva que o assalta é demasiado aguda: invade-o o sentimento da injustiça de que tudo isto se reveste; esse sentimento parece tomá-lo por completo... e ele parte.

Os destinos designados não devem, necessariamente, durar permanentemente. As jornadas não precisam ser unidirecionadas. As possibilidades que se abrem aos viajantes do pós-morte nem sempre os tomam e prendem para sempre. Para muitas das culturas hoje existentes no mundo, a jornada no pós-morte não se mostra como um arco — que vai de um ponto de partida e termina em outro, de destinação — mas são concebidas como um círculo. O retorno está implícito na partida. Contida na morte está a semente do renascimento. É verdade que a circularidade da jornada é, na maior parte das vezes, incompleta; a trajetória mais se parece a uma esfera: o viajante retorna, sim, mas a um novo lugar e sob a forma de um indivíduo diferente. Sob essa óptica, a quantidade de reinos possíveis da realidade aumentam além de qualquer medida: não apenas, no pós-morte, o espírito percorre paragens que lhe são absolutamente desconhecidas como também, ao retornar, defronta-se com uma infinita variedade de experiências na vida terrena.

JOSIE

Embora durante muitos anos tivesse me dedicado ao trabalho com crianças de escolas especiais, nunca tratei nenhuma delas em minha prática psicoterápica: não disponho da infra-estrutura necessária. Para tanto fazem-se necessários certos instrumentos: brinquedos, casas de bonecas, instrumental para prática artística e assim por diante — além de uma quantidade de livros que precisam ser lidos. Já faz muito tempo que os li, e meu consultório contém muito pouco daquilo que uma criança apreciaria, à exceção, talvez, de lápis e blocos de papel. Além disso, nunca tive inclinação para tratar de crianças em psicoterapia individual. Mas abri uma exceção (uma vez só, uma exceção de "duas semanas", gentileza que prestei a uma cliente) para Josie.

A mãe de Josie, Gweendolyn, era minha cliente e estava muito agitada por causa dessa filha de doze anos. Em resumo, essa menina aparentemente saudável e bem-ajustada apresentara um surto psicótico: durante várias tardes e noites mostrara-se totalmente fora de controle. Com um martelo, resmungando ou gritando estridentemente, impossível de ser fisicamente contida, Josie acabara danificando a maior parte da mobília da casa onde residia com sua família. A seus pais sobravam escassas opções além de interná-la durante o que esperavam ser um curto espaço de tempo. Mas, antes que Gwendolyn me fizesse alguma solicitação nesse sentido, Josie teve de ser internada em um hospital particular por seis longos meses.

Àquela época, feliz ou infelizmente, após muitos contratempos Josie retornava ao lar. Depois de uma longa seqüência de adiamentos finalmente deveria ser liberada para passar em casa toda uma semana, já que seu novo psiquiatra estaria fora, em uma viagem de há muito planejada. Na ocasião, Gwendolyn encontrava-se especialmente assoberbada com compromissos relacionados à sua própria mãe, avó de Josie. "Se você pudesse dar apenas uma retaguarda", implorou-me Gwendolyn. "Atenda minha filha, ajude-a a manter seus pés no chão, tenha com ela nem que seja apenas algumas conversas até que seu psiquiatra volte. Estamos atravessando uma época tão difícil!"

"De jeito nenhum!", respondi. Tanto profissional como pessoalmente sentia-me completamente despreparada para desempenhar tal papel. O trabalho com crianças exige muito — e não havia nenhuma forma de encaixar Josie em minha agenda lotada. Tratava-se de uma daquelas solicitações nas quais nem é preciso pensar a respeito. Colocar minha cabeça na boca de um leão, navegar em um barril nas cataratas do Niagara? A resposta foi não.

Foi então que tive um sonho. Nele, me via pescando em companhia de meu pai e consegui pescar um grande peixe. Quando tirei-lhe o anzol percebi que este se fixara não apenas no peixe grande mas alcançara também outro, menor. O primeiro deles seria apenas um invólucro, uma proteção para o segundo. O sentido daquele sonho pareceu-me óbvio demais: não se trataria apenas de algo que eu quisesse aceitar; mas, partindo da premissa de que eu poderia estar abrindo mão de algo, consultei uma colega junguiana sobre o sonho. Depois de me indagar sobre o que estava ocorrendo em minha vida e no meu consultório, sua resposta foi inquestionável: "Parece que Josie é sua cliente, quer você queira ou não. É um sonho realmente forte, Sukie". E assim, Josie se tornou minha cliente.

O trabalho com essa jovem menina transformou-se no desafio de minha carreira. Assustada, inteligente, engraçada e muito difícil, Josie estava desorientada e parecia tão insondável quanto os pacientes do Bellevue junto aos quais eu trabalhara como voluntária, em minhas férias de verão, quando tinha dezesseis anos. Mesmo assim, nos demos bem. Apesar da implacável confusão que a dominava, para minha grande surpresa Josie nunca faltou a nenhuma sessão, embora sempre acabasse por destruir minhas caixinhas de lenços de papel, espalhando seus chumaços por toda parte; e ainda que, no começo, nunca — mas nunca — houvesse dirigido seu olhar para mim, senti que, de alguma forma, estávamos ligadas uma à outra.

Incapaz de explicar o que ocorria entre nós e muito pouco apta a conceituar o que poderia estar acontecendo em meu trabalho com aquela pré-adolescente, fiz incansáveis consultas a psiquiatras, psicofarmacologistas, assistentes sociais e especialistas em distúrbios infantis. Prucurei buscar informações junto a todo profissional informado que pudesse me oferecer um vislumbre de como melhor ajudar aquela criança. Sentia que me faltava uma peça mas não conseguia definir qual: segundo Gwendolyn, Josie havia tido um desenvolvimento bastante normal, sua família era basicamente saudável, nenhum acontecimento traumático ou incomum antecedera o ataque e os testes haviam provado que, do ponto de vista neurológico, ela era uma criança normal — mas, ainda assim, faltava uma peça do quebra-cabeça. Centralize-se em Gwendolyn, disseram-me os que consultei; e assim o fiz. Leve em conta o pai: levei. Observe seus sonhos: fiz isso. E os de Josie, claro, analisei também. Tudo isso foi de grande ajuda mas, ainda assim, me faltava uma peça do quebra-cabeça. E em todo o tempo eu me perguntava o que aquela criança estava fazendo bem no meio de minha clínica, voltada para adultos.

Mas eu estava fascinada, compelida em sua direção — e encantada por ela. Havia algumas coisas em Josie. Embora infeliz e amedrontada, mostrava com frequência seu senso de humor. Era uma artista fabulosa, intuitiva. Ruiva, e um tanto gorducha. Interessante (pensava eu comigo mesma, ciente de que estava me identificando em demasia com minha paciente): também me consideram engraçada, sou grande amante das artes — possuo até uma coleção de arte folclórica — sou ruiva e estou sempre a um passo de me tornar uma gorducha. Ambas gostávamos de comer e, com o decorrer do tempo, e à medida que Josie se recuperava, passamos a "quebrar regras" da sessão — e saíamos para tomar *sundaes* com calda de chocolate derretido ou nos púnhamos a falar sobre brioches com creme de queijo. À noite, rompendo ainda mais as regras — dessa vez aquelas que separavam minha vida pessoal da profissional — mantínhamos por telefone longas conversas, frenéticas, agitadas; minha jovem paciente, que de várias maneiras havia perdido a maior parte de suas habilidades sociais básicas, estava encontrando muitas dificuldades em relacionar-se com seus colegas, na nova escola especial que passara a freqüentar.

"O que eu faço quando alguém me diz 'oi'?", perguntava, em uma de nossas típicas conversas, às nove horas da noite.

"Você diz 'oi' também", respondia eu, tentando colocar as coisas de modo tão concreto quanto ela o fazia.

"É para sorrir quando respondo 'oi'?"

"Se gostar da pessoa, sim. Você sorri mais, se gostar mais; sorri menos, se gostar menos das pessoas."

"Mas como eu vou saber o quanto gosto da pessoa, Sukie?"

E assim ia, toda uma noite de perguntas que lhe brotavam diretamente do coração. Josie aprendia rápido; uma vez aplacada alguma crise básica, ela assimilava com facilidade as respostas. Mas só até a noite seguinte, quando me telefonava para que eu lhe decifrasse o seguinte dilema: "Como faço quando ando pela rua com uma pessoa a meu lado, Sukie?" Sob muitos aspectos ela se assemelhava a uma criança que tivesse de ser criada de novo e rapidamente, antes que perdesse tempo demais.

Gwendolyn demonstrava estar feliz e aliviada com a força da ligação que havia entre mim e Josie, e o período de duas semanas, que havíamos combinado, transformou-se em dois meses. Eu me via absolutamente desnorteada em relação a mim mesma. O que estava ocorrendo comigo? Sempre me apoiei em regras, segundo as quais havia definido minha prática profissional. Estaria sendo negligente quanto a mim mesma e àquele caso? E se estava, por quê? Não conseguia as respostas para essas perguntas — e não conseguia recomendar Josie a outro terapeuta. Ela estava obtendo progressos (embora caminhasse dois passos para diante e um para trás), parecia encontrar uma espécie de conforto em nosso relacionamento e, de uma certa e profunda maneira, parecia também estar crescendo, algo que nos era confirmado pelo psicólogo e pelos professores da escola que freqüentava.

Continuei a consultar especialistas de todos os ramos e, um dia, decidi ir ainda mais longe e consultar Michael Lutin, um astrólogo a quem nunca consultara, mas do qual meus amigos me falavam muito bem. Considerei que ele poderia traçar o mapa astrológico de Josie e determinar as influências sob as quais ela se encontrara na época de seu nascimento, algo que pudesse me fornecer alguma percepção sobre os recursos e problemas que eram inerentes à sua personalidade. Mas, depois de ouvir o que lhe contei sobre mim e também sobre Josie, Michael me fez uma pergunta que me surpreendeu: "Sukie, o que você fazia seis meses antes dos seis meses que precederam o nascimento de Josie?".

A resposta veio à minha mente como um rojão: há doze anos eu sofrera um aborto. Meu marido e eu ficamos terrivelmente frustrados por termos perdido a criança. Fora algo totalmente inesperado que nos abalou como se tivéssemos levado uma punhalada nas costas.

"Tive um aborto", sussurrei em resposta à inesperada pergunta de Michael, abatida pela intensidade daquela lembrança. Michael e eu permanecemos ainda sentados em silêncio, até que não pude mais suportar: "Então, o que está pensando sobre isso, Michael?", perguntei, afinal.

"Sukie", disse-me ele, com delicadeza, "talvez Josie seja a criança que você perdeu."

Senti que uma garra se prendia em meu peito. Mal podia respirar. Ponderei, pensei comigo mesma, considerei suas palavras. Finalmente, do mais profundo do meu ser, de um ponto que ainda não se havia cicatrizado, chorei.

Michael Lutin foi o último especialista a quem consultei para me ajudar a tratar de Josie. Depois de nosso encontro, senti que havia encontrado a peça que me faltava. Continuei a tratar de Josie, já permitindo que a alegria e o amor que sentia por ela se integrassem em nosso trabalho — e não fossem deixados porta afora, como fizera tão escrupulosamente antes. Um dia, cerca de um ano após minha consulta com Michael, Josie me perguntou se eu era sua mãe. "Você sabe sabe bem mais do que isso sobre como são as coisas," respondi, alerta e consciente de que estávamos tratando ali de muito mais do que um mero surto de transferência psicanalítica, no qual, ser vista como mãe (ou outra figura importante) era meta natural do paciente. "Eu sei", respondeu ela, "mas quero dizer só parecida, um tipo de faz de conta, por um pouco de tempo. Mais do que antes, quanto eu estava doente mesmo. Você sabe", finalizou. "Bom, está bem, um tipo de mãe", foi tudo o que fui capaz de responder.

No final, acabei tratando de Josie por três anos, passando de sessões diárias para duas e, por fim, uma vez por semana. Ela ganhou altura; eu sou baixa. Seu nariz ganhou um novo perfil e, como começasse a época da moda *punk*, começou a tingir de verde seus cabelos ruivos. As semelhanças que existiam entre nós começaram a se desvanecer, Josie melhorou e foi bem encaminhada para se tornar uma adulta bem-sucedida. Um dia, em uma de nossas sessões costumeiras, anunciou-me à sua maneira direta: "Já cresci mais que você, Sukie. Agora preciso falar com uma pessoa que trate de adultos." E nossa agenda de consultas chegou ao fim.

Qual teria sido a possível sugestão de Michael Lutin?

Simplesmente, a de que o corpo de Josie seria o invólucro, a nova "residência" ocupada, no seu retorno do pós-morte, por um determinado espírito: um ser humano que uma vez existira em outro corpo e que já uma vez partira desta vida — neste caso específico, antes de ter nascido.

Lutin me dissera que Josie poderia ter sido minha filha, em outra encarnação, que teria voltado para completar tarefas que ainda lhe restavam por realizar no mundo dos vivos e, especificamente, junto a mim.

Muitos poderiam pensar que a idéia, de que Josie seria a reencarnação de minha filha que não chegou a nascer, seria uma algo ultrajante, absurdo e inacreditável. Mas para outros, de muitas culturas, essa idéia não apenas faria perfeito sentido como apresentava foros de verdade, o que explicaria tanto os problemas que a haviam afetado como nosso subseqüente relacionamento. Para muita gente, das mais variadas partes do mundo, o retorno é tido como certo.

O fato de a pessoa reencarnar após cada uma de suas mortes físicas é ponto fundamental no sistema de crenças do oeste da África. O indivíduo igbo diz:

Quando eu voltar à Terra
Serei um grande homem ou mulher

Quando voltar à Terra
Nunca mais tornarei a ser
Nativo desta cidade

Quanto eu voltar à Terra
Não serei uma pessoa compassiva

Quanto eu voltar à Terra
Serei um erudito

Volte eu aqui mais sete vezes
ou oito mais

Nunca mais serei de novo nativo desta cidade.

"No tempo antigo", escreve um especialista em cultura igbo, "tão logo uma criança nascia, convidava-se um adivinho para que descobrisse qual, dentre seus ancestrais, havia retornado à família na pessoa dessa criança... Assim que ele adivinhava-lhe o nome verdadeiro, realizava-se um sacrifício de boas-vindas em honra àquele ancestral; sacrificava-se um carneiro não castrado, se se tratasse de um ancestral masculino; e de uma galinha ou cabra, se do sexo feminino. Quanto a certos tipos de ancestrais (isto é, os guerreiros), caso a cerimônia em questão não fosse efetuada logo após seu nascimento, estes voltavam ao mundo dos espíritos (morriam), não sem antes causarem várias dificuldades à família."[1]

"Minha mãe faleceu em 1981", conta-nos um pesquisador sênior ioruba, "e no ano seguinte minha esposa deu à luz àquela menina que você pode ver do lado de fora desta casa. Ela puxou muito à minha mãe — tanto que lhe demos o nome de Iyabo, que significa 'Mamãe de Volta'." Quando aquela família ioruba notou a semelhança existente entre a menina e sua avó, o fato em questão não se restringiu a um caso de mera similitude; acreditou-se que o espírito que habitava aquele corpo *era* a avó.

Em outra de minhas visitas à África, minhas perspectivas ocidentais foram ao encontro da realidade nigeriana, por ocasião de um elegante jantar na residência de um professor bastante conhecido, para o qual Edmundo e eu havíamos sido convidados. "Ah, aí vem papai", anunciou o homem, quando saboreávamos as bebidas; todos nos levantamos, esperando deparar, dada a idade do professor, com um frágil velhinho de seus oitenta anos. Mas na sala, aos pulos, irrompeu um menino de três anos cheio de energia e curiosidade. O anfitrião, notando minha confusão, mostrou-me uma marca que havia na testa do filho — uma pinta, para ser exata — e explicou-me que seu pai tinha a mesma marca, no mesmo exato lugar. "Ele participa de todas as reuniões de nossa família, de todas as decisões que tomamos e se senta no mesmo lugar onde meu pai se sentava. Ele *é* meu pai", afirmou-me. "O retorno dos espíritos que nos deixam por causa da morte não é um conceito, como vocês o denominam", continuou, "mas uma realidade em nossas vidas. Eles se vão e retornam. Trata-se de um ciclo."

Em todo o mundo acredita-se que os espíritos renascem. Em alguns grupos sul-americanos, por exemplo, os xamãs presidem aos nascimentos. Entre os makuna, cabe-lhes guiar a alma do ascendente desde a casa dos mortos, no pós-morte, até sua nova moradia, o corpo do recém-nascido.[2] Em outros grupos, as parteiras auxiliam estas transferências. Entre estas populações, as parteiras não são vistas, apenas e simplesmente, como as que atendem aos partos: no papel de transmissoras que lhes é atribuído, elas desempenham a função de guias da jornada que transpõe o limiar para a vida.[3]

Vislumbres de Imortalidade A Partir das Recordações Vindas dos Primórdios da Infância

Nosso nascimento nada é senão adormecimento e esquecimento:
A Alma que conosco se alça, Estrela de nossa vida,
Em outro espaço teve seu ocaso.
Da distância procede
A médio esquecimento
Embora não dentro da mais despojada nudez:
Cavalgando nuvens de glória, viemos
De Deus, que é nosso lar:
Em nossa infância, o Paraíso repousa a nosso redor!
As sombras da casa, que é cela, começam a cerrar-se
Sobre o Menino que cresce
Mas Ele contempla a luz e sua origem
Ele a contempla em meio ao júbilo que o invade;
Ao Jovem, que dia a dia se distancia da Aurora,
Cabe partir: ainda é essa a Ordem da Natureza
À qual, pela visão esplêndida que possui,
Em sua caminhada obedece;
No percurso que faz, ao Homem
Fenece a percepção que dela guarda em si,
E esta se esmaece com a luz do dia.

William Wordsworth, 1807

Entre os membros de um determinado grupo de aborígenes australianos denominado yongu, não são nem xamãs nem parteiras os médiuns que facilitam a passagem dos espíritos. Quando estes se libertam de seus corpos, na morte, elevam-se do solo sob a forma de nuvens e se deixam arrastar pelos céus até o momento de seu retorno à terra, agora sob a forma de chuva. Esta penetra nos cursos d'água e nos rios e os espíritos passam a fazer parte das rochas que circundam os poços dos vivos e dos objetos sagrados que estes colocam ao pé desses mesmos poços. Sem o saber, as mulheres que bombeiam, lavam ou bebem dessa água concebem-nos — isto é, os espíritos que estão na água, nos poços e nas rochas entram nos corpos das mulheres e tomam a forma dos filhos que elas conceberão. Dessa forma os espíritos, uma vez alojados nesses corpos que estão vivos sobre a terra, renascem como outros indivíduos. Para os yongu, portanto, o renascimento não é tão natural apenas como o eterno ciclo terreno da água: faz parte da teia de ciclos naturais dentro da qual vivemos e morremos.[4] Um pesquisador sênior ioruba apontou as seguintes evidências, que nos cercam por todos os lados:

"Quando se planta o milho, ele germina e cresce. Quando amadurece, colhem-se seus grãos; no ano seguinte plantam-se mais uma vez as sementes que, ao final, germinarão. Isto demonstra que nesta terra, tudo o que morre deve retornar.

"O retorno à terra demonstra-se também por meio do Sol, da Lua e de outros corpos celestes. Quando amanhece, o Sol se levanta; mas se põe ao entardecer, para se levantar apenas na manhã seguinte. A Lua fica alta no céu por catorze dias; desaparece depois, por outros tantos, antes de ressurgir novamente sobre a esfera da humanidade. Assim é a experiência humana."

Em muitas culturas, o espírito de forma alguma é visto como fenômeno estritamente humano. Relatório que comprova esse fato nos vem da dra. Maria Paradiso, antropóloga que se dedica ao estudo da tribo indígena brasileira dos krenar. À época em que nos falamos, há alguns anos, a terra dos krenar se via ameaçada em função da destruição da Floresta Amazônica, sendo que apenas 96 de seus membros ainda sobreviviam. A dra. Paradiso disse-me então que os krenar acreditam que os seres humanos possuem sete almas embora apenas uma delas, a que a pessoa traz consigo ao nascer, ocupe o lugar principal. No momento da morte os espíritos que vivem na floresta apoderam-se desta alma e a pessoa morre (quando eles capturam qualquer das outras seis, a pessoa adoece). Com a morte, as demais seis almas são libertadas — mas a pessoa não terá paz até que a alma principal, a que foi capturada, seja solta.

"E como se dá isso?", perguntei. "De que forma a alma capturada é solta?"

"Ela precisa ser alimentada. Os vivos devem colocar alimentos sobre seu túmulo durante vários anos. A alma vem ali para alimentar-se e, por fim, os espíritos que a prenderam se satisfazem e deixam-na partir."

"Contudo, enquanto esses espíritos *não* estiverem satisfeitos — se a comida deixada for insuficiente ou a sepultura não for bem cuidada — a alma cativa se transformará numa pantera — e não uma pantera mansa, mas uma daquelas destinadas a atacar a comunidade. De forma que, como você pode ver", continuou ela, "os krenar convivem com um enorme temor a esse animal. É assim que eles vêem a morte: como um tipo de felino que ataca a comunidade."

Há muito tempo — e a meio mundo de distância — a crença existente na Grécia antiga, de que o espírito dos seres humanos pode transmigrar para animais, levou alguns indivíduos à pratica do vegetarianismo. Entre os que a ela se dedicavam proibia-se o alimento proveniente de corpos de animais, porque estes poderiam ter abrigado almas humanas. Uma visão ainda mais extremada dessa seita admite que o mesmo podia-se afirmar com relação a frutas e vegetais — o que significava que, embora esses crentes devessem alimentar-se destes últimos para poder sobreviver, deviam recusar-se a cortá-los com suas próprias mãos; assim, deixavam essa tarefa para os crentes de classes mais baixas. Alimentar-se de um pimentão poderia, à primeira vista, parecer um ato bastante neutro — mas ninguém poderia desejar morder a alma deste ente vegetal.[5]

A HISTÓRIA DO MAHAPATRA

Entre muitas culturas tribais inexiste a crença do retorno à terra: as pessoas deslizam, soltam-se e vão-se para sempre da vida terrena. Em alguns desses grupos, apenas os "bons" retornam; e, dentre estes, apenas aqueles que tiveram uma "boa" morte — ou seja, uma morte que se deu a tempo, natural, marcada por rituais de sepultamento cuidadosamente executados pelas pessoas enlutadas — têm a oportunidade de retornar. Em outros desses grupos, o retorno tem como fundamento o fato de a pessoa ter sido "má", ter falhado quanto às contribuições que deveria ter feito e ter deixado questões a serem resolvidas, como a perpetuação de um crime, por exemplo.

Nas tradições religiosas budistas e hindus o conceito de carma vem somar complexidade, drama e suspense ao processo do renascimento. O modo como a pessoa agiu no passado será determinante da forma como se dará sua volta, onde, se, e em que circunstâncias isso se dará. Nessas tradições, altamente desenvolvidas e fascinantes, a Roda da Vida dá voltas e mais voltas e não será senão depois que todas as conseqüências das vidas passadas tenham sido suficientemente resolvidas que o espírito poderá ser liberto e solto. A libertação (que, segundo a tradição hindu, se dá em relação a todos os desejos terrenos e, sob a óptica budista, de todas as ilusões) nos permite escapar da Roda da Vida e nos tornar parte de uma realidade maior e mais profunda.

O carma tudo transforma. Se ele determinará o tipo de vida a ser vivida na próxima vez, não há razão de o espírito voltar a viver uma vida semelhante àquela que já viveu. Ao contrário, a pessoa que se conduziu corretamente na vida, em sua próxima volta será recompensada com uma experiência mais tranqüila. Os maus serão punidos com uma dura existência de miséria — e ninguém, nenhuma deidade poderá ser responsabilizada por isso. Paradoxalmente, esse sistema pode ser encarado como a mais refinada expressão da responsabilidade pessoal.

"A meta é escapar do retorno" — informou-nos o Mahapatra indiano, em uma das pausas de seu ritual de atendimento aos mortos — "mas a maior parte das pessoas se encontra tão atolada em seus carmas que não consegue escapar deles. Dessa forma, o destino mais imediato que se lhes apresenta é uma nova vida; e o descanso, ou cessação, sua meta derradeira (...) O Bhagavad-Gita oferece-nos um exemplo importantíssimo sobre esse assunto: na passagem, Krishna explica (...) que as almas deixam de lado ou vestem um corpo da mesma forma como os homens se despem de suas vestes antigas para envergarem outras, mais novas. E segue nos explicando que a alma é imortal — o fogo não pode queimá-la, a água não pode molhá-la, as armas não podem feri-la. O corpo pode ser destruído mas não a alma, que é indestrutível e prossegue, vida após vida, até se libertar e se encaminhar a Deus."

A descrição resumida feita pelo Mahapatra, quanto ao processo da morte e à forma como esta se encontra intimamente relacionada ao retorno à existência, apenas lança uma luz sobre a complexidade de que se reveste cada destino humano:

"Quando Yamaraj chega para tomar em suas mãos a vida de alguém, a primeira coisa que faz é agarrar seus pés. Em seguida, passa a tentar extrair o *prana* (vida ou alento vital) desse corpo, movendo gradualmente a perna em direção à região da cabeça. Exerce movimentos de pancadas sobre o *prana* para fazer com que este venha em sua direção. É por isso que a morte sempre se faz acompanhar de uma grande dor. O *prana* tenta escapulir ao Yamaraj e flui para o alto do corpo, agasalhando-se no tórax do indivíduo; esta área passa então a servir-lhe como última pousada. Dali, se conseguir alcançar a região da cabeça, poderá escapar por quaisquer dos orifícios lá existentes — boca, narinas, orelhas, olhos, por exemplo, ou, se a pessoa tiver muita sorte, pelo alto do crânio. Se não o conseguir, terá de escapar pelo ânus, o que significa que esse viajante estará destinado ao inferno.

"Quando o *prana* se solta pelo topo do crânio, significa (...) que o viajante não terá de retornar à terra sob forma alguma.

Lá se encontra uma substância gelatinosa, repositório da inteligência e da sensibilidade. É por meio dela que a pessoa consegue distinguir o que é mau do que é bom. Quando, no processo da morte, essa substância gelatinosa se rompe espontaneamente, o viajante passa a dispor da rota solar (...) A morte via qualquer dos demais orifícios torna disponível ao *prana* a rota lunar — neste caso, a pessoa deverá retornar à Terra."

Sri Aurobindo, filósofo místico indiano, explica o sentido da mudança que acontece quando o processo do retorno é colocado em ação: "Uma nova vida não significa que a entidade deverá retomar seu desenvolvimento no ponto exato em que parou na última existência vivida; não se trata de meramente repetir e dar continuidade à nossa antiga personalidade terrena, ou à nossa formação natural. O que se dá é a assimilação, o descarte, o reforço e a reordenação de personalidades e motivos passados, um novo ordenamento do desenvolvimento já alcançado e uma seleção dos propósitos que deverão nortear o futuro, sem os quais o novo recomeço não poderá render frutos ou levar adiante a evolução. Cada nascimento constitui-se como uma nova partida; o desenvolvimento desta última, de fato, tem seu fundamento no passado: mas não é uma continuação mecânica dessa derradeira fase; o renascimento não é uma constante reiteração; é uma progressão, é o maquinário por intermédio do qual se dá o processo de evolução".[6] Segundo Aurobindo, na reencarnação existe uma "mecânica" por meio da qual a alma, em sua jornada, se modifica e evolui.

Pode parecer cruel e implacável essa repetição complicada e fomentadora de ansiedade, essas contínuas vivências ligadas às conseqüências de atos cometidos em vida, às quais a alma indestrutível deve se submeter. Mas o Mahapatra tenta demonstrar a justiça que rege esse sistema: "Leve em conta a disparidade que se observa na sociedade," diz ele. "Uns trabalham arduamente e mal conseguem sobreviver, enquanto outros levam uma vida isenta de problemas. Essa disparidade pode ter sido traçada de acordo com o carma adquirido em vidas passadas. Em outras palavras, o carma é uma forma de se dar explicação a um mundo que, para um não-crente, pode parecer horrivelmente injusto e miseravelmente iníquo." Se você estiver atravessando uma época difícil sem, não obstante, deixar de tentar conduzir-se bem em sua existência, talvez lhe sirva de consolo acreditar que há motivos para seu sofrimento mesmo que, nesse breve espaço de tempo que separa a vida da morte, possa não ter lembrança de quais seriam essas razões.

Entre os budistas tibetanos, a reencarnação possui uma função única, não observada em outros grupos: a de reassegurar a transmissão da liderança da crença pelo lado espiritual. Em virtude de, como norma geral, a elite sacerdotal optar pelo celibato, esta não se vê em condições de produzir seus próprios sacerdotes de nível hierárquico mais alto. Assim, quando morre o líder espiritual tibetano, o Dalai Lama, um grupo especialmente treinado de sacerdotes parte em viagem pelo país em busca da criança na qual esse espírito possa ter reencarnado.

Em seu livro *My Land and My People*, o Dalai Lama atual nos descreve a foma pela qual, quando ainda dava seus primeiros passos, os que o procuravam foram em busca de seus rastros até encontrá-lo no lar idílico em que habitava, situado em uma fazenda, para fazê-lo tornar-se Sua Santidade, o líder espiritual do Tibete. Sacerdotes selecionados buscaram e seguiram pistas que os pudessem conduzir ao lugar onde o último Dalai Lama reencarnaria: "Fez-se recordar que, depois de sua morte, o corpo do Dalai Lama foi colocado [...] com a face voltada para o sul mas que, dias após, observou-se que ele tinha sua face voltada para o nordeste (...); repentinamente, a nordeste do santuário onde se assentavam seus restos mortais surgiu um grande cogumelo em formato de estrela. Esta e outras evidências indicavam a direção em cujo sentido o novo Dalai Lama deveria ser procurado".

O sacerdote regente viajou a um lago sagrado, famoso pelas visões que ali se produziam; lá, depois de meditar durante muitos dias, obteve a visão de "um monastério cujos tetos eram de jade e ouro e uma casa de ladrilhos turquesa. Os detalhes dessa visão foram registrados por escrito e guardados como estrito segredo."[7]

Seguindo as indicações resultantes da meditação do regente, os sábios viajaram ao vilarejo por elas sugerido, onde encontraram a casa azulejada na cor turquesa. Nela residiam um menino — que, então, contava dois anos de idade — e sua família. Sem que tivesse sido instruído para tanto, o menino chamou pelos nomes os componentes da expedição que o procurava — aos quais nunca havia encontrado anteriormente — e, instintivamente, começou a procurar por objetos que o Dalai Lama precedente conservava sempre consigo. Quando a expedição encontrava-se prestes a partir, essa criança insistiu em acompanhá-los (...) e tornou-se o décimo quarto Dalai Lama, que hoje se apresenta diante de nós como o amado líder de seu povo refugiado, incansável nos esforços que envida no sentido de manter vivo e em plena vitalidade o budismo tibetano, a despeito do tratamento que lhes é devotado pelo governo da China.

OS QUE TÊM FÉ (AQUELES QUE CRÊEM)

Judaísmo, cristianismo, islamismo e outras religiões monoteístas, jamais aceitaram de modo formal o conceito de reencarnação individual. Mas a rejeição em relação à noção de renascimento que se observa entre as religiões institucionalizadas não foi capaz de impedir que muitos de seus ilustres pensadores considerassem esse conceito tão natural e digno de fé quanto aqueles relativos ao Céu e Inferno — essa rejeição talvez até os tenha levado a acreditar ainda mais nele.

Platão, por exemplo, fez entremear a reencarnação na bela e detalhada descrição que nos legou do universo da moral: "Oh, jovem dentre os jovens, que acalentas a crença infundada de que sois esquecido dos deuses: atenta para o fato de que, se te tornares pior do que já o és, te encaminharás para ocupar um lugar entre as piores das almas; ou, se melhor, te situarás entre as melhores delas... assim consiste a justiça dos céus à qual nem tu, nem outro desafortunado algum, terá jamais a glória de escapar".[8] No que diz respeito à herança que no Ocidente nos é deixada por nossa história intelectual, a realidade apontada por Platão durante séculos serviu como pedra fundamental da racionalidade; entrelaçada em seus escritos observa-se uma representação da Roda da Vida, que se mostra notavelmente semelhante àquela que tão vividamente atua no âmbito das tradições hindu e budista.

Avançando pelos séculos seguintes podem-se notar outros ecos desse conceito, provenientes de indivíduos que nos são já de há muito conhecidos:

- *Benjamin Franklin*: "Vendo-me, como me vejo, como ser de existência no mundo, acredito que sempre, sob uma ou outra forma, continuarei a existir; e, mesmo apesar de todas as inconveniências a que está propensa a vida humana, não objetarei a uma nova edição de mim mesmo — sem deixar de esperar, no entanto, que a *errata* desta última possa ser passível de correção". Extraído de *Letters*
- *Walt Whitman*: "Sei que sou imortal. Não tenho dúvidas de que eu mesmo já morri dez mil vezes antes". Extraído de *Leaves of Grass*
- *Carl Jung*: "Não me é difícil pensar que devo ter vivido em sécu-

los passados, quando então devo ter-me defrontado com indagações às quais ainda não era capaz de responder; que tive de nascer novamente porque ainda não teria completado as tarefas que me teriam sido reservadas. Ao morrer, levarei comigo meus atos — assim penso eu. O que fiz, levarei comigo. Entretanto, é importante assegurar-me de que não chegarei ao fim com as mãos vazias".

Extraído de *Memories, Dreams and Reflections*

Essas citações — e muitas mais, extraídas de obras de pensadores ocidentais — foram compiladas por Joseph Head e S. L. Cranston em sua obra intitulada *Reincarnation*.[9] Encontrei essa coletânea anos depois de meu encontro com Michael Lutin, mas senti-me tocada pela forma com a qual seus autores confirmam a absoluta naturalidade e profunda atração que o conceito da reencarnação exerce mesmo entre os que se vêem perfeitamente ancorados na tradição ocidental e, especialmente, cristã.

O espírito nunca morre, como já nos afirmaram; mas retorna tantas vezes quantas sejam necessárias para que possa se descartar dos laços que o prendem, e com a finalidade de virem a unir-se à realidade maior. O *Bhagavad-Gita*, o grande livro hindu da jornada, nos faz conhecer mais intimamente o ciclo da morte e do renascimento, por meio das seguintes palavras, cheias de júbilo e de otimismo:

Os sábios de coração não pranteiam nem os que vivem nem os que morrem. O espírito jamais nasce, e jamais deixará de existir. Nunca se deu o tempo de seu não-ser. Início e Fim: ilusões! A morte nunca o tem tocado, de nenhuma forma, embora morta sim se mostre sua morada! Ainda mais, do mesmo modo pelo qual alguém lança fora suas roupas desgastadas pelo uso e, tomando para si outras novas, diz: "Estas as vestirei hoje!" assim com leveza se desfaz o espírito da sua roupagem exterior da carne e, ainda uma vez, vem herdar nova mansão.[10]

"Nova mansão"! A frase estabelece um pungente contraste com a descrição daquele aposento escuro, cuja porta é fechada com estrondo e para sempre, o aposento que simboliza a morte para os que a encaram com medo e tremor.

"Viemos apenas para sonhar, para adormecer;
Não é verdade, não é verdade
Que viemos à Terra para viver."

"Daqui, para onde deveremos ir?
Viemos aqui para nascer, apenas,
Além está nosso lar,
Residência do incorpóreo."

Acaso sobre a Terra vive, realmente, alguém?
O sempre não o conhece a Terra, somente o fugaz aqui tem
permanência.

Dia de Finados, tradição mexicana.

Poema em espanhol, de autor ignorado, traduzido para o inglês
por Maria Garibay e Michakle León Portilla.

O conceito relativo ao retorno é dotado de tanta força que mesmo o judaísmo, o cristianismo e o islamismo, embora se recusem a aceitar o renascimento em bases individuais, apresentam-no sob a forma coletiva, ou ressurreição, de seus povos. Para os judeus, à chegada de seu Messias os mortos renascerão. Entre os cristãos, a ressurreição de Cristo assinalará o começo de uma nova vida do filho de Deus. Para o islamismo ocorre uma "segunda morte", quando corpo e alma se reúnem por um breve tempo, por ocasião do julgamento — nesse instante, a morte recua. No entanto, no último dia, como entre os judeus, todos os corpos voltarão à vida.

É rara a cultura na qual a morte seja vista como fim derradeiro e momento no qual o espírito humano se apaga, sem nenhuma promessa de retorno. O conceito de renascimento em grupo reflete uma certeza inabalável quanto à imortalidade da alma, e essa certeza representa uma esperança irreprimível, uma forma de se celebrar o universo que não permite a existência de nenhuma forma permanente de destruição; ao contrário, dá provas da existência da mudança, da transformação. Admitir a possibilidade do renascimento e do retorno é dar um passo além do medo.

Embora o conceito de reencarnação possa revestir-se de um caráter imanentemente otimista, o retorno à vida — o despir-se das velhas roupagens desgastadas pelo tempo e o vestir-se novas delas — não será, necessariamente, uma experiência igualmente cheia de alegrias. Que seja testemunha disso a figura de Josie, cujo sofrimento constituiu-se a razão primeira que a terá conduzido até mim. De acordo com o contexto onde está inserido o carma, os espíritos que retornam estarão sujeitos a se defrontar com existências cheias de terrível infelicidade e sofrimentos. Mais ainda, os vários ramos de esoterismo ensinam que o nascimento é, de longe, muito mais excruciante do que o morrer. Tendo chegado a uma união mais íntima com o divino, com a comunidade a que realmente pertence ou tendo, finalmente, descoberto o sentido da própria existência, por que o espírito haveria de regressar? Segundo o que afirmam esses ensinamentos, são poucos os que de fato a isso almejam.

Se a idéia do retorno é correta, se de fato assumimos novas existências da mesma forma como envergamos novas roupagens, por que não podemos nos recordar de nossas vidas passadas?

Tal como se dá em relação a uma idéia que persiste em nossa cabeça, que teimosamente mantém-se impossível de ser comprovada, as perspectivas relacionadas à reencarnação compõem um amplo espectro, que vai desde o superficial até o plano do escrupulosamente empírico. Alguns eruditos em reencarnação nos falam sobre a *possibilidade* (embora incomum) de nos lembrarmos de nossas vidas passadas; já se despendeu uma grande quantidade de energia, talento e trabalho para explicar de que forma isto acontece.

Ian Stevenson, psiquiatra da Universidade de Virginia, desenvolveu linhas de pesquisa para o estudo das lembranças das vidas passadas. Céticos e crentes têm proclamado a seriedade, cientificidade e amplitude de informação oferecida por seu trabalho. Esse médico tem voltado seu estudo para os que se recordam — ou que parecem se recordar — de suas vidas anteriores. Sua meta não é a de, simplesmente, verificar a possibilidade da reencarnação em si; é também a de explicar certas formas de comportamento incomuns e mesmo fenômenos observados na área médica (tais como malformações congênitas e marcas provenientes do parto) que, até agora, têm desafiado outros tipos de explicações. Entre as formas de comportamento e padrões psíquicos que Stevenson define como passíveis de serem explicados pela reencarnação, encontram-se casos que se comparam aos mais desafiantes e desorientadores do quebra-cabeça:

- surgimento, em tenra infância, de inclinações inusuais e habilidades não ensinadas;
- interesses e tipos de brincadeiras infantis não usuais;
- vícios e desejos insaciáveis;
- expressões de temperamento;
- sexualidade precoce;
- confusões quanto à identidade sexual.

Nossa capacidade de ir ao encontro direto do material que forma o substrato do renascer, no entanto, por ora está longe de nosso alcance. Identificar e *verificar* relatos que não provenham nem da intuição nem do instinto, oferecidos pelas pessoas que "realmente" se recordam, representam um esforço cruel, que requer o treino e a disciplina de um verdadeiro detetive científico. Para rastrear os indícios que lhe chegam de todas as partes do mundo, Stevenson conta com um quadro de pesquisadores das áreas de psicologia e parapsicologia. Seu estudo está voltado quase exclusivamente para crianças, e ele tem a seu serviço adultos dedicados, que atuam como se fossem detetives encarregados de analisar a veracidade desses indícios. São extensamente entrevistados, tanto as crianças como seus pais, professores, vizinhos, médicos — qualquer pessoa que as tenham ouvido dar provas de se lembrar, mesmo que de maneira imprecisa, de suas vidas passadas. Os quatro volumes da obra de Stevenson, *Cases of Reincarnation Type* nos mostram relatos provenientes da Índia, Líbano, Turquia, Burma e Sri Lanka.

"Para estudar esses casos, vejo-me obrigado a fazer uso dos métodos do historiador, do advogado e do psiquiatra. Reúno os depoimentos do maior número possível de testemunhas. Não é raro, para mim, em um só caso de reencarnação, entrevistar 24 pessoas. E freqüentemente volto a entrevistar a mesma pessoa, vários anos depois... Em primeiro lugar, devo eliminar qualquer possibilidade de fraude.[11] Cabe-lhe também pôr de lado eventuais exposições a fatores ou observações que alguém possa vir a afirmar terem sido recordações de reencarnações passadas.

BONGKUCH PROMSIN

As histórias relativas aos casos que Stevenson apresenta são demasiado extensas para serem apresentadas por completo neste livro, mas o caso de Bongkuch Promsin consiste no exemplo do material de que trata esse autor. Assim que chegou à idade de falar, uma criança tailandesa começou a afirmar ser a reencarnação de um indivíduo de nome Chamrat, assassinado em um vilarejo distante nove quilômtros daquele em que ela nascera. Deu toda uma seqüência de informações sobre a personalidade deste homem e de sua família e apontou o local onde o próprio Chamrat havia permanecido após a morte. Esse local, conforme afirmou, situava-se próximo a um bambuzal, perto de onde ocorrera o assassinato. Bongkuch teria habitado ali perto por cerca de sete anos. Um dia, durante uma tempestade, sempre segundo o que afirmava, Bongkuch vira seu pai atual e o seguira no ônibus que o conduzira até a casa onde morava.

O pai de Bongkuch, de fato, podia lembrar-se de ter se dirigido de ônibus ao vilarejo mencionado e de ter voltado a casa embaixo de chuva. E isso se dera pouco tempo antes de sua mulher ter ficado grávida de Bongkuch.[12] Os intervalos de tempo, os conceitos e a descrição da personalidade, todos tão atípicos ao interesse de um menino de tão tenra idade, converteram-se no ponto de partida de Stevenson, que faz a abordagem desse material com a objetividade de um cientista empírico.

O trabalho de Stevenson chega perto de nos provar de forma clara e firme que o renascer é um fato. Outros investigadores de vidas passadas, no entanto, se concentram mais no que esses casos têm potencialmente a oferecer ao conceito de reencarnação para a cura de eventuais danos psicológicos e na eliminação do sofrimento físico ou psíquico.

O dr. Roger Woolger é um psicólogo que faz uso da "terapia de regressão" tanto para tentar esclarecer como para diminuir os sintomas físicos ou psíquicos inexplicáveis dos que o procuram. Servindo-se da hipnose e de outros meios, Wolger insiste com que seus clientes voltem no tempo e contemplem suas possíveis vidas passadas. A palavra operante, aqui, é: possível. Porque, ao contrário do trabalho desenvolvido pelo dr. Stevenson, o do dr. Roger Woolger não se preocupa com a realidade fatual dessas existências; em vez disso, declara que o trabalho de descoberta e aprofundamento dessas vidas passadas, mesmo se estas forem vistas apenas como metáforas, tem seu próprio valor terapêutico. Se o cliente relatar uma história cheia de detalhes sobre uma de suas vidas passadas; se esses detalhes puderem ser correlacionados e elucidar os problemas que se apresentam em sua vida atual; e se essas explanações trouxerem alívio a seu sofrimento, o dr. Woolger considera irrelavante saber se a história é verídica ou não. "Nunca encorajo meus clientes a investigar o pano de fundo histórico das lembranças que têm de suas vidas passadas, uma vez que isso pode drenar energia do poder imediato da imagem ou história que trazem à tona."[13]

Leis Do Ser (ou Regras para Sermos Humanos)

1. Receberás um corpo.
   Podes apreciá-lo ou não; mas sobre ele terás a responsabilidade da posse, por todo o período de tempo que agora te cerca.
2. Receberás ensinamentos.
   Estás matriculado em uma escola informal, de período integral, denominada Vida. Dia após dia, nela te será dada a oportunidade de aprender.
3. Nessa escola não existem erros mas, sim lições a serem assimiladas.
   O crescimento é um processo que se dá por meio de tentativa e erro, de experiências. As experiências "fracassadas" ocupam no processo lugar tão importante quanto as que mais inquestionavelmente "dão certo".
4. Os ensinamentos te serão repetidos até que os aprendas.
   Cada lição te será apresentada de várias formas, até que te seja possível assimilá-la. Quando o fizeres, poderás então passar para o ensinamento seguinte.
5. O aprendizado desses ensinamentos não tem fim.
   Tudo o que faz parte da vida traz em si uma carga de ensinamentos. Enquanto viveres, sempre haverá para ti uma lição a ser aprendida.
6. "Lá" não é melhor do que "aqui".
   Quando o teu "lá" se transformar no teu "aqui", terás apenas alcançado um ponto em que, novamente, à tua frente se mostrará um outro "lá" — que te parecerá melhor do que o "aqui" já por ti alcançado.
7. O outro nada é, senão um espelho de ti mesmo.
   Não poderás vir a amar ou odiar um aspecto da personalidade de outrem a não ser que ames ou odeies este mesmo aspecto, em ti mesmo.
8. Cabe a ti o que vieres a fazer de tua vida.
   Tens em tuas mãos todos os instrumentos e recursos de que necessitas. O que farás com eles é responsabilidade tua. A escolha é tua.
9. As respostas que procuras estão dentro de ti.
   Guardas em teu íntimo as respostas às questões que a vida te apresentará. Tudo o que precisas fazer é: olhar, ouvir e confiar.
10. Não te recordarás de nada do que aqui te foi dito.

Anônimo

Woolger conta-nos a seguinte história a respeito de um de seus clientes:

Winifred era uma mulher de meia-idade que, desde bem jovem, sofria de sinusite crônica. Durante um *workshop* de vidas passadas ela reviveu a morte solitária, em um campo de batalha durante a Primeira Guerra Mundial, de um jovem que havia sido criado em Londres, como órfão. Nas trincheiras, durante as campanhas, esse jovem pela primeira vez havia feito amizades. Quando, repentinamente, se viu sufocando pelo gás de mostarda lançado durante um ataque surpresa, compreendeu instantaneamente ao cair, o quanto estava por perder em termos das amizades que acabara de fazer. Mas o gás bloqueou-lhe qualquer possibilidade de chorar ou de se lastimar. Quando Winifred reviveu essa experiência pôde compreender toda a dor que o jovem jamais teve oportunidade de expressar e, agora, por fim, tinha condições de deixar fluir. Quase por milagre seus seios paranasais se desbloquearam. Quando retornou para uma última sessão ainda no decorrer do *workshop*, relatou que, pela primeira vez, em vinte anos, naquela manhã em especial havia despertado podendo respirar pelas narinas.[14]

Outro que se dedica a investigar esse tipo de lembranças é o dr. Brian Weiss, diretor do departamento de psiquiatria do Mt. Sinai Medical Center de Miami, na Flórida, formado pela Yale University Medical School e chefe-residente no departamento de psiquiatria de Yale. É claro, como indica sua formação, que o dr. Weiss se vê bastante estimulado a se colocar a favor da corrente majoritária. Mas uma paciente sua, aos poucos, levou-o a constatar que as lembranças de vidas passadas teria o potencial de contribuir para a cura psicológica. Em seu livro *Many Masters, Many Lives*, Weiss nos relata a história dessa paciente, Catherine, que o procurou para buscar alívio para os anos de ansiedade, ataques de pânico e fobias de que sofria. Seus sintomas, ocorridos desde a infância, em vida adulta haviam-se tornado muito piores; quando procurou a ajuda do Dr. Weiss, Catherine vinha-se tornando dia-a-dia mais emocionalmente paralisada, até o ponto de já se ver quase incapacitada para qualquer função.[15]

Citando Weiss: "Anos de disciplinado estudo treinaram minha mente para pensar como cientista e como médico, moldando-me para seguir nos estreitos caminhos do conservadorismo que rege minha profissão. Eu desconfiava de qualquer fato não passível de ser comprovado pelos métodos científicos tradicionais. Não me eram desconhecidos alguns estudos relacionados à parapsicologia, que vinham sendo conduzidos nas principais universidades do país; mas esses estudos não atraíam minha atenção. Tanto a *reencarnação* como a *terapia de regressão* me pareciam artificiais. Foi então que conheci Catherine".[16]

Durante dezoito meses, Weiss empregou as técnicas psicoterápicas padronizadas no tratamento de Catherine; não obstante, seus sintomas não davam sinais de estar diminuindo. Lançando mão da hipnose, levou-a a voltar aos primeiros anos de sua vida — mas as sessões não se mostraram eficazes quanto aos sintomas que ela apresentava. Então, um dia, Catherine espontaneamente começou a descrever uma cena que identificava como tendo ocorrido em 1863 a.C. "Há algumas árvores e uma estrada pavimentada de pedra. Vejo um fogo, sobre o qual se cozinha algo. Meu cabelo é louro. Estou vestindo um vestido longo marrom e sandálias. Tenho vinte e cinco anos. Tenho uma filha, uma criança cujo nome é Cleastra. (...) Ela é Rachel. Está fazendo muito calor." Em sua vida presente Rachel era sobrinha de Catherine e ambas eram muito ligadas.

Weiss, o cético, sentiu que havia tocado algum ponto firme. Incentivou Catherine a prosseguir, contando suas histórias, agora sob hipnose; as experiências com as quais ela se defrontou em suas reencarnações são o escopo do livro de Weiss. Ele relata que prosseguiu com a mesma forma de tratamento junto a outros pacientes, tateando cuidadosamente, avaliando e validando o melhor que podia o material coletado. "Não deixei de ser um cientista", diz ele; e conclui, como observador informado que é, que em todos os seus casos subseqüentes, da mesma forma como aconteceu com Catherine "os sintomas se solucionavam à medida que as vidas se apresentavam". E, o que em muito vai ao encontro do contexto deste livro, em todos os pacientes que passaram com sucesso pela terapia de regressão orientada por Weiss "o medo da morte diminuiu".[17]

O trabalho do rabino Yonassan Gershom, outro investigador no campo das reencarnação, teve início como o têm muitos projetos: por intermédio de um encontro casual. Em suas conferências sobre cabala e ensino do esoterismo judaico, o rabino se viu diante de algo que não esperava: a estranha possibilidade de que os judeus que foram submetidos à câmara de gás ou queimados no holocausto estivessem ressurgindo nos corpos e mentes das gerações não-judias do pós-guerra. Essa idéia lhe ocorreu como um fogo-fátuo, uma alusão, em uma de suas conferências, quando uma senhora, que se encontrava na audiência, contou-lhe uma história estranha. "Desde sua infância", relata Gershom em seu livro *Beyond the Ashes*, "a simples menção do holocausto fazia assomar um estranho terror a essa mulher. Naquela época sua irmã estava realizando um trabalho universitário de pesquisa relacionado aos campos de concentração e insistia em mostrar-lhe o material que coletara; mas ela, simplesmente, não conseguia sequer suportar aquela idéia. (...) Enquanto minha convidada falava, pude ver o medo que revelavam seus olhos de um azul profundo. De repente, sem que o esperasse, senti que eu mesmo deslizava para um estado alterado de consciência, como às vezes ocorre quando dou aconselhamento. Superposta sobre seu belo rosto vi outra face, magra e emaciada. Ao mesmo tempo pude ouvir o som de muitas vozes cantando uma velha canção hassídica. Sentia sobre mim o efeito de um movimento pendular entre dois intervalos de tempo, para a frente e para trás. (...) 'Gostaria de fazer uma tentativa', disse-lhe eu. 'Permita-me cantarolar baixinho uma canção: você me dirá se já a ouviu antes.' Comecei a cantarolar baixinho... e seus olhos arregalaram de pavor. Nesse ponto ela não pôde mais suportar e chorou, dizendo entre soluços que 'havia morrido' no holocausto. A canção era *Ani Maamin*, '*Eu Creio*', um hino de fé que milhares de judeus entoavam quando entravam nas câmaras de gás. Ela jamais, em sua vida, ouvira aquela canção."[18]

Daquela época em diante, o rabino passou a receber clientes que lhe eram enviados, ou sobre os quais lhe eram feitas referências, sendo que todos eles apresentavam um determinado conjunto de características que permitiam afirmar que se tratava de reencarnações de pessoas mortas no holocausto. As características predominantes desse perfil são as seguintes:

- Pesadelos surgidos na infância, fobias etc., relativos a assuntos ligados ao holocausto, assuntos esses que, em geral, ou não são conhecidos ou não o são em sua totalidade pela pessoa ou por sua família. Exemplo que se demonstra em numerosas crianças tratadas por Gershom é a fobia — medo incontrolável e irracional — por botas pretas.
- Herança genética não-judaica e absolutamente nenhum contato com judeus ou com o judaísmo com a presença, no entanto, de evidências de compulsões, hábitos ou outras formas de comportamento ligadas a costumes e rituais não particularmente conhecidos por pessoas não-judias.
- Ou, ao contrário, herança genética judaica mas de caráter indiscutivelmente não-religioso e, ainda assim, presença de domínio inato do misticismo judaico — isto é, aquela pessoa que guarda uma "queda" pela visão característica ao hassidismo ou a criança judaica que se mostra, de forma inata, mais religiosa que seus pais.
- Sensação de "não ser como os outros" no seio da família. Essa sensação Gershom atribui ao fato de o jovem retornar à vida mui-

to mais rapidamente do que os adultos — e de que muitas crianças que morreram durante o holocausto, de fato, voltaram quase que imediatamente à vida.

- Nascimento ocorrido no período do *baby boom*, isto é, entre 1945 e 1953.
- Freqüência de sintomas de asma ou outros problemas de respiração e\ou distúrbios relacionados à alimentação.
- Olhos e cabelos claros; em casos mais específicos, é a única pessoa a apresentar essas características na família.
- Possui uma sinceridade que se pode intuitivamente comprovar.

Gershom encara seu trabalho como uma forma de contribuição para que as vítimas do holocausto — cujos espíritos, em seu retorno, nasceram uma geração depois da ocorrência de seu desenlace — libertem-se de suas angústias. Ele acredita que um tal sofrimento, que se mostra ligado à história, não desaparece por seus próprios meios: clama por atenção, seja por meio das reencarnações das vítimas, seja por sua sempre presente expressão. Dessa forma, segundo ele, poderemos entender o impacto profundo que resultou dos traumas que se entrelaçaram na história da humanidade.

Implícita ao trabalho de Gershom se vê a necessidade — e a oportunidade que o renascimento oferece — de contemplarmos com lisura os danos aos quais nós, como corpo social que somos, fomos submetidos por causa de acontecimentos traumáticos horríveis — mesmo que isto signifique que devamos voltar nosso olhar para uma ou várias gerações que se seguiram a estes acontecimentos.

Se realmente tivéssemos consciência do fato de que nos é possível viver uma vida após a morte, nos acercaríamos da visão que os índios winnebago têm desta última: uma visão de coragem, tranqüilidade, equilíbrio. É assim que Paul Radin descreve essa visão em seu texto clássico, *Primitive Religion*:

> Para eles, a morte era interpretada como o tropeço de um instante, que não implicava nenhuma perda de consciência. (...) Desde muito cedo, o nascimento, a puberdade e a morte eram, portanto, reconhecidos como ciclo infindável, dentro do qual cada indivíduo passava de um para outro plano de existência. (...) Tratando-se de uma extinção de caráter biológico, a morte não lhes inspirava nenhum terror. (...) Conseqüentemente, esta devia ser interpretada apenas como uma temporária cessação de atividade, da mesma forma como o período que se entremeava entre nascimento e puberdade deveria ser encarado como estágio de latência.[19]

Gostaria tanto de ter tido a oportunidade de discutir — de discutir, apenas — as possibilidades e implicações inerentes à reencarnação com meu amigo James nas ocasiões em que ele, corroído pela ansiedade, encarava sua própria morte prendendo o dinheiro com as mãos agarradas ao peito! Gostaria que ele tivesse tido tempo de pensar consigo mesmo, de questionar, de considerar as possibilidades que se apresentavam diante dele, sem que tivesse de deblaterar se eram ou não fatos. Talvez ele tivesse escarnecido da hipótese e se recusado sequer a considerar a possibilidade da reencarnação, especialmente no que dizia respeito à sua pessoa. Mas, talvez — por um momento, apenas, nas semanas angustiantes que antecederam sua morte — ele pudesse considerar a idéia de que seu espírito não poderia ser destruído e que algo de si sobreviveria à morte de seu corpo. E, quem sabe, mesmo de maneira fugaz, pudesse chegar a alcançar algum conforto com essa noção. Tal como ocorre em relação a uma bela obra de arte, não necessitamos nos comprometer ou mesmo entender a idéia que ela sintetiza para sermos tocados pelo prazer ou pela inspiração que nos traz. O simples fato de nos abrirmos a ela pode fazer com que os limites impostos à nossa imaginação vital se dissolvam ou se escancarem para abarcar o novo.

FECHA-SE O CÍRCULO

Completamos, assim, o círculo e voltamos a meu consultório e a Josie. Será que ela foi mesmo, como afirmou Michael Lutin, a filha que tive e que não chegou a nascer e que teria retornado à vida depois de uma estadia no pós-morte? Haveria entre nós questões ainda não resolvidas, que pudessem explicar a profunda e inevitável ligação que sentíamos uma em relação à outra — desta vez nas personalidades de Josie e da dra. Miller — e que nos manteve ligadas muito além do tempo planejado, mais de acordo com minha prática de atendimento? O trabalho que realizei com ela terá sido conseqüência mais das muitas sessões que mantivemos, ou de uma inclinação mais profunda, mais antiga? A semelhança física que havia entre nós teria algum significado ou terá sido apenas mera coincidência? Será que nos assiste sempre a possibilidade de encontrarmos pessoas que nos acompanharam em outras vidas para que assim possamos resgatar, reparar ou dar soluções a situações que ocorreram em tempos remotos? Será que todas as pessoas que encontramos e com as quais interagimos serão espíritos — amigos e adversários — de outras vidas e de outras épocas?

Embora nenhum cientista possa oferecer uma resposta definitiva a essas indagações, alguns indivíduos avançam "como se" assim o fosse e ob-

têm grandes resultados com isso. Outros, de ousados pensadores a pruden-
tes intuitivos, abraçam o conceito de renascer — que envolve e reforça a
indestrutibilidade e a imortalidade do espírito — com o mais amplo otimismo. Tal como ocorre em relação a todas as descrições relativas ao pós-
morte aqui apresentadas, inexistem provas de caráter absoluto — mas
alguém pode dispor-se a aceitar as possibilidades. O cientista visionário e
escritor Stanislas Grof escreveu que: "As evidências a favor da existência
de vidas passadas são tão convincentes que apenas se pode concluir que os
que se recusam a considerar este campo como digno de um estudo sério só
podem ser desinformados ou dotados de excessiva estreiteza mental". [20]

SSSHHH!

Considera-se que a maior parte do que está escrito no Velho Testamento é rígida, agourenta e que a transmissão rigorosa de leis pouco espaço concede ao humor ou à fantasia. Mas, desde épocas muito
antigas, se tem produzido um acervo da folclórica sabedoria judaica, material que na maioria das vezes, se mostra ingênuo, engraçado e terno. Embora as crenças judaicas mais tradicionais de maneira
alguma possam abraçar o conceito de reencarnação individual, esta
pequena fábula, apropriada para ser contada às crianças à hora de
dormir, demonstra uma certeza quanto ao renascer e trata dos mistérios que o envolvem com um leve dar de ombros:

As pessoas ficam pensando: se já vivemos outras vidas antes, por que essa lembrança não nos vem naturalmente à
mente?

As pessoas ficam pensando: se já estivemos no Céu, por
que essa lembrança não nos vem naturalmente à mente?

As pessoas ficam pensando: se todos já vivemos e morremos antes, por que essa lembrança não nos vem naturalmente
à mente?

A resposta é simples:

Vá até um espelho e contemple seu rosto, particularmente
naquele espaço localizado entre o nariz e os lábios.

Vê essa pequena fenda? Ela foi feita pelo arcanjo Gabriel.

Quando, do Paraíso, nos colocou diante da vida, ele encos-
tou seu dedo bem embaixo de nossos narizes. E fez essa pequena fenda para que nos lembrássemos para sempre do que
nos disse então: "Sssshhh! O local onde você esteve é segredo! Não conte a ninguém!".

Por intermédio de Josie eu me vi bastante inclinada a aceitar a possibilidade do retorno! A perda da criança que eu esperava e da futura família que meu ex-marido e eu pretendíamos formar foi demasiadamente abrupta e angustiante. Eu ansiava por saber quem poderia ter sido minha filha. Já nas primeiras fases da gravidez comecei a dirigir-me a ela. Embora a garota que entrou em meu consultório, doze anos depois, se encontrasse profundamente perturbada, seu aparecimento — ou reaparecimento — em minha vida fez com que eu mobilizasse todos os meus recursos para ajudá-la a encontrar seu próprio caminho por entre as graves dificuldades que ela atravessava.

Quando penso sobre isso, hoje, sinto-me grata pela oportunidade que me foi dada. Josie precisava de uma mãe: naquela época, sua mãe biológica estava assoberbada de compromissos. Além disso, eu, quem sabe por um momento apenas, precisava de uma filha. A idéia de ter tido uma chance de dar expressão a um impulso frustrado, mas presente em meu íntimo, faz com que meu coração se abra; a idéia de jamais ter a chance de encontrar uma menina — que talvez possa ter sido a filha que perdi — e oferecer-lhe uma parte de mim mesma deprime meu espírito, limita meu universo. Entre as duas opções, prefiro a primeira.

REFLEXÕES SOBRE O ESTÁGIO IV: DO RETORNO

A reencarnação é uma chama que pode fazer brilhar uma nova luz sobre todos os aspectos de nossa vida. O sentimento de que existe um significado mais profundo, que se estende para além das fronteiras do tempo, pode emprestar um novo fascínio até ao mais casual dos encontros: a vida atual pode vir a se mostrar como um poema muito significativo a ser analisado e anotado. A reencarnação, com o conceito que traz como corolário — a imortalidade da alma — é, entre todas, a noção mais frutífera e confortadora para os que vêem a morte como o passo que se dá em direção ao esquecimento. Nossos entes amados vivem, talvez, para que os encontremos novamente. A terra, com suas glórias, seus ciclos a se entrelaçarem, seus mistérios biológicos e existenciais — tudo isso, quem sabe, veremos mais uma vez. E a própria vida — sobre a qual tantos riem ao afirmarem que, entre os jovens, é uma forma de desperdício — talvez a possamos viver novamente, com mais experiência e sabedoria. Os relacionamentos nunca são infalíveis. De fato, os que acreditam que estão envolvidos em relacionamentos perfeitos candidatam-se a enfrentar um rude choque. Por isso, quando uma pessoa querida morre há sempre a possibilidade de que surja o arrependimento. Sob esse aspecto, a idéia de que poderemos encontrá-la de novo, se isso for necessário, pode mitigar a culpa que assombra o indivíduo enlutado por alguém que ama.

Nós, os que aqui estamos, tanto como os que morreram há pouco e aguardam no Lugar de Espera, poderemos sentir-nos resistentes quanto a nosso destino. Já falamos sobre fantasmas revoltosos, relutantes e sobre os que se vêem tão frustrados pela forma como se comportaram os que deviam chorar por eles, que sequer pensam em seguir adiante em sua jornada. Talvez (enquanto aguardamos pelas possíveis mudanças que possam sofrer nosso espírito) a possibilidade de não estarmos tão impotentes por um tão longo espaço de tempo, e a de que podemos nos defrontar com outras tantas delas na jornada que faremos de volta à existência, possam nos servir de consolo e confiança. Os que acreditam que poderão retornar podem beneficiar-se dessa perspectiva desde já. Haverá outras chances, outras vidas, outras oportunidades de progresso para que, finalmente, nos incorporemos a uma mais ampla realidade.

7

CONCLUSÃO:
SOBRE A ESPERANÇA

Em lugar do tema referente à fé, nossas estantes, hoje, osten-
tam muitos livros que versam sobre ciência, psiquiatria e so-
bre as vicissitudes vividas pelo homem em seu esforço de amar
e ser amado. Mas, quanto à esperança, nossas estantes se
mostram vazias. Os jornais, silentes. A Enciclopédia Britânica
dedica várias de suas colunas ao tópico do amor e muitas
mais ainda ao da fé. Mas a esperança, pobre dela! Não se en-
contra sequer na lista de tópicos.

Karl Menninger, 1987

Tendo completado nossa jornada pelos quatro estágios do pós-morte, e o possível significado que estes possam ter para nossas vidas, falta-
nos apenas mais um passo para completar o círculo a que demos início
no Capítulo 1. Voltaremos a nos encontrar com James e Henry mas, desta vez, não mais para testemunhar o momento de sua morte. Em vez disso, gostaria de estender-me um pouco mais sobre o tipo de existência que
viveram.

Henry, cuja morte deu-se de modo relativamente suave, era uma
pessoa alegre, despreocupada e bem-humorada. De fato, sempre cultivou
a fantasia de ser um comediante razoável. Como o comprova o sistema
de crenças que criou para si, marcado pelo ecletismo, Henry sempre se
manteve aberto a todos os tipos de idéias, a todos os tipos de pessoas e a
uma ampla gama de possibilidades.

Era em possibilidades, por vezes tênues, que baseava sua própria
vida. Seu trabalho consistia em organizar seminários, linha de atividade
que se caracteriza pela mais completa ausência de segurança financeira.
Começava cada ano com uma agenda vazia; para que seu trabalho não
sofresse descontinuidade, era obrigado a acreditar que existiriam pessoas

interessadas pelo que ele lhes tinha a dizer, se matriculariam e pagariam pelo prazer de ouvi-lo. Como qualquer trabalhador autônomo, só a ele cabia obter meios de sobreviver e realizar o que considerasse possível para atingir sua meta.

James não poderia ser mais diferente. Enquanto Henry vivia segundo sua leveza de espírito, James vivia de acordo com seu intelecto, era *arguto*. Inteligente e cético, estudara o passado e assimilara as lições que deste pudera tirar como se fossem dados empíricos. Foi um homem atento às oportunidades que se apresentavam e se prendia a fórmulas rígidas: se eu fizer assim e assado o resultado será este e aquele. E era. Sempre seguindo esse método, James abriu seu próprio caminho e progrediu, até alcançar importante posição numa corrente política de uma grande cidade — e obteve posição suficiente para fazer com que sua figura chegasse a sobressair nesse cenário urbano. Mas nada disso realizou com otimismo; fizera-o sobre a base do cálculo de como funcionam as coisas.

James não queria ouvir falar em morte, especialmente da sua. Mas, não apenas virou a cabeça para outro lado, quando uma das muitas pessoas que se preocupavam com ele tentava mencionar esse tema, como também desviou seu olhar — e seus olhos se mostravam como os de um cavalo aterrorizado, que tentava fugir à visão do fogo.

Muitas eram as diferenças entre esses dois amigos meus; mas havia um ponto crucial, um ponto que dava origem a todas elas. Certa vez, pude observá-lo e me admirei por nunca ter notado antes. O ponto axial dessas diferenças era que Henry, em toda a sua vida, sempre acalentou a *esperança*; e James, nunca.

Mas o que é, exatamente, a esperança? Não é uma palavra de tão fácil significado como pensamos, sempre utilizando-a como o fazemos, de formas tão variadas. Chegamos até a empregá-la em nossas expressões mais casuais: "Espero que tudo esteja indo bem!". "Espero que você se saia bem!". "Espero vê-lo em breve!" De um ponto de vista mais superficial, a esperança não é tida como um termo muito carregado de peso ou força. Mesmo assim, é ela que põe abaixo a mente racional e nos permite expandir-nos para além das fronteiras humanas comuns.

O desalento mostrado por Menninger ante a escassez de literatura que trate do tema esperança, que abre o presente capítulo, ainda contém muita verdade.[1] Jung, nas duas raras citações que faz ao assunto, dentro do conjunto total de sua obra, denomina-a, poeticamente, como um dos quatro maiores "empenhos... ou graças que cabem ao homem" — sendo que os outros três seriam a compreensão, o amor e a fé.[2] C. S. Snyder, cuja pesquisa sobre o tema é bem mais abrangente, nos apresenta uma definição científica do termo para o qual aponta dois significados: o de uma trilha orientada para o sentido de uma ou mais metas; e a capacidade de avançar por essa trilha.[3] O psicólogo E. Stotland define esperança como a "expectativa maior que zero de alcançar uma meta."[4]

Há poucos anos, quando me chegava aos ouvidos a expressão *sofrimento físico* a idéia que me vinha à mente referia-se a um sentimento de esperança. Segundo a definição que eu conhecia, *sofrimento* era sinônimo de "dor crônica, desprovida de esperança". Diante do desejo e da expectativa de que a dor que sentimos diminua, a grande maioria das pessoas consegue tolerar qualquer grau de sofrimento físico. Somente quando perdem toda a esperança, os pacientes passam a crer que sua dor nunca os deixará — e que suportar a dor é o verdadeiro sofrimento.

Sem esperança, os seres humanos sofrem. Com ela, tudo o que se imagina pode se tornar possível.

Maurice Lamm, em seu livro *The Power of Hope* também afirma: "Admitamos ou não, muitos dentre nós temem esperar — e tememos também a esperança. Talvez nos seja possível equacionar esse fato, se admitirmos correr o risco de tentar, mesmo com pouca possibilidade de sucesso, apostar no futuro. Arriscar-nos pode nos parecer algo tão contrário à ética puritana na qual fomos educados, que nos sentimos constrangidos até mesmo pelo fato de admitir, seja diante de quem for, que aquilo de que nos vemos obrigados a depender na condução de nossas vidas é a esperança — como se ela fosse algum fogo-fátuo e como se as pessoas mais sensíveis devessem não dar importância a ela. O fato é que a esperança não é nada disso. A esperança *é* nosso futuro. Nossa grande oportunidade. É onde se encontra nosso verdadeiro amor."[5]

Outro escritor, o filósofo contemporâneo Sam Keen, faz um pungente relato sobre o que a esperança representou em sua vida:

Nos meses que se seguiram à morte de meu pai, em 1964, meu sentimento de luto foi intensificado por um sofrimento de ordem intelectual: eu lutava para encontrar razões que me fizessem acreditar em algum poder imortal e generoso que pudesse ser chamado de Deus. Naquela época, ainda lecionava filosofia da religião em Louisville; como resultado, sofria também a pressão adicional de meus colegas para que eu fizesse uma profissão de fé passível de ser aceita pela congregação, que pagava nossos salários. Mas, por mais que eu tentasse implorar aos céus, crescia o que me perturbava: não conseguia encontrar as respostas de que necessitava.

No percurso que fazia a pé para o trabalho, eu tinha de atravessar um parque que se situava no meio de um vasto campo. Certa manhã, enquanto eu caminhava o céu pareceu abrir-se. Uma voz, vinda de um infinito silêncio que emergia de mim e se estendia à minha volta me disse: "Você não precisa saber". Senti-me invadido por uma imensa sensação de alívio, como se um peso de milhares de toneladas tivesse sido tirado dos meus ombros. Talvez, pela primeira vez, eu estivesse livre da compulsão de encontrar uma explicação para minha existência. Minha mente relaxou ao saber que eu jamais poderia ter pleno conhecimento do contexto básico em que se firmava minha existência.

Diante da morte, minha mente atingiu seu limite e descobriu uma nova liberdade. Desiludido, descobri a esperança. Esta, que se opõe à ilusão ou ao otimismo, não é atributo do que está por vir. Nem a reivindicação da posse de algum tipo específico de saber, revelação de um futuro recôndito no qual todo o mal será redimido e toda a forma de morte, negada. Para termos esperança, devemos estar conscientes de que não nos serão revelados os limites do Poder Sempre Em Criação que tudo trouxe, traz e trará ao universo do ser. E, além disso, devemos confiar no fato de que o inexaurível mistério sobre o qual apenas roçamos nossos dedos, quando descobrimos que a liberdade de transcendência inerentes à nossa alma e ao nosso espírito, é a melhor chave de que dispomos para revelar a natureza do Ser. (...) A esperança tem início com a compreensão de que a experiência humana é, afinal, inadequada para tratar de todas as possibilidades que a realidade abriga.[6]

Meu amigo James centralizou toda a sua fé na experiência humana e esperava que o universo não lhe passasse nenhuma rasteira. Avaliou, analisou, planejou e criou cópias de reserva, enquanto prosseguia — não tinha nenhuma esperança de que os motivos causadores das ansiedades da vida pudessem ter qualquer solução; e procurava viver sua vida de acordo com essa circunstância. Quanto à morte, James não aceitava nenhuma possibilidade de que esse horror pudesse ser mitigado por níveis para ele desconhecidos de realidade. Embora, como Henry, se tratasse de um homem divertido, seu humor encontrava raízes em sua visão de mundo, cética e calejada. Sofria com a falta de expectativas quanto ao fato de que as coisas pudessem ser diferentes do que aparentavam.

Por toda a extensão de nossa vida — do início da infância até a transmigração para o pós-morte — a esperança é o que, para nós, traz a marca da diferença. Tendo-a a nos acompanhar, admitimos todas as possibilidades. Sem ela, a dor e o sofrimento podem instalar seu domínio sobre nós.

O espírito humano é espicaçado, tanto interna como externamente, pela irreprimível curiosidade que sente em relação ao futuro e por sua exigência em aprimorar o presente. Mesmo indivíduos traumatizados e vencidos — como os que foram submetidos à implacável degradação dos campos de extermínio, os que foram violados e torturados na guerra — mesmo a grande maioria deles, quando postos a salvo, deram um passo adiante, uma olhadela enviesada para o céu e, por fim, retornaram à vida. No esquema geral dos negócios humanos, a esperança é irreprimível e inexpugnável. De fato, embora nos tenha sido afirmado que Pandora nos nega essa característica de ser, isso não é possível. A esperança é inerente à experiência humana.

A esperança não é nada menos que a mais plena expressão da própria vida — vida sem fronteiras, vida depois da morte, as infinitas possibilidades que se abrem para nós quando nos preparamos para seguir além da existência que todos conhecemos. Como qualquer viajante, ansiamos por uma passagem calma para nós mesmos, para nossos conhecidos, sem deixar também de trocarmos, reciprocamente, esse desejo. Preparamo-nos o melhor que podemos para um destino cujo nome nos é ocultado — e cuja natureza, a partir deste lado da morte, não podemos senão imaginar.

APÊNDICES

APÊNDICE A

INVENTÁRIO DO PÓS-MORTE

Em 1988, passei a crer que uma investigação que eu fizesse do pósmorte poderia de alguma forma contribuir com meu empenho em dar assistência a meus clientes, para que estes pudessem passar de maneira mais suave pela experiência da morte; dirigi-me ao grupo de pensadores e escritores que eu sabia que teriam interesse nesse assunto e lhes perguntei sem rodeios: "Você acha que um trabalho de pesquisa entre diversas crenças relativas ao pós-morte, que tivesse como meta trazer esses conceitos à nossa cultura, seria uma boa idéia?". Cada um dos vinte e tantos especialistas em morte e morrer, bem como outros, em áreas afins, respondeu-me com um "sim"; e passaram, em seguida, a demonstrar seu ponto de vista particular sobre o tema. Levei cerca de um ano para coletar e firmar a inter-relação existente entre as diferentes crenças. Durante o processo, uma dessas pessoas se destacou dos demais, pelo que pude apreender a partir de um encontro que tivemos.

Tratava-se de uma psiquiatra especializada em pacientes que se encontravam em fase terminal de doenças, e cujo trabalho eu respeitava muito. Viajei de avião a Washington para encontrar-me com ela. Na hora do café, depois de um excelente jantar, não lhe dirigi as perguntas formais que sempre fazia; indaguei sobre um fato que muito me interessava: "Diga-me, quais são as respostas que seus clientes mais apresentam diante de perguntas relativas ao pós-morte? O que eles dizem a você quando pensam no que lhes acontecerá quando morrerem?".

Longo silêncio. Muitos olhares para os lados. Finalmente, sua resposta: "Sukie, devo confessar a você que nunca consegui que isso viesse à tona".

Espero que meus olhos arregalados não tenham traído meu espanto. "Estou sempre a um passo de lhes perguntar sobre isso", continuou, "mas, justamente, não consigo encontrar as palavras. Sinto-me muita insegura em relação às perguntas que devo fazer sobre esse assunto específico." Olhou mais uma vez para o nada e repetiu: "Não consigo encontrar as palavras."

Fiquei pasmada. Até então, tinha como certo que os diálogos sobre o tema do pós-morte estavam se transformando em um lugar-comum, ao menos como parte que eram do trabalho de aconselhamento e psiquiatria. Tomei o avião de volta para Nova York e, durante um longo fim de semana, escrevi o primeiro esboço do Inventário do Pós-Morte. O objetivo deste inventário foi o de preencher o vazio ao qual minha companheira de jantar fizera alusão; o de oferecer as palavras, as perguntas, que poderiam dar início ao diálogo sobre um tópico que poucas pessoas abordariam por iniciativa própria — e que é possível que mesmo os profissionais venham a evitar. Uma das metas gerais do inventário foi a de fazer virem à tona as crenças e preocupações subjacentes que os indivíduos mantêm sobre o pós-morte.

Foi um completo desafio. O inventário deveria ser traçado não apenas a partir dos conceitos que pudessem ser familiares àqueles aos quais se destinaria mas, também, às idéias e crenças peculiares a grupos do mundo inteiro, que eu então me dedicava a estudar. Demarquei os possíveis aspectos propiciados pela visão do pós-morte, estabelecendo-os em um questionário dividido em sete seções, separadas entre si; solicita-se ao entrevistado que preencha as seguintes categorias de informação:

- sua visão geral do pós-morte;
- identidade pessoal a ser assumida no pós-morte;
- meio em que se encontraria no pós-morte;
- como se prepararia para o pós-morte;
- o que influenciaria o pós-morte;
- o futuro no pós-morte:
- e as provas que ele tem quanto à existência e natureza do pós-morte.

Cada item do Inventário tem origem em, no mínimo, um sistema cultural ou religião existente. Recomendei que as respostas a esse Inventário fossem transformadas no início de um diálogo — e apontei maneiras como isso poderia ser utilizado em vários contextos.

Em seguida, revisei, revisei, revisei...

O conjunto de sete séries de perguntas, resultante deste trabalho, foi idealizado para servir ao grande e diversificado número de pessoas que tentam se colocar em bons termos com o pós-morte. Seus possíveis benefícios são os seguintes:

- Esse esforço pode lançar luz sobre um espaço de nosso ser que, de outra maneira, permaneceria com seus contornos imprecisos.
- Essa clareza, por sua vez, pode contribuir para nosso mais completo preparo para a morte — a nossa própria e a dos que nos cercam.
- Deixar vir à tona e afirmar de modo consciente o entendimento de que já dispomos quanto ao pós-morte é fator que nos conforta e impede que nos atemorizemos em relação à nossa morte, à dos demais, às "minimortes" e às perdas que todos sofremos no decorrer de nossas existências.
- O fato de respondermos às perguntas formuladas e colocarmos por escrito o que afirmamos contribui para melhor articularmos nossas crenças pessoais.

As pessoas que enfrentam o processo da morte são as mais óbvias candidatas a se beneficiar com as respostas que têm oportunidade de oferecer, referentes ao pós-morte. Mas, como esclarece um amigo psiquiatra, a ampla variedade de profissionais que dão assistência aos que se encontram nesse processo — pessoas que trabalham na área de saúde, clérigos, psicólogos e outros tipos de profissionais voltados para o aconselhamento — também podem se beneficiar não apenas das perguntas, mas igualmente das respostas que eles mesmos derem às questões que formularem. O mesmo se aplica às famílias e amigos dos que se encontram em estados terminais — assistindo seus entes queridos, ao lado de um de seus leitos e, muitas vezes, inseguros quanto ao que devem fazer no momento da transição da vida para o pós-morte daqueles a quem amam.

Para todas essas pessoas, o Inventário do Pós-Morte proporciona um meio de organizarem e se concentrarem em dados sobre os quais é muito difícil pensar ou falar. Sob o manto das mais diversas tradições, quase sempre adquiridas na infância para mais tarde serem deixadas de lado, nossas respostas e nossas noções intuitivas quanto a "um outro lugar" zombam e se esquivam de nós como nenhuma outra coisa o faz em nossa vida. Por toda parte a morte se mostra cercada de temores e hesitações. No contexto do Inventário, os *insights* e as intuições, mesmo que vagas, podem encontrar formas de manifestar-se e o medo do desconhecido tem a possibilidade de aflorar à consciência para então ser confrontado e discutido de forma aberta.

Cada seção se divide em duas partes: um questionário baseado em múltipla escolha e uma página disponível, para que a pessoa nela registre suas "inquietações/crenças", sempre se baseando nas alternativas que escolheu ao responder o questionário, e as quais devem ser redigidas na primeira pessoa. Estipulei o termo inquietações — em vez de crenças, por exemplo — a fim de evocar ressonâncias ou intuições, bem como *insights* ou crenças plenamente incorporados.

O Inventário não é um teste; nele não existem respostas certas ou erradas. Na verdade, não existe resposta nenhuma, mas tão-somente possibilidades. Ao considerar as afirmações ali contidas, abra não apenas sua mente mas, também, sua imaginação. Afinal, estamos refletindo sobre *em que poderia* consistir a realidade existente depois da morte — e não sobre dados empíricos, passíveis de serem testados e retestados cientificamente. As imagens e idéias que possam vir a aflorar a partir de seu íntimo talvez tenham sido feitas sob medida para diminuir as preocupações que, há longo tempo, o vêm perturbando com relação à sua própria morte, às perdas que se apresentam em sua vida, ou à morte de pessoas a quem ama.

Observe também que você pode responder ao inventário de uma assentada, ou responder apenas àquelas partes que sejam de seu interesse. Você pode respondê-lo rapidamente, em uma hora, ou fazê-lo aos poucos, levando para isso um mês inteiro. Repito: não há maneira certa ou errada quanto à utilização de cada seção. Utilize o estilo que mais se adapte a seus interesses em particular.

Você verá que o Inventário parece redundante: pede-lhe que preste atenção duas vezes às mesmas questões apresentadas em cada seção. A razão que reside por trás disso é a de permitir que leve em conta as crenças que já possui e a de permitir também que outras, novas, possam emergir.

Adote as seguintes linhas-mestras como guia:

Parte A: No círculo diante de cada questão marque com um X a sentença que faz mais sentido para você.

Parte B: Diante de cada questão, marque seu grau (positivo ou negativo) de interesse, em relação à circunstância ali demonstrada, fazendo um círculo em torno de cada número sempre seguindo os seguintes critérios:

- Marque 1 se você dá pouca atenção ao que é afirmado na sentença.
- Marque 2 se você dá alguma atenção ao que é afirmado na sentença.
- Marque 3 se você dá considerável atenção.
- Marque 4 se você dá muita atenção.

Parte C: Nesta parte, você se expressará de fato, com suas próprias palavras. Utilize-se da página pautada que se segue ao questionário para completar o sentido das sentenças relativas ao aspecto do pós-morte em discussão na seção da qual você está tratando.

- Para as afirmações em relação às quais você marcou com um círculo o número 2, complete a sentença que começa com as palavras: "Eu _____ ".
- Para as afirmações em relação às quais você marcou com um círculo o número 3, complete a sentença que começa com as palavras: "Eu _____".
- Para as afirmações em relação às quais você marcou com um círculo o número 4, complete a sentença que começa com as palavras: "Eu _____".

Se, ao responder o Inventário, lhe ocorrerem afirmações diversas daquelas nele estipuladas, que reflitam suas crenças — e isso acontece com freqüência — escreva-as na Parte C, juntamente com suas respostas.

Completada a Parte C ali você terá, como resultado, o mapa do que, hoje, considera como o pós-morte. De modo muito claro, tudo o que você carrega em seu íntimo se fará refletir nessa parte e este será seu ponto de partida para uma discussão sobre essas idéias e imagens — mesmo que essa discussão se dê sob a forma de um monólogo que você venha a manter consigo mesmo. É possível até que já tenha pensado e meditado profundamente sobre as questões ali apontadas. Neste caso, tendo escrito com clareza no papel seus interesses, você terá à mão a disponibilidade de sempre voltar a elas — talvez apenas brevemente, talvez sob a forma de um constante pensamento. O Inventário é destinado não somente a permitir o diálogo e, assim, reduzir o isolamento, como também dar vazão à ansiedade que emergir, levando conforto a áreas que tanto se encontram encravadas no seu cerne, como às que vão além da consciência.

SEÇÃO I

Minha Visão Geral Do Pós-Morte

		PARTE A	PARTE B
I-1	No pós-morte é provável que eu me veja em um estado de imobilidade	○	1 2 3 4
I-2	No pós-morte é provável que eu me entregue a um determinado tipo de jornada	○	1 2 3 4
I-3	É provável que o pós-morte dure um período determinado de tempo.	○	1 2 3 4
I-4	É provável que no pós-morte haja uma meta a ser atingida.	○	1 2 3 4
I-5	É provável que no pós-morte se deva produzir uma transformação de caráter pessoal.	○	1 2 3 4
I-6	É provável que eu me beneficie com as experiências pelas quais tiver de passar no pós-morte.	○	1 2 3 4
I-7	É provável que as experiências pelas quais eu tiver de passar no pós-morte possam beneficiar aqueles a quem amei.	○	1 2 3 4
I-8	É provável que as experiências pelas quais eu tiver de passar no pós-morte possam beneficiar a comunidade.	○	1 2 3 4
I-9	É provável que as experiências pelas quais eu tiver de passar no pós-morte possam beneficiar a humanidade como um todo.	○	1 2 3 4
I-10	A meta a ser atingida pelo pós-morte será o retorno à vida.	○	1 2 3 4
I-11	A meta a ser atingida pelo pós-morte será passar para uma outra forma de vida.	○	1 2 3 4
I-12	A meta a ser atingida pelo pós-morte será o descanso.	○	1 2 3 4
I-13	A meta a ser atingida pelo pós-morte será a eterna bem-aventurança.	○	1 2 3 4
I-14	A meta a ser atingida pelo pós-morte será a união a todos os seres.	○	1 2 3 4
I-15	O pós-morte terá início com um lugar de descanso ou de espera.	○	1 2 3 4
I-16	O pós-morte será, provavelmente, o acaso.	○	1 2 3 4

		PARTE A	PARTE B
I-17	O pós-morte será, provavelmente, uma condição.	○	1 2 3 4
I-18	O pós-morte será, provavelmente, um lugar.	○	1 2 3 4
I-19	No pós-morte eu, provavelmente, terei ocasião de passar em revista minha existência.	○	1 2 3 4
I-20	No pós-morte eu, provavelmente, terei a experiência da iluminação.	○	1 2 3 4
I-21	No pós-morte eu, provavelmente, experimentarei as trevas.	○	1 2 3 4
I-22	No pós-morte eu, provavelmente, desfrutarei de prazeres.	○	1 2 3 4
I-23	No pós-morte eu, provavelmente, terei dores.	○	1 2 3 4
I-24	No pós-morte eu, provavelmente, terei paz.	○	1 2 3 4
I-25	No pós-morte eu, provavelmente, sentirei terror.	○	1 2 3 4
I-26	No pós-morte eu, provavelmente, alcançarei a bem-aventurança.	○	1 2 3 4
I-27	No pós-morte eu não serei julgado.	○	1 2 3 4
I-27	No pós-morte eu, provavelmente, aprenderei importantes lições.	○	1 2 3 4
I-28	No pós-morte eu, provavelmente, serei testado.	○	1 2 3 4
I-30	No pós-morte eu, provavelmente, passarei por sofrimentos.	○	1 2 3 4
I-31	No pós-morte eu, provavelmente, serei condenado.	○	1 2 3 4
I-32	No pós-morte eu, provavelmente, serei julgado.	○	1 2 3 4
I-33	No pós-morte eu serei julgado pela Lei de Talião.	○	1 2 3 4
I-34	No pós-morte eu serei julgado pelo sistema das leis do carma.	○	1 2 3 4
I-35	No pós-morte eu serei julgado pelo sistema do desafio.	○	1 2 3 4
I-36	No pós-morte eu serei julgado por mim mesmo.	○	1 2 3 4
I-37	No pós-morte eu serei julgado por uma revisão de minhas experiências de vida.	○	1 2 3 4
I-38	No pós-morte eu, provavelmente, terei o auxílio de alguém para me guiar.	○	1 2 3 4
I-39	No pós-morte eu, provavelmente, terei *insights*.	○	1 2 3 4
I-40	_____	○	1 2 3 4
I-41	_____	○	1 2 3 4

Quando tiver completado as Partes A e B, sempre seguindo seu próprio ritmo, faça uma lista das afirmações que marcou com os registros de: interessa-se um tanto (2), interessa-se consideravelmente (3) e interessa-se bastante (4). A partir dessa lista, complete as frases que começam com (4) Eu me interesso muito por ＿＿＿＿＿ ou (3) Eu me interesso consideravelmente por ＿＿＿＿＿ ou ainda (2) Eu me interesso um pouco por ＿＿＿＿＿ , dando-lhes sentido completo.

＿＿＿＿＿＿＿＿＿＿＿＿＿＿＿＿＿＿＿＿＿

＿＿＿＿＿＿＿＿＿＿＿＿＿＿＿＿＿＿＿＿＿

＿＿＿＿＿＿＿＿＿＿＿＿＿＿＿＿＿＿＿＿＿

＿＿＿＿＿＿＿＿＿＿＿＿＿＿＿＿＿＿＿＿＿

＿＿＿＿＿＿＿＿＿＿＿＿＿＿＿＿＿＿＿＿＿

＿＿＿＿＿＿＿＿＿＿＿＿＿＿＿＿＿＿＿＿＿

＿＿＿＿＿＿＿＿＿＿＿＿＿＿＿＿＿＿＿＿＿

＿＿＿＿＿＿＿＿＿＿＿＿＿＿＿＿＿＿＿＿＿

SEÇÃO II

Quem Ou O Que Serei No Pós-Morte

		PARTE A	PARTE B
II-1	No pós-morte serei apenas pura consciência.	○	1 2 3 4
II-2	No pós-morte serei apenas pura energia.	○	1 2 3 4
II-3	No pós-morte assumirei uma determinada forma.	○	1 2 3 4
II-4	No pós-morte não terei forma.	○	1 2 3 4
II-5	No pós-morte, terei possibilidades de me comunicar com os que vivem na terra.	○	1 2 3 4
II-6	No pós-morte, terei possibilidades de me comunicar com a comunidade a que pertencia quando vivia na terra.	○	1 2 3 4
II-7	No pós-morte, terei possibilidades de me comunicar com aqueles a quem amava quando vivia na terra.	○	1 2 3 4

II-8   No pós-morte, a forma que assumirei terá aspec-
        tos daquela que meu corpo possuía quando eu
        vivia na terra.   ○   1 2 3 4

II-9   Ao pós-morte levarei comigo aspectos que for-
        maram a história de minha vida.   ○   1 2 3 4

II-10   No pós-morte ainda trarei comigo os problemas
        desta vida que deixei por resolver.   ○   1 2 3 4

II-11   No pós-morte seguirei sendo o mesmo que ago-
        ra sou.   ○   1 2 3 4

II-12   Minha chegada ao pós-morte terá sido prevista.   ○   1 2 3 4

II-13   No pós-morte não estarei destituído de memória.   ○   1 2 3 4

II-14   No pós-morte eu não estarei privado de meu
        senso de humor.   ○   1 2 3 4

II-15   No pós-morte serei homem.   ○   1 2 3 4

II-16   No pós-morte serei mulher.   ○   1 2 3 4

II-17   No pós-morte não pertencerei a gênero algum.   ○   1 2 3 4

II-18   No pós-morte apenas verei as coisas como são
        (não estabelecerei julgamentos).   ○   1 2 3 4

II-19   No pós-morte poderei caminhar por onde desejar.   ○   1 2 3 4

II-20   No pós-morte manterei o sentido da visão.   ○   1 2 3 4

II-21   No pós-morte manterei o sentido da audição.   ○   1 2 3 4

II-22   No pós-morte manterei o sentido do tato.   ○   1 2 3 4

II-23   No pós-morte poderei comer.   ○   1 2 3 4

II-24   No pós-morte manterei o sentido do olfato.   ○   1 2 3 4

II-25   No pós-morte terei energia.   ○   1 2 3 4

II-26   No pós-morte possuirei poder de volição.   ○   1 2 3 4

II-27   No pós-morte serei um ente passivo.   ○   1 2 3 4

II-28   No pós-morte poderei ver a beleza.   ○   1 2 3 4

II-29   No pós-morte poderei ver a fealdade.   ○   1 2 3 4

II-30   No pós-morte serei capaz de amar.   ○   1 2 3 4

II-31   No pós-morte serei capaz de odiar.   ○   1 2 3 4

II-32   No pós-morte poderei dar vazão à criatividade.   ○   1 2 3 4

II-33   No pós-morte experimentarei a inércia.   ○   1 2 3 4

II-34   No pós-morte experimentarei o êxtase.   ○   1 2 3 4

II-35   No pós-morte experimentarei o desespero.   ○   1 2 3 4

II-36   No pós-morte experimentarei a felicidade.   ○   1 2 3 4

II-37   No pós-morte experimentarei a tristeza.   ○   1 2 3 4

II-38   No pós-morte experimentarei a raiva   ○   1 2 3 4

II-39   No pós-morte experimentarei o conforto.   ○   1 2 3 4

II-40	No pós-morte experimentarei o orgulho.	○	1 2 3 4
II-41	No pós-morte experimentarei a humildade.	○	1 2 3 4
II-42	No pós-morte experimentarei a energia sexual.	○	1 2 3 4
II-43	No pós-morte caminharei sozinho.	○	1 2 3 4
II-44	No pós-morte estarei caminhando em companhia de um grupo de outros seres.	○	1 2 3 4
II-45	No pós-morte encontrarei outros viajantes como eu.	○	1 2 3 4
II-46	No pós-morte, esses outros viajantes estarão divididos em grupos ou tipos de entidades.	○	1 2 3 4
II-47	No pós-morte freqüentarei algum tipo de escola.	○	1 2 3 4
II-48	No pós-morte disporei de um mestre.	○	1 2 3 4
II-49	No pós-morte, evoluirei para me transformar em um ser mais elevado.	○	1 2 3 4
II-50	_____	○	1 2 3 4
II-51	_____		

Quem Ou O Que Serei No Pós-Morte (Parte C)

Quando tiver completado as Partes A e B, sempre seguindo seu próprio ritmo, faça uma lista das afirmações que marcou com os registros de: preocupa-se um tanto (2), preocupa-se consideravelmente (3) e preocupa-se muito. A partir dessa lista complete as frases que começam com (4) Eu me preocupo muito _____ ou (3) Eu me preocupo consideravelmente com _____ ou ainda (2) Eu me preocupo um tanto com _____ , dando-lhes sentido completo.

SEÇÃO III

Como Me Preparar Para O Pós-Morte

		PARTE A	PARTE B
IV-1	Posso me preparar para o pós-morte durante toda a minha vida.	○	1 2 3 4
IV-2	Posso me preparar para o pós-morte em épocas específicas de minha vida.	○	1 2 3 4
IV-3	Posso preparar aspectos específicos de minha vida para o pós-morte.	○	1 2 3 4
IV-4	Posso me preparar para o pós-morte por intermédio dos relacionamentos que mantenho.	○	1 2 3 4
IV-5	Posso me preparar para o pós-morte pelo trabalho que realizo.	○	1 2 3 4
IV-6	Posso me preparar para o pós-morte pela ajuda que presto.	○	1 2 3 4
IV-7	Posso me preparar para o pós-morte por minhas ações.	○	1 2 3 4
IV-8	Posso me preparar para o pós-morte pelo desapego.	○	1 2 3 4
IV-9	Posso me preparar para o pós-morte pela maneira como manejo minhas finanças.	○	1 2 3 4
IV-10	Posso me preparar para o pós-morte por meio de minha sexualidade.	○	1 2 3 4
IV-11	Posso me preparar para o pós-morte por meio da prática da caridade.	○	1 2 3 4
IV-12	Posso me preparar para o pós-morte por meio do sistema de crenças que sigo.	○	1 2 3 4
IV-13	Posso me preparar para o pós-morte pela prática da meditação.	○	1 2 3 4
IV-14	Posso me preparar para o pós-morte pela prática da penitência.	○	1 2 3 4
IV-15	Posso me preparar para o pós-morte pela oração.	○	1 2 3 4
IV-16	Posso me preparar para o pós-morte observando rituais.	○	1 2 3 4
IV-17	Posso me preparar para o pós-morte pela prática da leitura.	○	1 2 3 4
IV-18	Posso me preparar para o pós-morte provendo fundos substanciais para meu funeral.	○	1 2 3 4

IV-19	Posso me preparar para o pós-morte juntando objetos que levarei comigo quando para lá me encaminhar.	O 1 2 3 4
IV-20	Posso me preparar para o pós-morte oferecendo à minha família uma outra residência, onde possa morar após minha morte.	O 1 2 3 4
IV-21	Posso me preparar para o pós-morte por meio da compreensão que obtenha em relação às minhas vidas passadas.	O 1 2 3 4
IV-22	Posso me preparar para o pós-morte utilizando-me de drogas (substâncias) sagradas.	O 1 2 3 4
IV-23	Posso me preparar para o pós-morte encontrando uma solução para meus relacionamentos problemáticos.	O 1 2 3 4
IV-24	Posso me preparar para o pós-morte por meio de uma vida em que não cometa nenhum mal a ninguém.	O 1 2 3 4
IV-25	Posso me preparar para o pós-morte vivendo uma existência piedosa.	O 1 2 3 4
IV-26	_____	O 1 2 3 4
IV-27	_____	O 1 2 3 4

MEIOS DE ME PREPARAR PARA O PÓS-MORTE

Quando tiver completado as Partes A e B, sempre seguindo seu próprio ritmo, faça uma lista das afirmações que marcou com os registros de: preocupa-se um tanto (2), preocupa-se consideravelmente (3) e preocupa-se bastante (4). A partir dessa lista complete as frases que começam com (4) Eu me preocupo bastante com _____ ou (3) Eu me peocupo consideravelmente com _____ ou ainda (2) Eu me preocupo um tanto com _____ , dando-lhes sentido completo.

_____

_____

_____

_____

_____

SEÇÃO IV

Como Creio Que Será a Natureza do Pós-Morte Que Me Aguarda

		PARTE A	PARTE B

V-1 O tipo de vida que vivi terá influência sobre a natureza do pós-morte que me aguarda. ○ 1 2 3 4

V-2 O tipo de morte que terei tido terá influência sobre a natureza do pós-morte que me aguarda. ○ 1 2 3 4

V-3 O tipo de rituais que se celebrem ao momento de minha morte terá influência sobre a natureza do pós-morte que me aguarda. ○ 1 2 3 4

V-4 O tipo de rituais que se celebrem em intervalos determinados, em seguida à minha morte, terá influência sobre a natureza do pós-morte que me aguarda. ○ 1 2 3 4

V-5 A época em que ocorrer a minha morte terá influência sobre a natureza do pós-morte que me aguarda. ○ 1 2 3 4

V-6 A causa de minha morte terá influência sobre a natureza do pós-morte que me aguarda. ○ 1 2 3 4

V-7 O estado psicológico em que me encontrar, à época de minha morte, terá influência sobre a natureza do pós-morte que me aguarda. ○ 1 2 3 4

V-8 As atitudes de meus amigos, à época de minha morte, terão influência sobre a natureza do pós-morte que me aguarda. ○ 1 2 3 4

V-9 As atitudes de meus familiares, à época de minha morte, terão influência sobre a natureza do pós-morte que me aguarda. ○ 1 2 3 4

V-10 O modo como se der meu sepultamento terá influência sobre a natureza do pós-morte que me aguarda. ○ 1 2 3 4

V-11 A natureza do pós-morte que me aguarda vem determinada desde antes de meu nascimento (ou seja, predestinada). ○ 1 2 3 4

V-12 Só por haver considerado certos aspectos do pós-morte eu já me encontro preparado para ele. ○ 1 2 3 4

V-13 _____ ○ 1 2 3 4

V-14 _____ ○ 1 2 3 4

Quando tiver completado as Partes A e B, sempre seguindo seu próprio ritmo, faça uma lista das afirmações que marcou com os registros de: preocupa-se um tanto (2), preocupa-se consideravelmente (3) e preocupa-se bastante (4). A partir dessa lista complete, dando-lhes sentido completo, as frases que começam com (4) Eu me preocupo bastante com ————————————— , (3) Eu me preocupo consideravelmente com ——————————— e (2) Eu me preocupo um tanto com ———————————— .

———————————————————————————————————

———————————————————————————————————

———————————————————————————————————

———————————————————————————————————

———————————————————————————————————

———————————————————————————————————

———————————————————————————————————

———————————————————————————————————

SEÇÃO V

O Que Eu Creio Que Acontecerá Comigo Depois De Minha Morte

		PARTE A	PARTE B
VI-1	O que acontecerá comigo depois de minha morte será definido durante o pós-morte.	○	1 2 3 4
VI-2	O que acontecerá comigo depois de minha morte será determinado pelo acaso.	○	1 2 3 4
VI-3	O que acontecerá comigo depois de minha morte será definido em função da natureza de minha jornada.	○	1 2 3 4
VI-4	O que acontecerá comigo depois de minha morte será determinado pela somatória de minhas vidas passadas.	○	1 2 3 4
VI-5	O que acontecerá comigo depois de minha morte será definido segundo meu propósito.	○	1 2 3 4
VI-6	Alguém ou algo se encarregará de determinar o que acontecerá comigo depois de minha morte.	○	1 2 3 4

VI-7   Provavelmente haverá uma época predetermina-
da para minha volta e esta terá sido decidida antes de minha estada no pós-morte.   ○   1 2 3 4

Creio ser provável que os seguintes aspectos possam
ser determinados durante minha estada no pós-morte:

VI-8   Quem será minha mãe.   ○   1 2 3 4
VI-9   Quem será meu pai.   ○   1 2 3 4
VI-10 A ordem que ocupará meu nascimento no seio
de minha futura família.   ○   1 2 3 4
VI-11 A que gênero sexual pertencerei.   ○   1 2 3 4
VI-12 O país em que nascerei.   ○   1 2 3 4
VI-13 Minha estrutura de DNA.   ○   1 2 3 4
VI-14 No pós-morte me transformarei em pura ener-
gia.   ○   1 2 3 4
VI-15 Eu não retornarei a esta vida depois do pós-
morte.   ○   1 2 3 4
VI-16 _____   ○   1 2 3 4
VI-17 _____   ○   1 2 3 4

O QUE EU PENSO QUE ACONTECERÁ COMIGO DEPOIS DO PÓS-MORTE?

Quando tiver completado as Partes A e B, sempre seguindo seu próprio ritmo, faça uma lista das afirmações que marcou com os registros
de: preocupa-se um tanto (2), preocupa-se consideravelmente (3) e preocupa-se bastante (4). A partir dessa lista completa, dando-lhes sentido
completo, as frases que começam com (4) Eu me preocupo bastante
com _____ , (3) Eu me preocupo consideravelmente
com _____ ou, ainda, (2) Eu me preocupo um tanto
com _____ .

_____

_____

_____

_____

_____

SEÇÃO VI

Provas Pessoais Que Obtive

		PARTE A	PARTE B

VII-1 As provas pessoais que guardo comigo relativamente ao pós-morte se compõem, em parte, de passagens de visualizações que ocorreram comigo. ○ 1 2 3 4

VII-2 As provas pessoais que guardo comigo relativamente ao pós-morte se compõem, em parte, de passagens tecnicamente induzidas a que me submeti. ○ 1 2 3 4

VII-3 As provas pessoais que guardo comigo relativamente ao pós-morte se compõem, em parte, por experiências táteis que ocorreram comigo. ○ 1 2 3 4

VII-4 As provas pessoais que guardo comigo relativamente ao pós-morte se compõem, em parte, por experiências de audição que ocorreram comigo. ○ 1 2 3 4

VII-5 As provas pessoais que guardo comigo relativamente ao pós-morte se compõem, em parte, por experiências de natureza olfativa que ocorreram comigo. ○ 1 2 3 4

VII-6 As provas pessoais que guardo comigo relativamente ao pós-morte se compõem, em parte, por experiências de paladar que ocorreram comigo. ○ 1 2 3 4

VII-7 As provas pessoais que guardo comigo relativamente ao pós-morte se compõem, em parte, pelas experiências cotidianas que ocorrem comigo. ○ 1 2 3 4

VII-8 As provas pessoais que guardo comigo relativamente ao pós-morte se compõem, em parte, pelas experiências mediadas por seres humanos a que assisti (isto é, com sensitivos, videntes, canais, médiuns etc.). ○ 1 2 3 4

VII-9 As provas pessoais que guardo comigo relativamente ao pós-morte se compõem, em parte, ○ 1 2 3 4
por experiências pré-programadas que estabe- ○ 1 2 3 4

leci com terceiros (isto é, combinar que uma pessoa próxima, que se encontrasse à morte iminente, voltaria para oferecer um sinal da continuidade da existência depois da morte). ○ 1 2 3 4

VII-10   As provas pessoais que guardo comigo relativamente ao pós-morte se compõem, em parte, pelo que tenho lido. ○ 1 2 3 4

VII-11   As provas pessoais que guardo comigo relativamente ao pós-morte se compõem, em parte, pelas histórias que tenho ouvido contar. ○ 1 2 3 4

VII-12   As provas pessoais que guardo comigo relativamente ao pós-morte se compõem, em parte, pelas experiências relacionadas a estados físicos internos que ocorreram comigo. ○ 1 2 3 4

VII-13   As provas pessoais que guardo comigo relativamente ao pós-morte se compõem, em parte, pelo treinamento religioso que tenho recebido. ○ 1 2 3 4

VII-14   As provas pessoais que guardo comigo relativamente ao pós-morte se compõem, em parte, a partir de experiências que tive relacionadas a aparições, seres ou forças. ○ 1 2 3 4

VII-15   As provas pessoais que guardo comigo relativamente ao pós-morte me vêm, em parte, de minhas orações. ○ 1 2 3 4

VII-16   As provas pessoais que guardo comigo relativamente ao pós-morte me vêm, em parte, pela meditação. ○ 1 2 3 4

VII-17   As provas pessoais que guardo comigo relativamente ao pós-morte me vêm, em parte, pela minha imaginação vital. ○ 1 2 3 4

VII-18   As provas pessoais que guardo comigo relativamente ao pós-morte me vêm, em parte, de membros de minha família. ○ 1 2 3 4

VII-19   _____ ○ 1 2 3 4

VII-20   _____ ○ 1 2 3 4

Quando tiver completado as Partes A e B, sempre seguindo seu próprio ritmo, faça uma lista das afirmações que marcou com o registro de: preocupa-se um tanto (2), preocupa-se consideravelmente (3) e preocupa-se bastante (4). A partir dessa lista complete, dando-lhes sentido completo, as frases que começam com (4) Eu me preocupo bastante com —————————————, (3) Eu me preocupo consideravelmente com ————————————, ou, ainda, (2) Eu me preocupo um tanto com ——————————— .

_____

_____

_____

_____

_____

_____

_____

_____

_____

APÊNDICE B

PESQUISADORES SENIORES: INSTITUTE FOR THE STUDY OF THE AFTERDEATH

∽

O Institute for The Study of the Afterdeath congregou várias pessoas, em todo o mundo, todas empenhadas na coleta de dados sobre o pós-morte. Esses colegas, que receberam a denominação de pesquisadores seniores, residem nos países onde se localizam os grupos estudados e os conhecem a fundo. Freqüentemente eles próprios nos sugeriram estas ou aquelas tribos ou cultos detentores de crenças ricas de elementos relativos ao pós-morte. Seria tolice acreditar que os membros da maior parte deles falariam livremente com estrangeiros que se pusessem a formular-lhes perguntas "tolas" e, mais ainda, que se mostrassem desejosos de permitir nossa entrada em seus espaços sagrados. Em regra geral, foi necessário todo um ano para a seleção desse pessoal; os critérios escolhidos determinavam que o candidato tivesse livre acesso ao grupo a ser estudado e falasse inglês. Não fosse essa prévia seleção, teria sido impossível efetivar qualquer viagem destinada à coleta de dados.

Todos esses pesquisadores possuem pleno acesso aos grupos aos quais se reportaram, e contaram com uma boa recepção por parte dos anciãos desses grupos, os quais neles depositam sua inteira confiança. Alguns dentre eles nasceram no próprio seio dessa comunidade, tendo delas se afastado apenas por motivo de sua educação formal. Outros ainda são acadêmicos que dedicaram sua carreira ao estudo dos grupos que desejávamos pesquisar. Alguns são curadores que, por intermédio de seu trabalho de coletar e preservar a produção artística desses grupos, lograram conquistar sua familiaridade e confiança. Um dentre eles é cartógrafo; dois, professores eméritos e um terceiro estava finalizando sua tese de doutorado. Um é sacerdote "provedor-de-máscaras" e os demais, professores da área de humanas. Nesse grupo reuniu-se uma magnífica seleção de pessoas que, de país a país, nos apresentaram às figuras dos "mantenedores da tradição", os encarregados de salvaguardar a sabedoria acumulada pelos grupamentos indígenas e de assegurar que essa sabedoria não sofresse nenhum tipo de dano à sua incolumidade, mesmo que inadvertidamente. Os pesquisadores conduziram o trabalho em grupo aqui realizado não junto ao homem comum, pertencente a cada um dos grupos específicos — e sim com seus xamãs, sacerdotes, homens santos, curadores e membros dotados de poderes psíquicos que *detinham* a liderança. Durante nossa estada em determinados países, Edmundo e eu nos reuníamos com grande parte dos indivíduos a serem entrevistados. Depois de nossa partida, cada pesquisador sênior passava todo o ano seguinte conduzindo a pesquisa padronizada exigida, que era composta de um formulário que continha 180 questões.

Muitas vezes, os pesquisadores seniores necessitavam mais de vinte e quatro horas e repetidas visitas, para chegarem a obter o total de respostas ao questionário dirigido a somente um, dentre os cinco representantes selecionados em cada grupo. Em muitos casos, eles se deram conta de que não apenas se veriam obrigados a retornar numerosas vezes para a coleta de dados, como deveriam também transpor para o papel o formulário completo da pesquisa, antes de poderem até mesmo reunir os dados coligidos.

Desse grupo tão dedicado, quero agradecer muito especialmente à psicóloga portuguesa Mariana Caudida Caixeoro que nos apresentou ao Mahapatra, na cidade de Varanasi, na Índia, por sua flexibilidade e pela superior qualidade de seu trabalho; ao cartógrafo Max Knaus-Rojas e à sua esposa Lily Knaus-Rojas que, utilizando-se de carros de bois nas viagens que foram obrigados a fazer, se dedicaram ao estudo dos toraja da Sulauésia, na Indonésia, e chegaram até os maravilhosos mantenedores das tradições, capazes de traduzir-lhes a memória que mantinham relativas a elas; ao generoso e elegante professor Alagoa e seu filho David, que nos fizeram sentir em "casa" entre os nembe, da parte alta do delta do Níger, em seguida ao deslumbramento que nos causaram os ninhos das cegonhas; às duas gerações dos krishnas de Varanasi, que entretiveram e acompanharam Edmundo e a mim, ao longo de nossa aventura mais divertida e que mais nos deu o que pensar; a Aditya Behl e a toda a sua família que, além de tudo o mais que nos ofereceram, nos proporcionaram um jantar à base de carne de carneiro simplesmente inesquecível.

Quero também agradecer a Bade Ajuwon e seu assistente por seu bom humor — sua expressão de susto e sua imediata correção da tradução, quando insisti com eles que, para curar-me de uma indisposição leve que me atacara, não seria preciso sacrificar uma cabra — fosse fêmea ou novilha. Minha profunda gratidão à dra. Amelie Degbelo

Iroko que, à parte de completar sozinha toda a pesquisa relativa ao Benin, graciosamente me acompanhou quando resolvemos abandonar todas as pressões naturais e inerentes ao trabalho para "atingir" o mercado; Edmundo me recorda também para não deixar de agradecer a Ernest Emenyonu, que salvou nossa vida quando se dirigiu até um local de Lagos para conseguir-nos alguns hambúrgueres e batatas fritas à francesa. Ken Ring generosamente, e desde o início, nos ofereceu seu apoio e assistência relativos às Experiências de Quase-Morte, enviando-nos rapidamente suas mensagens via fone, fax e E-mail. I Made e Judy atenderam a todas as nossas necessidades em Bali; por bem mais de uma hora Julio Braga realizou uma pesquisa (por meio de chamadas telefônicas barulhentas estabelecidas entre São Paulo, Bahia e Nova York) até podermos chegar ao consenso que elegeu o termo viajante como o mais apropriado sinônimo transcultural para a palavra espírito. Bob e Elaine Schroder e família, residentes em Juneau, no Alaska, que se mostraram maravilhosos, dignos anfitriões; no Brasil o dr. Hernani Guimarães Andrade se colocou à nossa disposição durante tantas ocasiões que se torna impossível mencioná-las todas aqui. Juanito de Santos abriu-nos muitas portas; e nossos agradecimentos vão também para o Prof. Octávio Ulisséia que, graciosamente, cedeu-nos os estudantes de seu *campus* universitário para que trabalhassem conosco; ao Centro de Trabalho Indigenista que configurou, de modo a nos proporcionar sentido, os complexíssimos dados provenientes dos indígenas brasileiros; e a Ade Gassa que, com critério e sabiamente, nos concedeu abertura e informações sem, ao mesmo tempo, deixar de oferecer sua proteção aos reverenciados Eguns. A todos, meu muito obrigada pelo seu trabalho e pela riqueza das lembranças que para sempre guardarei comigo.

Segue-se a listagem dos pesquisadores seniores e a breve descrição que apresentam das tribos ou grupos cujos encarregados de guardar-lhes as tradições coube selecionar e entrevistar.

ÁFRICA

Grupo Ioruba

O sistema religioso do grupo nigeriano dos iorubas está baseado em sua crença e ligação com numerosas deidades. Denominadas como Orixás, dizem chegar a 401; mas esse número, revestido de um caráter poético, serve mais para dar expressão ao grande número de divindades existentes, do que à sua quantificação numérica. Os ioruba acreditam que é por meio da combinação das características tanto humanas quanto espirituais de que são dotados que os deuses compreendem os problemas humanos e a eles se voltam prontamente, desde que lhes sejam oferecidos os rituais necessários.

Associado aos curandeiros e xamãs ioruba:

A. U. Iware, Ph. D., Former Acting Diretor
Institute of African Studies
University of Ibadan
Ibadan, Nigéria

Os curandeiros e xamãs são indivíduos consagrados à divindade masculina Ifa, talvez o mais importante dentre todos os deuses. Ifa montou sua imensa sabedoria sobre um sistema divinatório, por intermédio do qual tanto os seres humanos como os deuses podem comunicar-se com ele. Os textos literários que os sacerdotes entoam ao desenvolver esse processo divinatório representam um sistema onde se mantêm preservadas sua cultura, filosofia, mitologia e medicina, esta baseada no folclore. Ifa é consultado sobre praticamente todos os aspectos da vida humana, incluindo-se aí os nomes que devem ser dados às crianças, as doenças, a morte e os casamentos.

Associado aos caçadores ioruba:

Bade Ajuwon, Ph.D., Diretor do
Institute of Cultural Studies
Obafemi Awalowo University
Ile-Ife, Nigéria

A Guilda dos Caçadores Iorubas é composta de devotos de Ogun, deus do ferro, da prosperidade e do heroísmo, o qual regula a prática da caça — uma das mais antigas profissões da humanidade. Ogun é tido como líder guerreiro e ocupa um lugar na alta hierarquia entre os demais deuses devido à proteção que oferece.

O Grupo Fon do Benin

Associado aos praticantes do vodu e aos curadores e adivinhos dos *wemenu* e dos *ouidah* fon:

Amelie Degbelo Spouse Iroko, Ph.D.
Beninian Center for Scientific and Technical Research
Contounu, República do Benin, África Oriental

Curadores, adivinhos e praticantes de vodu do grupo fon: do ponto de vista númérico, o grupo fon é o grupo étnico mais significativo da República Africana do Benin. Dos séculos XVI ao XIX, seus indivíduos criaram um estado de caráter militar denominado Danxome, famoso em todo o Oeste Africano e Europa por mulheres soldados que compunham seu exército e que eram conhecidas como guerreiras "amazonas". Esse reino tomou parte no comércio transatlântico de escravos, que contribuiu para a disseminação de sua cultura em várias regiões dos continentes americanos e do Brasil — dessa forma, deu origem aos cultos vodus do Haiti e influenciou fortemente o ramo religioso brasileiro do candomblé.

Grupo Igbo da Nigéria

Associado aos curadores, adivinhos e indivíduos especializados igbo:

> Ernest N. Emenyonu, Ph.D.
> Provost and Chief Executive
> Alvan Ikoku College of Education
> Owerri, Estado de Imo
> Nigéria

Os adivinhos, curadores e demais indivíduos que desempenham atividades especializadas entre os igbo do Sudeste da Nigéria, concebem como Ancestrais os membros já falecidos de suas famílias atuais. Estes são repreendidos como se ainda vivessem, alimentados como se ainda estivessem sujeitos à fome e recebem reprimendas por falhar em suas obrigações relativas à família, quando não evitam mortes prematuras, perda das colheitas ou prejuízos no comércio. Sua crença no retorno de seus Ancestrais à vida "social" se baseia na teoria que respeitam quanto à reencarnação e transmigração das almas.

Grupo Ibo da Nigéria

Associado aos adivinhos ibo tradicionalistas e aos ibo cristãos de Nembe:

> Professor emérito E. J. Alagoa
> History Department
> Faculty of Humanities
> University of Port Harcourt
> Port Harcourt - Nigéria

O culto ibo se desenvolveu na região povoada pelos nembe, na parte alta do delta do Rio Niger, na Nigéria. Os primeiros elementos estrangeiros que chegaram a essa região foram europeus, em particular os ingleses; referiam-se aos nembe como "povo do bronze", denominação que passou a figurar em muitos dos mapas, livros e documentos da época colonial. Seu ramo religioso tradicional está ligado à veneração dos espíritos das águas e de seus ancestrais. Seus totens são as serpentes píton real e africana e ambas representam o deus nacional Ogidiga. Todos os deuses das comunidades ibo do delta do Niger se subordinam a este deus e são representados em termos do parentesco que mantêm em relação a ele — isto é, são vistos como seus filhos, esposas e aí por diante.

O cristianismo só foi introduzido nesse grupo no final do século XIX; sendo que grande parte de seus indivíduos se converteram e mesclou suas crenças anteriores com a visão cristã do pós-morte.

Os sacerdotes e sacerdotisas de cultos dedicados a estabelecer uma ligação entre os vivos e os mortos, conhecidos como adivinhos, ainda existem.

BRASIL

(Sob a direção geral de Edmundo Barbosa, Senior Researcher do Institute of the Studies of the Afterdeath)

Associada às comunidades indígenas dos guarani e kadiweu:

Maria Inês Martins Ladeira e Jaime Garcia Siqueira Jr.
Centro de Trabalho Indigenista
São Paulo - Brasil

Os índios guarani fundaram seus acampamentos na costa brasileira, na esperança de virem a alcançar a Terra Onde Não Existe o Mal — o Paraíso — situada além do oceano. Segundo sua mitologia e sua cosmogonia, todas as ocas, casas de oração e indivíduos que enviam suas orações por meio de cânticos e danças rituais, devem voltar suas faces para o lado onde se dá a aurora, rota para a Terra Onde Não Existe o Mal. Entre os elementos dessa tribo tem aumentado a crença de que o mundo está na iminência de ser destruído pelo fogo. A histórica e contínua ocupação de seu território por brancos tem destacado a intensificação de seus movimentos migratórios, direcionados para a busca da Terra Onde Não Existe o Mal e onde, acreditam eles, poderão alcançar a imortalidade da alma e a de sua cultura terrena.

Os índios kadiweu, cuja população atual é de 1.070 indivíduos, se tornaram historicamente conhecidos como "Índios Cavaleiros", devido à sua hábil utilização do cavalo nas batalhas que travavam. As histórias contidas em seus mitos enfatizam a necessidade de se estabelecer o distanciamento entre vivos e mortos; em sua concepção, os pertences do morto são enterrados juntamente com seus restos mortais. Os kadiweu se identificavam e se dedicavam tanto aos cavalos que estes também eram enterrados com seus donos. Assim se procedia com a finalidade de se possibilitar, no pós-morte, o estabelecimento de uma comunidade de Ancestrais que em sua essência tivesse existência semelhante ao sistema de vida levado pela comunidade dos vivos. Para marcar a separação que deveria existir entre mortos e vivos, estes trocavam seus próprios nomes e destruíam a antiga oca do indivíduo morto.

Associado às religiões espírita e umbandista:

Prof. Octávio Ulisséia
Câmpus Universitário Dr. Bezerra de Menezes
Curitiba - Brasil

As crenças espíritas se baseiam essencialmente na teoria do europeu Allan Kardec. Contrastando com outros sistemas brasileiros, o espiritismo no Brasil se mostra aberto a todos e é, hoje, o sistema de crenças mais amplamente difundido em todo o país. Os que o seguem organizam escolas, clínicas, centros ambulatoriais de atendimento diurno e uma universidade; guardam uma contínua e profunda crença em espíritos, guias e correntes espirituais, com os quais se comunicam regularmente através de sessões que são programadas para esse fim; realizam um amplo trabalho de cura através da purificação da aura do paciente.

A religião umbandista reflete a diversidade que caracteriza a história sociocultural do país por agasalhar em seu seio a influência dos escravos africanos, dos índios, da catequese católico-romana, dos princípios cardecistas do espiritismo e da teosofia de Madame Blavatsky. Embora esse ramo religioso não possua nenhuma codificação oficial ou elementos padronizados de crença, cultos ou rituais, nele subsiste a prática de obras de caridade, a crença na continuação da vida depois da morte e a possibilidade da comunicação com espíritos. Praticada em templos e centros, sua dança — que se faz acompanhar por cantos folclóricos e pelo bater dos tambores — dá ensejo a que seus iniciados entrem em estados alterados de consciência, quando os dançarinos são possuídos pelos espíritos de índios e escravos afro-brasileiros de há longo tempo falecidos, que aconselham aqueles que os consultam sobre seus problemas de vida.

Associado ao candomblé e à comunidade egun:

Prof. Dr. Julio Braga, ex-Diretor do
Centro de Estudos Afro-Orientais da
Universidade Federal da Bahia
e terapeuta Adê Rodriguê.
Grassa
Bahia - Brasil

O candomblé é uma religião afro-brasileira que abriga um grande número de elementos religiosos provindos das culturas africanas dos fon e dos iorubas (historicamente ligados ao tráfico escravo do Brasil) e do catolicismo romano. Seus rituais se compõem de danças rítmicas que provocam estados de transe e a possessão de seus dançarinos, iniciados e treinados extensamente. Esses rituais consistem na invocação das divindades do candomblé específicas ao panteão afro-brasileiro as quais, através da posse que exercem sobre seu iniciado, aqui vêm para educar, aconselhar e dar apoio espiritual à comunidade formada pelos que nelas crêem.

O culto aos eguns é o aspecto do candomblé mais especificamente consagrado aos mortos e aos reinos do pós-morte, onde o espírito livra-se dos laços que o prendem ao corpo e se une aos Ancestrais. Aos espíritos desses ancestrais dá-se o nome de eguns ou, igualmente, de "mortos-vivos". O culto aos eguns é um culto iniciático masculino, cuja função básica é a de invocar os espíritos desses Ancestrais; estes, então, rotornam a esta vida para aqui realizar sua dança em cerimônias abertas ao público, durante as quais atuam como conselheiros junto à comunidade religiosa.

Geral:

Dr. Hernani Guimarães Andrade
São Paulo, Brasil

AMÉRICA DO NORTE

Professor emérito Kenneth Ring
Department of Psychology
University of Connecticut
Storrs, Connecticut

Encontram-se relatos que descrevem Experiências de Quase-Morte (ou NDE, do inglês Near-Death Experiences) tanto na literatura como em documentos históricos. Apesar disso, o estudo sistemático e científico dessas experiências é uma atividade recente, que teve seu início em meados da década de 1970. O fato que mais impulsionou esse trabalho conjunto foi a publicação, em 1975, da obra *Life After Life*, do psiquiatra Raymond A. Moody, Jr. Nessa obra seu autor afirmava que, nas narrativas referentes a essas experiências tendem a se apresentar, com maior ou menor freqüência, quinze "elementos" — os quais, portanto, formam seu *padrão de constância relativa*. Estima-se que quinze por cento dos americanos já passaram por essas experiências.

ÍNDIA

Mahapatra:

Mariana Cândida Caixeoro
Lisboa, Portugal

Os Mahapatra são sacerdotes brâmanes especializados em rituais mortuários. Nas mais das vezes menos instruídos que outros sacerdotes e, por alguns considerados como intocáveis, os Mahapatra ministram todos os rituais com a finalidade de se fazer com que a *petra* (alma marginal) seja convertida em um Ancestral. Os membros de castas mais altas, por acreditarem que o simples fato de se defrontarem com esse tipo de sacerdotes pode lhes trazer má-sorte e até a morte, em geral tentam evitá-los.

Brâmanes, sikhs e sufis que oficiam nas tumbas:

Aditya Behl, Ph.D.
Department of South and Southeast Asian Studies
University of California
Berkeley, California

A religião bramânica representa a complexidade e o politeísmo por excelência do pensamento religioso hindu. Em seus primórdios, essa crença se focalizava preponderantemente no ritual de sacrifício. Mais tarde, desenvolveram-se diversas categorias de literatura sagrada, fundamentadas na mitologia e na especulação filosófica. Atualmente, a prática ortodoxa hindu é conhecida como *sanatana dharma* e se baseia na observância às posições, dentro do sistema de castas, na aceitação do carma e na reencarnação, além da presença aos rituais realizados nos templos por sacerdotes brâmanes. Os membros da casta brâmane entrevistados pelo Institute of the Study of the Afterdeath são especialistas em rituais ligados à vida e à morte dos indianos comuns.

Sikh Pandt (Caminho) foi fundado pelo Guru Nanak (1469-1539) na região do Punjab, na Índia, e está voltada para a devoção ao Nome Divino (Nam), ao ensino religioso no vernáculo local (Punjabi, no caso), à abolição do sistema de castas e à obediência à liderança de um único guru. A Nanak sucederam-se, sucessivamente, nove deles — aos quais coube a chefia da comunidade e a manutenção de sua identidade. O mais importante livro dos sikhs é o *Guru Granth Sahib*, nos quais estão compilados os escritos dos dez gurus e de vários outros santos e poetas medievais. Após a morte do último guru, o próprio livro passou a ocupar o lugar de líder entre a comunidade sikh. A pesquisa foi conduzida junto aos sikhs que se dedicam a esse texto.

Os sufis muçulmanos são os descendentes dos ascetas que tentaram, nos primeiros dias após a morte do profeta Maomé, imitar todas as ações de seu profeta com a finalidade de se aproximarem mais de Deus. Os sufis firdausi — grupo estudado pelo Instituto — chegaram pela primeira vez à Índia no século XIII e logo essa ordem passou a exercer o domínio naquela região. O aniversário da morte do xeque firdausi é celebrado como o dia de seu matrimônio com Deus. Os eruditos dedicam-se ao atendimento aos mortos.

Grupo Nath

Naval Krishna, Ph.D.
Curator
Meharnagarh Museum Trust Fort
Jodhpur, Índia.

O grupo populacional indiano dos naths considera-se como puro "espírito", ao contrário de Shiva, Vishnu e Brahma, que entre eles são tidos como intelectuais. Esse grupo não aceita nem o sistema de castas nem a comunidade *ashram*; dessa forma, são vários os indivíduos pertencentes a sub-castas e até mesmo muçulmanos que se unem a esta crença. Os naths se dedicam a um ramo de ioga sêxtuplo e podem ser pronta e facilmente identificados à primeira vista por sua grinalda, cachimbo, brinco, pela pele de tigre que levam sobre um dos ombros e que usam para sentar-se, pelas mochilas, pelo pote feito de moranga, os cabelos presos em nó, as cinzas que recobrem seus corpos, seus *selis* (lenço de algodão ou lã que os iogues enrolam ao redor de suas cabeças ou pescoço) e seus *khappars*, ou tigelas de esmoleiro, que também caracterizam iogues e ascetas.

INDONÉSIA

Associados aos sacerdotes que ocupam os postos mais elevados na hierarquia balinesa, seus adivinhos, mantenedores dos costumes e sacerdotes do templo principal dedicado aos mortos:

I Made Surya e Judy Slattum
Bali — Indonésia/Santa Cruz — Califórnia

O Agama hindu de Bali ou o Dharma hindu é a religião seguida por noventa e cinco por cento dos balineses. Essa religião teve sua origem na Índia (de onde foi transmitida à Indonésia via Java) e no animismo pré-hindu. Segundo essa crença, Deus possui várias formas ou manifestações; dentre elas, aquela específica à qual o crente deverá se dirigir será determinada segundo a situação do momento. Os que rezam por uma pessoa que morreu se dirigem à manifestação Betara Shiva do Deus, o que se encarrega da dissolução e da reciclagem da vida. O objetivo, tanto das orações como das cerimônias desenvolvidas no âmbito do hinduísmo balinês, é o da manutenção do equilíbrio no mundo, o que se alcança impedindo-se que qualquer dos pontos opostos se anteponha ao outro.

Curadores, sacerdotes e outros elementos do grupo torajo:

Max Karlheinz Knaus-Rojas, Cartógrafo
Sulawesi, Indonésia.

Os Sa'dan Torajas (população de 370 mil indivíduos) vivem a cerca de 625 metros acima do nível do mar. A vida, dentre essa população animista, é definida por um conjunto de regras estritas denominado Adat. O criador da espécie humana — Puang Matua — criou 7.777 leis das quais apenas 777 dizem respeito aos seres humanos. O ponto central desse sistema religioso repousa na fé na sobrevivência da alma dos seres humanos e dos animais, além daquela que diz respeito ao vínculo direto que, por meio da cadeia de Ancestrais, une todos os seres a Deus.

APÊNDICE C

INSTITUTE FOR THE STUDY
OF THE AFTERDEATH

O Institute for the Study of the Afterdeath é uma instituição sem fins lucrativos que se dedica ao desenvolvimento de todo um corpo de documentação, em plano mundial, versando sobre crenças e rituais relativos ao pós-morte. Utiliza-se dessas informações com o objetivo de divulgá-las para o público em geral e para os profissionais da área da saúde e do campo jurídico. O Instituto não tem como meta firmar posição relativamente à existência ou não do pós-morte como fato; procura, antes, a discussão desse tópico como campo de estudos interdisciplinares — sendo assim, sua busca é no sentido de estimular e enriquecer o diálogo público sobre esse assunto.

Conta com duas principais bases de dados, ambas destinadas à coleta de informações concernentes ao pós-morte: as Grades de Pesquisa Relativas Às Crenças No Pós-Morte e o BORIAL.

As Grades de Pesquisa são compostas de cento e oitenta questões, dispostas em série e divididas em oito categorias; estas, quando completadas, permitem a elaboração de análises tanto estatísticas como discursivas. Foram aplicadas a indivíduos representantes de religiões, cultos estabelecidos e de outros grupos, em todo o mundo; e ministradas por uma equipe de pesquisadores seniores selecionados em cada país. Contam-se atualmente em número de dezenove os pesquisadores seniores que colaboraram para o levantamento dos resultados dessas Grades junto a trinta grupos, localizados na África Oriental, Brasil, Índia e Indonésia. Entre outras variantes de pesquisa, essas Grades são analisadas do ponto de vista estatístico e transcultural, com isto buscando-se descobrir traços comuns e anomalias entre os dados coletados.

O BORIAL (Brendan O'Reagan Images of The Afterdeath Library) deve seu nome ao último vice-presidente do Institute of Noetic Sciences, que o concebeu. Trata-se de um sistema computadorizado desenvolvido e mantido pelo Instituto que armazena, seleciona e imprime imagens, retratando o pós-morte, que aí são classificadas segundo critérios concernentes a países, religiões, símbolos, autores e cores predominantes. Conta, atualmente, com quase quinhentas imagens, sendo constantemente atualizado.

Divulgação junto ao público e profissionais — As informações contidas nas bases de dados prestam-se a inúmeras formas de apresentação — incluindo-se currículos escolares de grau elementar, currículos de profissionais da área da saúde de qualquer nível, livros de arte, linhas de referência, filmes e livros de texto. O Inventário de Crenças Relativas ao Pós-Morte — pacote que não exige senão papel e lápis e que inclui uma brochura de apoio e oito folhetos individuais de avaliação (elaborados segundo as categorias de crenças no pós-morte) foi elaborado tendo-se em vista sua utilização em hospitais, por clínicos e pelo público em geral. As Grades de Pesquisa foram apresentadas por intermédio de artigos relativos ao Instituto publicados nas edições de outubro de 1992 e outubro de 1995 da revista OMNI.

O Instituto é mantido por donativos e subsídios de particulares. É dirigido e foi fundado por Sukie Miller, Ph. D., ex-membro da Board of Medical Quality Assurance for the State of California, Diretora da Ford Foundation's Confluent Education Project, Diretora do Special Education Demonstration Center, da Yeshiva Graduate School of Education, membro do Board of the C. G. Jung Institute of San Francisco, Fundadora e Diretora do Institute for the Study of Humanistic Medicine e profissional da área de psicoterapia.

APÊNDICE D

LEITURA RECOMENDADA

(em ordem sugerida)

KRAMMER, Kenneth. *The Sacred Art of Dying: How World Religions Understand Death.* Paulist Press, 1988.

MA'SUMIAN, Farnaz. *Life After Death: A Study of the Afterdeath of World Religions.* Oxford: Oneworld, 1995.

RING, Kenneth. *Life at Death.* Coward, McCann and Geoghegan, 1980.

STEVENSON, Ian. M. D. *Children Who Remember Previous Lives.* The University Press of Virginia, 1987.

HUXLEY, Aldous. *The Doors of Perception.* Colophon Books, 1954.

RINPOCHE, Sogyal. *The Tibetan Book of Living and Dying.* HarperCollins, 1992.

JAMES, William. *The Varieties of Religious Experience.* Penguin, 1982.

RAPHAEL, Simcha Paull. *Jewish Views of the Afterlife.* Aronson, 1994.

PURUKER, G. de. *The Esoteric Traditions, Vols. 1 e 2.* Theosophical University Press, 1973.

FRANZ, Marie Louise von. *On Dreams and Death.* Shambhala, 1984.

NOTAS

Encontram-se aqui referidas exclusivamente as fontes secundárias citadas no corpo do texto. O material sobre o qual são feitas referências, extraído dos dados coletados a partir da pesquisa de campo, encontra-se arquivado no Institute for the Study of the Afterdeath.

INTRODUÇÃO
1. Nuland, Sherwin B. *How We Die*. Nova York, Knopf, 1994:p. XVII.

CAPÍTULO 1
1. Jung, C. G. *Memories, Dreams, and Reflections*. Vintage Books, 1963, p. 251.
2. Li Po. Tradução de Sam Hamill e Stephen Mitchell, ed., *The Enlightened Heart: An Anthology of Sacred Poetry*. Nova York: Harper Perennial, 1989, p. 32.

CAPÍTULO 2
1. Corbin, H. *Mundus Imaginalis or the Imaginal and the Imagined*. Ipswitch, Inglaterra, 1972.
2. Ring, Kenneth. Em Gary Dove, ed., *What Survives?* Los Angeles: Tarcher, 1990.
3. Talbot, Michael. *The Holographic Universe*. Nova York: Harper Perennial, 1991, pp. 260-261.
4. Wolf, Fred Allen. *The Dreaming Universe*. Nova York: Simon & Schuster, 1995, pp. 260-61.
5. Murphy, Michael. *The Transformation of the Body*.

CAPÍTULO 3
1. Beard, Paul. *Living On*. Londres: George Allen and Unwin, 1980, p. 90.

2. Besant, Annie e Leadbeater, C. W. *Thought Forms.* A Quest Book, 1969, p. 16.
3. Beard, op. cit., pp. 77-78.
4. Dr. Hernani Guimarães Andrade, comunicação particular.
5. Speck, Frank Gouldsmith. *A Study of the Delaware Indian Big House Cerimony:* Harrisburg, Penn.: Historical Commission, 1931, pp. 174-75.
6. Speck, op. cit., p. 175.
7. Raphael, Simcha Paull. *Jewish Views of the Afterlife.* Jason Aronson, Inc., 1994, p. 137.
8. Eiseman Jr., Fred B. *Bali Sekala and Niskala,* vol. 2. Berkeley, Califórnia: Periplus Ed., 1990, pp. 115-28.
9. Gallup Jr., George. *Adventures in Immortality.* McGraw Hill, 1982, p. 97.
10. Wissler, Clark. *The Social Life of the Blackfoot Indians.* Nova York: American Museum of Natural History, 1911. p. 144.
11. Gallup Jr., George. *Adventures in Immortality.* McGraw Hill, 1982 p. 199.
12. Carmody, Denise Lardner e Carmody, John Tully. *Native American Religions.* Nova York: Paulist Press, 1993, pp. 24-25.
13. Trepp, Leo. *The Complete Book of Jewish Observance.* Nova York: Behrman House/Summit Books, 1980, pp. 332-36.
14. Isaías, 64:3.
15. Kahan, Masud. "On Lying Fallow", *Hidden Selves.* I. U. Press, 1983, pp. 183-188.
16. Roberto Assagioli, comunicação particular.

CAPÍTULO 4

1. Eliade, Mircea. *The Encyclopedia of Religion,* vol. 5. Macmillan, 1987, p. 44.
2. Raphael, Simcha Paull, op. cit. p. 107.
3. Bongiorno, Andrew, comunicação pessoal.
4. Fremantle, Francesca e Trungpa, Chhogyan. *Tibetan Book of the Dead.*
5. Ibid., p. 60.
6. Ibid., p. 140.
7. Rinpoche, Sogyal. *The Tibetan Book of Living and Dying.* HarperCollins, 1992, p. 223.
8. Ma'sumian, op. cit. pp. 79-80.
9. Ibid., pp. 22-23.
10. Anderson, Martha. G. "The Funeral of an Ijo Shrine Priest", *African Arts,* p. 54.

CAPÍTULO 5

1. Morphy, Howard. *Ancestral Connections.* Chicago: University of Chicago Press, 1991, pp. 221 e 268.
2. Sullivan, *Icanchu's Dream,* p. 528.
3. Apocalipse, 21:9-11.

4. Ma'sumian, Farnaz. *Life after Death*. Oneworld, 1995, pp. 32, 38.
5. Ibid., p. 51.
6. Radin, Paul. *Primitive Religion*. Dover Publications, pp. 28-29.
7. Ma'sumian, op. cit. pp. 81 e 83.
8. Ibid., p. 51-53.
9. Barbosa, Edmundo. "The Presence of the Gods: Afro-Brazilian Trance Rituals", *Shaman's Drum*. Mid-Summer, 1989, p. 42.
10. Radin, op. cit., p. 281.
11. Parker, John. *The Works of Dionysius the Aeropagite*. Company Publishing, Richwood, 1976, p. 81.
12. Earthspirit for Dolphy, Novato, Califórnia: impressão em cartão.
13. Parker, p. 98.
14. Adaptado de texto publicado em: Ferguson, John, ed., *Encyclopedia of Mysticism*. Nova York: Continuun, 1995, p. 181: Eliade, Mircea, ed., *An Encyclopedia of Religion*, vol. 13. Nova York: Macmillan, 1987, p. 192-193; e Talbot, Michael, *The Holographic Universe* Nova York: Harper Collins, 1992, pp. 257-59.
15. Steiner, Rudolf. *Life Between Death and Rebirth*. Nova York: Anthroposophic Press, 1964.
16. A matéria sobre Terence McKenna baseia-se em comunicação particular.
17. Ma'sumian, p. 6.

CAPÍTULO 6

1. Araza, Raymond. "Igbo Concept of Death: Life After Death", Ahiajoku Lecture Colloquium, 1991, pp. 4-5.
2. Sullivan, Lawrence E. *Icanchu's Drum*, p. 309.
3. Sullivan, op. cit. p. 309.
4. Morphy, op. cit. p. 255.
5. Sullivan, Lawrence E. ed., *Death after Life and the Soul*. Nova York: Macmillan, 1989, p. 133
6. Aurobindo, Sri. *The Life Divine*, vol. 19. Sri Aurobindo Ashram, 1970, pp. 802-03.
7. Dalai Lama. *My Land and My People*. McGraw Hill, 1962, p. 22.
8. Platão, *Leis* Livro X; citado em Head Joseph e Cranston S. L., *Reincarnation Quest*, 1961, pp. 557.
9. Idem, pp. 557-58.
10. Idem., p. 556.
11. Stevenson, Ian. *Children Who Remember Previous Lives*. University of Virgina Press, 1987, p. 435.
12. Idem, p. 68.
13. Woolger, Roger J. *Other Lives, Other Selves*. Nova York: Doubleday, 1987, p. 285.
14. Idem.
15. Weiss, Brian. *Many Masters, Many Lives*. Nova York: Simon & Schuster, 1988, p.9

16. Idem, p. 10.
17. Idem, p. 218.
18. Rabino Yonassan Gershom, *Beyond the Ashes*. ARE Press, 1992, pp. 1-2.
19. Radin, pp. 82-83.
20. Grof, Stanislaus. *The Holotropic Mind*. HarperCollins, pp. 121-122.

CAPÍTULO 7
1. Menninger, Karl. "Hope", *Bulletin of the Menninger Clinic*, 51 (5), 1987: 116, 481-91
2. Jung, Carl. *Psychology and Religion: West and East*, vol. 11. Bollingen Series, Princeton, p. 331.
3. Snyder, C. R. *Children and the Price of Excellence: Hope for the Few or the Many?* Fifth Annual Ester Katz Rosen Symposium on the Psychological Development of Gifted Children, Lawrence, Kansas: University of Kansas, 1995.
4. Stotland, E. *The Psychology of Hope*. San Francisco: Jossey-Bass, 1960, segundo definição de Snyder apresentada em "Conceptualizing, Measuring, and Nurturing Hope", publicado no *Journal of Counseling and Development*, vol. 73, janeiro-fevereiro de 1995.
5. Lamm, Maurice. *The Power of Hope*. Rawson, 1995, p. 43.
6. Keen, Sam. *Hymns to an Unknown God: Awakening the Spirit in Everyday Life*. Nova York: Bantam, 1994, pp. 257-58.

211

BIBLIOGRAFIA

ABHEDANANDA, Swami. *The Mistery of Death*. Calcutá, Índia: Ramakrishna Vedanta Math, 1953, 1967, 1978.

ANDERSON, Martha G. "The Funeral of an Ijo Shrine Priest", *African Arts*.

ANTHONY, Metropolitan. *Living Prayer*. Londres: Darton, Longman & Todd Ltd. 1966

Apocalipse: 21:9-11.

ARAZA, Dr. Raymond C. *Igbo Concept of Death: Life after Death*. Ahiajoku Lecture Colloquium, 1991.

ARIÈS, Philippe. *The Hour of Our Death*. Nova York: Vintage Books, 1981.

——. *Images of Man & Death*. Cambridge, Mass.: Harvard University Press, 1985.

——. *Western Attitudes Toward Death From the Middle Ages to the Present*. Baltimore, Londres: The John's Hopkins University Press, 1974.

ASSAGIOLI, Roberto. *Psychosynthesis*. Nova York: The Viking Press, 1965.

AUROBINDO, Sri *The Life Divine*, vol. 19. Sri Aurobindo Ashram, 1970.

BAHÁ'U'LLÁH E 'ABDU' L-BAHÁ. *Bahá'i World Faith*. Wilmette, Illinois, USA: Bahá'i Publishing Trust, 1943.

BAHTI, Mark. *Navajo Sandpainting Art*. Marceline, Missouri: Walsworth Publishing Company, 1978.

BAILEY, Alice A. *Esoteric Healing*, vol. 4, Seven Rays. Nova York, Londres: Lucis Publishing Company, 1970.

BARBOSA, Edmundo. *Afro-Brazilian Trance Rituals*, Shaman's Drum, nº 17, 1989.

BEANE, Wendell C. e DOTY, William G., *Myths, Rites, Symbols*. Nova York: Harper Touchbooks, 1975.

BEARD, Paul. *Hidden Man*. Tasburgh, Norwich, Inglaterra: Pilgrim Books, 1986.

——. *Living On*. Londres, Boston, Sydney: George Allen & Unwin, 1980.

——. *Survival of Death*. Tasburgh, Norwich, Inglaterra: Pilgrims Book Services, 1966.

BERG, Rabino Philip S. *Reincarnation: Wheels of a Soul.* Nova York: Research Centre of Kabbalah Press, 1991.

BERNSTEIN, Alan E. *The Formation of Hell.* Londres: Cornell University Press, 1993.

BEASANT, Annie e LEADBEATER, C.W. *Thought-Forms.* Wheaton, Illinois: The Theosophical Publishing House, 1969.

BIARDEAU, Madeline. *Hinduism, the Anthropology of a Civilization.* Oxford: Oxford University Press, 1989.

BLOCH, Maurice e PARRY, Jonathan., eds. *Death and the Reincarnation of Life.* Cambridge: Cambridge University Press, 1982.

BRANTLE, George, ed. *The Religious Experience,* vol. 1-2. Toronto: Ambassador Books, 1964.

BRENA, M. D. e F. Steven. *Pain and Religion.* Springfield, Illinois: Charles C. Thomas, 1972.

BUDGE, E. A. Wallis. *The Book of the Dead.* Arkana: Penguin Books, 1989.

CARMODY, Denise Lardner e CARMODY, John Tully. *Native American Religions.* Nova York: Paulist Press, 1993.

CIRLOT, J. E. *A Dictionary of Symbols,* Nova York: Philosophical Library, 1962.

COMPET, Frances M. N. *The Book of the Craft of Dying,* Londres: Longmans, Green, 1917.

COOMARASWAMY, Ananda K e Irmã Nivedita. *Myths of the Hindus and Budhists.* Nova York: Dover Publications, Inc., 1967.

CORBIN, H. *Mundus Imaginalis or the Imaginal and the Imagined.* Ipswitch, Inglaterra, 1972.

COWAN, James G. *The Aborigene Tradition.* Shaftesburg, Dorset and Rockport, Mass.: Element, 1992.

CROCKER, Jon Christopher. *Vital Souls.* Tucson, Arizona: The University of Arizona Press, 1985.

CROOKHA'L, Robert. *Out-of-the-Body Experiences.* Secaucus, Nova Jersey: The Citadel Press, 1970.

DALAI LAMA. *My Land and My People.* McGraw Hill, 1962.

DARLING, David. *Soul Search: A Scientist Explores the Afterlife.* Villard, 1995.

DAVIES, Paul. *God and the New Physics.* Simon & Schuster, 1983.

DOORE, Gary, Ph. D. *What Survives?* Los Angeles: Jeremy P. Tarcher, 1990.

DOSSEY, Larry. *Recovering the Soul.* Nova York: Bantam Books, 1989.

DRIVER, Harold E. *Indians of North America.* Chicago: The University of Chicago Press, 1961.

EADIE, Betty J. *Embraced by the Light.* Gold Leaf Press, 1992.

EASWARAN, Eknath. *Dialogue With Death.* Nilgiri Press, 1981. 1992.

EDWARDS, Paul, ed. *The Encyclopedia of Philosophy,* vol. 1, 2, 7, 8. Nova York: McMillan, 1967.

EISEMAN, Fred B., Jr. *Balie Tekala and Niskala,* vol. 2. Berkeley: Periplus Editions, 1990.

EISENBUD, M.D., Jule. *Paranormal Foreknowledge.* Nova York: Human Sciences Press, Inc. 1982.

———. *Parapsychology and the Unconscious.* Berkeley: North Atlantic Books, 1983.

———. *PSI and Psychoanalysis.* Nova York: Grune & Stratton, 1970.

ELIADE, Mircea, ed. *The Encyclopedia of Religion*, vol. 13. Nova York: Macmillan, 1987.

———. *Myths, Dreams, and Mysteries.* Grand Rapids, Philadelphia, St. Louis: Harper Torchbooks, 1957.

———. *The Sacred & the Profane.* Nova York: HBJ Book, 1957, 1959

ELKIN, A. P. *Aboriginal Men of High Degree.* Rochester, Vermont: Inner Traditions, 1977.

EMMONS, George Thornton. *The Tlingit Indians.* Seattle: University of Washington Press, 1991.

ENRIGHT, D. J. *The Oxford Book of Death.* Nova York: Oxford University Press, 1983.

EPSTEIN, Mark. *Thoughts Without a Thinker.* Nova York: Basic Books, 1995.

EVANS-WENTZ, W. Y. *The Tibetan Book of the Dead.* Oxford University Press. 1960.

FARTHING, Geoffrey. *When We Die.* India, USA: Theosophical Publishing House London Ltd., 1968.

FERGUSON, John. *Encyclopedia of Mysticism and the Mystery Religions.* Nova York: The Seabury Press, 1975.

FERRUCCI, Piero. *What We May Be.* Nova York: Putnam, 1982.

FRANKL, Viktor E. *Man's Search for Meaning.* Washington Square Press, 1984.

FRANZ, Marie-Louise Von, *On Dreams and Death.* Berkeley, CA: Shambhala, 1984.

FRAZER, Sir James George. *The Golden Bough.* Nova York: Macmillan, 1992.

FREEMAN, Eileen Elias. *Touched by Angels.* Nova York: Warner Books, 1993.

FREMANTLE, Francesca e TRUNGPA, Chogyan. Tradução comentada do *The Tibetan Book of the Dead.* Boston: Shambala, 1992.

GALLUP, George, Jr. *Adventures in Immortality.* McGraw-Hill, 1982.

GASKELL, G. A. *Dictionary of All Scriptures and Myths.* Nova York: The Julian Press, Inc. 1960.

GERSHOM, Rabino Yonassan. *Beyond the Ashes.* Virginia: A. R. E. Press, 1992.

GLAZE, Anita J. *Art & Death in a Senufo Village.* Bloomington, Indiana: University Press, 1981.

GOLDSTEIN, Joseph. *The Experience of Insight.* Boston: Shambhala, 1983.

GOTSHALK, Richard. *Bhagavad Gita.* Delhi: Motilal Banarsidass, 1985.

GOVINDA, Lama Anagarika. *Foundations of Tibetan Mysticism.* Nova York: Samuel Weiser, 1969.

GROF, Stanislaus e HALIFAX, Joan. *The Holotropic Mind.* Harper Collins, 1993.

———. *The Human Encounter With Death.* Nova York: E. P. Dutton, 1963.

GROLLMAN, Earl A. *Concerning Death, A Practical Guide for the Living.* Boston: Beacon Press, 1974.

HALEUI, Zev ben Shimon. *Kabbalah and Psychology.* Nova York: Samuel Weiser, 1986.

HALL, Manly Palmet. *Reincarnation, The Cycle of Necessity.* Los Angeles: The Phisolophical Research Society, 1946.

———. *The Way of Heaven.* Los Angeles: The Philosophical Research Society, 1946, 1974, 1990.

HARNER, Michael. *The Way of the Shaman.* Nova York: Bantam Books, 1980.

HASTINGS, Arthur. *With the Tongues of Men and Angels.* Holt, Rinehart, and Winston, 1991.

HEAD, Joseph e CRANSTON, S. L., eds. e compiladores. *Reincarnation An East-West Anthology.* Wheaton, Ill.: The Theosophical Publishing House, 1961.

HERZOG, Edgar. *Psyche and Death.* Dallas, Texas: Spring Publications, 1983.

HICK, John H. *Death & Eternal Life.* Nova York: Harper & Row, 1976.

HOLBEIN, Hans. *The Dance of Death.* Nova York: Dover Publications, 1971.

HOLMES, Jesse Herman e The Holmes Research Team. *As We See It from Here.* North Carolina: Meta Science Corp. Publications, 1980.

HOLZER, Hans. *The Reincarnation.* Nova York: Harper & Row, 1974.

HOPE, Murray. *The Psychology of Ritual,* Dorset: Element Books, 1988.

HUXLEY, Aldous. *The Doors of Perception.* Nova York: Colophon Books, 1954.

HUXLEY, Laura Archera. *This Timeless Moment.* Millbrae, CA: Celestial Arts, 1968.

INGLIS, Brian. *The Unknown Guest.* Grã-Bretanha: Coronet Books, 1989.

ISAÍAS 64:3.

IVERSON, Jeffrey. *In Search of the Dead.* São Francisco: Harper, 1992.

JACOBI, Jolande. *Complex, Archetype, Symbol.* Nova Jersey: Princeton University Press, 1959.

JAFFÉ, Aniela. *Apparitions.* Irving, Texas: Spring Publications, 1979.

JAHN, Robert G. e DUNNE, Brenda J., *Margins of Reality.* Nova York: Harcourt Brace Jovanovich, 1987.

JAMES, William. *The Varieties of Religions Experience.* Penguin Books, 1982.

———. *The Will to Believe.* Nova York: Dover Publications Inc. 1956.

JOBES, Gertrude. *Dictionary of Mythology, Folklore and Symbols,* vol. 1, 2. The Scarecrow Press, 1962.

JUNG, Carl G. *Memories, Dreams and Reflections.* Vintage Books, 1963.

———. *Psychology and Religion: West and East,* vol. 11. Bollingen Series, Princeton, N. J.

KAHAN, Masud. "On Lying Fallow", *Hidden Selves.* I. U. Press, 1983.

KAKU, Michio. *Hyperspace.* Nova York: Anchor Doubleday, 1994.

KAPLEAU, Philip. *The Wheel of Life & Death.* Nova York: Anchor Books, Doubleday, 1989.

KARAGULLA, M. D. Shaficia. *Breakthrough to Creativity.* Santa Monica, CA: DeVorss, 1967.

KARDEC, Alan. *The Gospel According to Spiritism.* Londres: The Headquarters Publishing Company Ltd., 1987.

———. *The Spirits Book.* tradução para o inglês de Anna Blackwell. Boston: Colby and Rich, Publishers, 1975.

KatÑ, BunnÑ, YoshirÑ Tamura, KÑjirÑ Miyasaka (tradutores) - Revisão de W. E. Soothill, Wilhelm Schiffer, Pier P. Del Campana. *The Threefold Lotus Sutra*. Nova York: John Weatherhill, Inc., 1975.

KATZ, Richard. *Boiling Energy*. Cambridge, Mass.: Harvard University Press, 1982.

——. *The Straight Path*. Nova York: A Merloyd Lawrence Book, 1993.

KEEN, Sam. *Hymns to an Unknown God: Awakening the Spirit in Everyday Life*. Nova York: Bantam, 1994.

KEESING, Roger M. *Kwaio Religion*. Nova York: Columbia University Press: 1982.

KELSY, Morton, T. *Afterlife: The Other Side of Dying*. Nova York: Crossroad, 1979.

KHAN, Inayat. *Sufi Teachings*. Inglaterra: Service Publishers, 1963.

KOESTLER, Arthur. *The Act of Creation*. Nova York: Macmillan, 1964.

KRAMER, Kenneth. *The Sacred Art of Dying*. Nova York: Paulist Press, 1988.

KÜBLER-ROSS, Elizabeth. *Death Is of Vital Importance*. Barrytown, Nova York: Station Hill Press, 1995.

——. *Death: The Final Stage of Growth*. Nova Jersey: Prentice-Hall, Inc., 1975.

——. *On Children and Death*. Nova York: Collier Books, 1983.

——. *On Death and Dying*. Nova York: Macmillan, 1969.

——. *On Life after Death*. Berkeley, CA: Celestial Arts, 1991.

——. *Questions and Answers on Death and Dying,* Nova York: Collier Books, 1974.

KUNG, Hans. *Eternal Life: Life After Death as a Medical, Philosophical, and Theological Problem*. Nova York: Doubleday, 1984.

LAMM, Maurice. *The Power of Hope*. Rawson, 1995.

LAUF, Detlef Ingo. *Secret Doctrines of the Tibetan Books of the Dead*. Boston: Shambhala, 1989.

LEADBEATER, C. W. *The Inner Life*, vol. 2. Wheaton, Illinois: The Theosophical Publishing House, 1967.

——. *The Masters and the Path*. Wheaton, Illinois: The Theosophical Publishing House, 1975.

LEEUW, J. J. Van Der. *The Conquest of Illusion*. Wheaton, Illinois.: The Theosophical Publishing House, 1966.

LOUDON, John e ODELL, James C. Parabola. *Myth: The Quest for Meaning*. vol. 2. 1ª ed. Nova York: The Tamarack Press, 1977.

MACGREGOR, Geddes. *Images of Afterlife*. Nova York: Paragon House, 1992.

——. *Reincarnation in Christianity*. Wheaton, Ill.: The Theosophical Publishing House, 1978.

MANNHEIM, Ralph e HULL, R. F. C., (tradutores). *Spiritual Disciplines*. Nova York: Pantheon Books, 1960).

MARTIN, Joel e ROMANOWSKI, Patricia. *We Don't Die*. Nova York: Putnam, 1988.

MASON, J. Alden. *The Ancient Civilizations of Peru*. Penguin Books, 1957, 1968.

MA'SUMIAN, Farnaz. *Life After Death: A Study of the Afterlife in World Religions*. Oxford: Oneworld, 1995.

MCINTYRE, Loren. *The Incredible Incas and Their Timeless Land*. Washington, D. C.: National Geographic Society, 1975.

MCKEENA, Terence. *Food of the Gods*. Nova York: Bantam Books, 1992.

———. *True Hallucinations*. São Francisco: Harper, 1993.

MENNINGER, Karl. "Hope", *Bulletin of the Menninger Clinic*. 51 (5), 1987: 116, 481-91.

MILLER, Stuart. *Hot Springs*. Viking, 1971.

MITCHELL, Stephen. *A Book of Psalms*. Nova York: HarperCollins, 1993.

MONROE, Robert A. *Ultimate Journey*. Nova York: Doubleday, 1994.

MOODY, Raymond e PERRY, Paul. *Life After Life*. Toronto, Nova York: Bantam Books, 1977.

———. *The Light Beyond*. Nova York: Bantam Books, 1988.

———. *Reunions*. Nova York: Villard Books, 1993.

MORPHY, Howard. *Ancestral Connections*. Chicago: The University of Chicago Press, 1991.

MORSE, Melvin e PARRY, Paul. *Closer to the Light*. Nova York: Ivy Books, 1990.

MULLIN, Glenn H. *Selected Works of the Dalai Lama II*. Ihtaca, Nova York: Snow Lion Publications, 1982, 1985.

MURPHET, Howard. *Beyond Death: The Undiscovered Country*. Wheaton, Illinois: The Theosophical Publisnhing House, 1990.

MURPHY, Michael. *The Future of the Body*. Los Angeles: Jeremy P. Tarcher, 1992.

MURRAY, Jocelyn. *Cultural Atlas of Africa*. Nova York: An Equinox Book, 1989.

MURTI, T. R. V. *The Central Philosophy of Buddhism*. Londres: George Allen & Unwin Ltd., 1960.

NEEDLEMAN, Jacob. *A Sense of the Cosmos*. Nova York: Doubleday & Company, Inc., 1975.

NEIMAN, Carol e GOLDMAN, Emily. *Afterlife*. Inglaterra: Viking Studio Books, 1994.

NOEL, Daniel C. "Soul and Earth: Traveling with Jung Toward an Archetypal Ecology", Quadrant: *The Journal of Contemporary Jungian Thought*, vol. 23, 2:67.

NULAND, Sherwin B. *How We Die*. Nova York: Knopf, 1994.

O'FLAHERTY, Wendy Doniger. *Hindu Myths*. Nova York: Penguin Books, 1978.

O'GRADY, Joan. *The Prince of Darkness*. Longmead, Shaftesbury, Dorset: Element Books, 1989.

OTTO, Rudolf. *The Idea of the Holy*. Oxford University Press, 1958.

PARFITT, Will. *The Qaba Lah*. Shaftesbury, Dorset e Rockport, Mass.: Element, 1991.

PARKER, John, ed. *The Works of Dionysius the Areopagite*. Marrick, N. Y.: Richmond, 1976.

PAUCHARD, Albert. *The Other World*. Londres: Van Duren Press Ltd., 1973.

PEREIRA, José. *Hindu Theology: A Reader*. Garden City, Nova York: Image Books, 1976.

PHILLIPS, David R., Todd E. Rath e Lisa M. Wagner. "Psychology and Survival", The Lancet, 342 (6 de novembro de 1993).

PLATÃO. *Laws*. Book X.

LI PO Tradução de Sam Hamill de Stephen Mitchell, ed. *The Enlightened Heart: An Anthology of Sacred Poetry*. Nova York: Harper Perennial, 1989.

POLOMA, Margaret M e GALLUP, George H. *Varieties of Prayer.* Philadelphia: Trinity Press International, 1991.

PURUCKER, G. de. *The Esoteric Tradition*, vol. 1 e 2. Pasadena, CA: Theosophical University Press, 1935.

RABTEN, Geshe. *The Preliminary Practices of Tibetan Budhism.* Dharamsala, H. P.: Library of Tibetan Work and Archives, 1974.

RADHAKRISHNAN, Sarvedalli e MOORE, Charles A. *Indian Philosophy.* Princeton, Nova Jersey: Princeton University Press, 1957.

RADIN, Paul. *Primitive Religion.* Nova York: Dover Publications, Inc., 1957.

RAMACHARAKA, Yogi. *The Life Beyond Death.* Chicago, Illinois: Yogi Publication Society, 1937.

RAPHAEL, Simcha Paull. *Jewish Views of the Afterlife.* Northvale, Nova Jersey: Jason Aronson, Inc., 1994.

RAUDIVE, Konstantin. *Breakthrough.* Garrards Cross: Colin Smyth, 1971.

REAT, N. Ross. *Origins of Indian Psychology.* Berkeley, CA: Asian Humanities Press, 1990.

REDHOUSE, James W. *Legends of the Sufis.* Londres: The Theosophical Publishing House, Ltd., 1976.

REIMER, Jack, ed. *Jewish Reflections on Death.* Nova York: Schocken Books, 1974.

RING, Kenneth. *Heading Toward Omega.* Nova York: William Morrow, Inc., 1985.

——. *Life at Death.* Nova York: William Morrow Inc., 1980.

——. *The Omega Project.* Nova York: William Morrow Inc., 1995.

—— e Gary Dove, ed. *What Survives.* Los Angels: Tarcher, 1990.

ROGO, D. Scott. *Leaving the Body.* Nova York: Prentice Hall, 1983.

——. NAD: *A Study of Some Unusual "Other-World" Experiences.* Nova York: University Books, 1970.

ROSE, Fr. Seraphim. *The Soul after Death.* Platina, CA: Saint Herman of Alaska Brotherhood, 1993.

ROSS, Nancy Wilson. *Buddhism, A Way of Life and Thought.* Nova York: Vintage Books, 1980.

SABIERS, Karl. *Where Are the Dead?* Los Angeles: Christian Pocket Books, 1959.

SASSOON, George e DALE, Rodney. *The Kabbalah Decoded.* Londres: Duckworth, 1978.

SCHOLEM, Gershom. G. *On the Kabbalah and Its Symbolism.* Nova York: Schocken Books, 1960.

SHELDRAKE, Rupert. *The Presence of the Past.* Nova York: Vintage Books, 1988.

——. *The Rebirth of Nature, the Greening of Science and God.* Nova York: Bantam Books, 1991.

SNYDER, C. R., Simpson Susie, et al. *Children and the Price of Excellence: Hope for the Few or the Many?* Fifth Annual Ester Katz Rosen Symposium on the Psychological Development of Gifted Children. Lawrence, Kansas: University of Kansas, 1995.

——. "Development and Validation on the Hope Scale", *Journey of Personality and Social Psychology* (no prelo).

SOGYAL, Rinpoche. *The Tibetan Book of Living and Dying*. São Francisco: Harper, 1992.

SONSINO, Rifat e SYME, Daniel B. *What Happens After I Die*. Nova York: UAHC Press, 1990.

SPECK, Frank Gouldsmith. *A Study of the Delaware Indian Big House Cerimony*. Harrisburg, Penn.: Historical Comission, 1931.

STEINER, Rudolf. *Life Between Death & Rebirth*. Nova York: Anthroposofic Press, 1968.

STEINSALTZ, Adin. *The Thirteen Petalled Rose*. Nova York: Basic Books, Inc., Publishers, 1980.

STEVENSON, Ian. *Cases of Reincarnation*, vols. 1-4. The University Press of Virginia, 1975, 1977, 1980 e 1983.

——. *Children Who Remember Previous Lives*. The University Press of Virginia, 1987.

STOTLAND, E. *The Psychology of Hope*. São Francisco: Jossey-Bass, 1960.

STUART, Gene S. *The Mighty Aztecs*. Washington, D. C.: National Geographic Society, 1981.

—— e Stuart, Gene S. *The Mysterious Maya*. Washington, D. C.: National Geographic Society, 1977.

SULLIVAN, Lawrence E. ed. *Death, Afterlife, and the Soul*. Nova York: Macmillan, 1989.

——. *Icanchu's Drum*. Nova York: Macmillan, 1988.

TALBOT, Michael. *The Holographic Universe*. Nova York: Harper Collins, 1992.

THOMPSON, Keith. *Angels and Aliens*. Nova York: Fawcett Columbine, 1991.

THOMPSON, Robert Farris. *Face of the Gods*. Prestel, Munique: The Museum for African Art, Nova York, 1993.

——. *Flash of the Spirit*. Nova York: Vintage Books, 1983.

THROCKMORTON, Spencer. *Transformations*, Stone Figures from Mezcala/Chontal. Santa Fé: Kubaba Books, 1991.

THURMAN, Robert. *The Holy Teaching of Uimalakàrti*. The Pennsylvania State University Press, 1976.

——. *Wisdom and Compassion: The Sacred Art of Tibet*. Nova York: Harry N. Abrams, 1991.

TIPLER, Frank J. *The Physics of Immortality*. Nova York: Doubleday, 1994.

TRACHTENBERG, Joshua. *Jewish Magic and Superstition*. Nova York: A Temple Book, 1987.

TURNER, Alice K. *The History of Hell*. Nova York: Harcourt Brace & Company, 1993.

VERSLUIS, Arthut. *Native American Traditions*. Queensland: Element, 1993.

VOLKMAN, Toby Alice. *Feast of Honor*. Urbana and Chicago: University of Illinois Press, 1985.

WALDROP, M. Mitchell. *Complexity*. Nova York: Simon & Schuster, 1992.

WALTERS, John, *The Essence of Buddhism*. Nova York: Thomas Y. Crowell Company, 1964.

WEISS, Brian L. *Many Lives, Many Masters*. Nova York: Simon & Schuster, 1988.

WILBER, Ken. *The Spectrum of Consciousness.* Wheaton, Ill.: The Theosophical Publishing House, 1977.

WILSON, Ian. *The Afterdeath Experience.* Nova York: William Morrow, 1987.

WINNIPEG Art Gallery. *The Eskimo Shamanism and Art.* Jean Blodgett, Curador de Arte Esquimó, 1978.

WISSLER, Clark. *The Social Life of the Blackfoot Indians.* Nova York: American Museum of Natural History, 1911.

WOLF, Fred Alan. *The Dreaming Universe,* Nova York: Simon & Schuster, 1994.

——. *Parallel Universes.* Nova York: Simon & Schuster, Inc., 1988.

WOOGER, Roger J. *Other Lives, Other Selves.* Nova York: Doubleday, 1987.

ZALESKI, Carol. *Otherworlds Journeys.* Oxford University Press, 1987.

ZIMMER, Heinrich. *Philosophies of India.* Nova Jersey: Princeton University Press, 1951.

SOBRE A AUTORA

Sukie Miller é psicóloga e psicoterapeuta há mais de trinta anos, destacando-se também por intensa atividade nas áreas de educação e saúde pública. Como fundadora do Instituto de Medicina Humanista, desempenhou papel pioneiro na introdução dos conceitos e práticas corpo-mente no atendimento institucional. Tal atuação lhe valeu a reputação de ativista e inovadora, culminando com sua indicação para o Board of Medical Quality Assurance (Corpo de Garantia de Qualidade no Atendimento Médico) da Califórnia e a aprovação de uma legislação federal por ela apresentada. Foi diretora de educação do Esalen Institute e membro da diretoria do Jung Institute de São Francisco. Em 1988, fundou e ainda dirige o Institute of Study of Afterdeath (Instituto de Estudo do Pós-Morte). É conselheira editorial e co-editora de numerosos livros e publicações sobre medicina humanista, sendo freqüentemente convidada para entrevistas e debates na mídia eletrônica.

IMPRESSO NA

sumago gráfica editorial ltda
rua itauna, 789   vila maria
02111-031   são paulo   sp
telefax 11 **6955 5636**
sumago@terra.com.br

----------------------- dobre aqui ------------------------------

Carta-resposta

9912200760/DR/SPM
Summus Editorial Ltda.

CORREIOS

CARTA-RESPOSTA
NÃO É NECESSÁRIO SELAR

O SELO SERÁ PAGO POR

AC AVENIDA DUQUE DE CAXIAS
01214-999 São Paulo/SP

----------------------- dobre aqui ------------------------------

DEPOIS DA VIDA

summus editorial

CADASTRO PARA MALA-DIRETA

Recorte ou reproduza esta ficha de cadastro, envie completamente preenchida por correio ou fax, e receba informações atualizadas sobre nossos livros.

Nome: _____

Endereço: ☐ Res. ☐ Coml. _____ Empresa: _____

CEP: _____ - _____ Cidade: _____ Bairro: _____

Fax: ( ) _____ E-mail: _____ Estado: _____ Tel.: ( ) _____

Profissão: _____ Professor? ☐ Sim ☐ Não Disciplina: _____

Data de nascimento: _____

1. Você compra livros:

☐ Livrarias ☐ Feiras

☐ Telefone ☐ Correios

☐ Internet ☐ Outros. Especificar: _____

2. Onde você comprou este livro? _____

3. Você busca informações para adquirir livros:

☐ Jornais ☐ Amigos

☐ Revistas ☐ Internet

☐ Professores ☐ Outros. Especificar: _____

4. Áreas de interesse:

☐ Educação ☐ Administração, RH

☐ Psicologia ☐ Comunicação

☐ Corpo, Movimento, Saúde ☐ Literatura, Poesia, Ensaios

☐ Comportamento ☐ Viagens, *Hobby*, Lazer

☐ PNL (Programação Neurolingüística)

5. Nestas áreas, alguma sugestão para novos títulos? _____

6. Gostaria de receber o catálogo da editora? ☐ Sim ☐ Não

7. Gostaria de receber o Informativo Summus? ☐ Sim ☐ Não

Indique um amigo que gostaria de receber a nossa mala direta

Nome: _____

Endereço: ☐ Res. ☐ Coml. _____ Empresa: _____

CEP: _____ - _____ Cidade: _____ Bairro: _____

Fax: ( ) _____ E-mail: _____ Estado: _____ Tel.: ( ) _____

Profissão: _____ Professor? ☐ Sim ☐ Não Disciplina: _____

Data de nascimento: _____

Summus Editorial

Rua Itapicuru, 613 7º andar 05006-000 São Paulo - SP Brasil Tel. (11) 3872-3322 Fax (11) 3872-7476

Internet: http://www.summus.com.br e-mail: summus@summus.com.br

cole aqui